南昌工程学院高层次人才引进的科研启动经费
南昌工程学院水经济与水权研究中心校级平台
江西省教育厅科技项目（项目编号：GJJ200510）

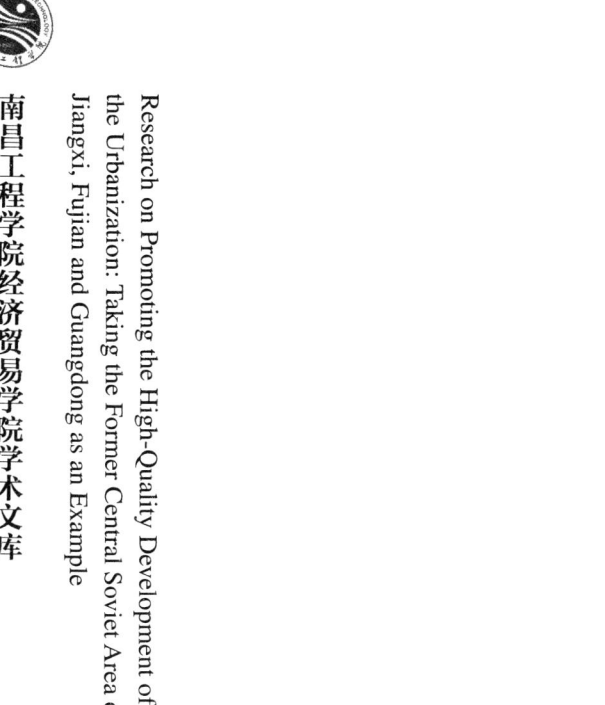

南昌工程学院经济贸易学院学术文库

Research on Promoting the High-Quality Development of the Urbanization: Taking the Former Central Soviet Area of Jiangxi, Fujian and Guangdong as an Example

王晓艺 著

推进城镇化高质量发展研究：以赣闽粤原中央苏区为例

经济管理出版社
ECONOMY & MANAGEMENT PUBLISHING HOUSE

图书在版编目（CIP）数据

推进城镇化高质量发展研究：以赣闽粤原中央苏区为例/王晓艺著.—北京：经济管理出版社，2023.10
ISBN 978-7-5096-9421-3

Ⅰ.①推… Ⅱ.①王… Ⅲ.①中央苏区—城市化—发展—研究—广西 ②中央苏区—城市化—发展—研究—福建 ③中央苏区—城市化—发展—研究—广东 Ⅳ.①F299.21

中国国家版本馆CIP数据核字（2023）第213420号

组稿编辑：郭　飞
责任编辑：郭　飞
责任印制：黄章平
责任校对：蔡晓臻

出版发行：经济管理出版社
　　　　　（北京市海淀区北蜂窝8号中雅大厦A座11层　100038）
网　　址：www.E-mp.com.cn
电　　话：（010）51915602
印　　刷：唐山昊达印刷有限公司
经　　销：新华书店
开　　本：720mm×1000mm/16
印　　张：13.75
字　　数：240千字
版　　次：2024年2月第1版　2024年2月第1次印刷
书　　号：ISBN 978-7-5096-9421-3
定　　价：88.00元

·版权所有　翻印必究·
凡购本社图书，如有印装错误，由本社发行部负责调换。
联系地址：北京市海淀区北蜂窝8号中雅大厦11层
电话：（010）68022974　邮编：100038

前　言

自党的十八大以来，我国经济保持了中高速增长和稳定发展，2020年GDP总量突破100万亿元，占世界比重约为17.0%，位居世界第二。党的十九大报告中指出，我国社会主要矛盾已经转化为人民日益增长的美好生活需要和不平衡不充分的发展之间的矛盾。解决新的矛盾的根本着力点是"以人民为中心"，发展过程人民民主，发展成果人民共享，实现人的全面发展、实现共同富裕。党的二十大报告提出着力推进城乡融合和区域协调发展，直观来看是着眼于空间的发展，但根本宗旨是促进人的全面发展，最终目标是实现共同富裕。不断加大对老少边穷地区的支持力度，因地制宜地推进城市空间布局形态多元化，消除不平衡、不充分发展，使人民朝着美好生活不断迈进，最终实现共同富裕。

自改革开放以来，我国城镇化取得了长足进步。2020年中国城镇人口有9.02亿，比1978年增加了7.3亿人口，常住人口城镇化率为63.89%，比1978年提升了45.97个百分点，城镇化建设取得了历史性成就，为全球经济发展做出了重大贡献。尽管城镇化增速很快、规模很大，但仍存在不少问题。第一，从世界范围来看，与发达地区仍具有差距。第二，从我国来看，区域间城镇化发展不平衡，城镇化发展的增长极功能和外溢功能在不同地区表现出极大的差异性。第三，从户籍人口来看，户籍人口城镇化率低于常住人口城镇化率。第四，从县域城镇来看，县域城镇化发展空间尚未激发。经济社会进入了新的时代，高质量发展成为新的时代要求，城镇化高质量发展成为了新任务与新课题。在推进城镇化进程中，不仅要提升城镇人口规模与占比，而且要注重人的全面发展；不仅要关注大城市，而且要注意培育建设县城；不仅要关注东部发达地区，而且要关注老少边穷地区。

在新时代，实现城镇化高质量发展是促进经济高质量发展的重要引擎动力。实现城镇化高质量发展的核心在于促进区域协调发展，革命老区的发展是解决区域协调发展的关键问题之一。我国革命老区约占全国地域面积和人口的1/3，而赣闽粤原中央苏区是全国13块革命根据地中面积最大、人口最多的地区，具有一般性、典型性。长期以来，政府关注赣闽粤原中央苏区的振兴发展问题，为赣闽粤原中央苏区振兴发展出台了《国务院关于支持赣南等原中央苏区振兴发展的若干意见》等一系列政策文件，分析赣闽粤原中央苏区城镇化问题，不仅有助于促进本地区城镇化高质量发展，而且有利于为其他老区、苏区等欠发达地区提供示范经验。推动赣闽粤原中央苏区城镇化高质量发展还有助于促进区域协调发展、推进经济高质量发展、实现共同富裕。

鉴于此，本书基于我国赣闽粤原中央苏区城镇化高质量发展研究的现实与理论需要，探究我国赣闽粤原中央苏区城镇化发展历程与现状，构建我国赣闽粤原中央苏区城镇化发展质量的多维评价指标体系，对我国赣闽粤原中央苏区城镇化发展质量的评价结果进行时空分析、协调度分析，并实证分析我国赣闽粤原中央苏区城镇化高质量发展的驱动因素，结合典型个案分析赣闽粤原中央苏区城镇化发展模式，随后在此基础上提出我国推进赣闽粤原中央苏区城镇化高质量发展的思路、原则、实现路径以及对策建议，为赣闽粤原中央苏区实现"以人为本"的城镇化高质量发展提供理论指导与实践参考。

本书的主要内容如下：

第一，赣闽粤原中央苏区城镇化的建设历程与发展质量现状分析。本部分通过对赣闽粤原中央苏区城镇化的建设历程、取得成就和存在问题进行梳理和分析，发现赣闽粤原中央苏区既具有全国城镇化的一般性特征，也具有苏区特色，城镇化表现出一定独特性；在城镇化建设方面，政策力度、基础设施、民生福祉、特色产业和生态建设方面均取得一定成就；但在整体城镇化水平、区域内各地城镇化水平、城镇化和工业化协同发展程度、城乡发展状况以及城镇综合承载力等方面还存在一定短板。通过上述分析，能在全局视角上对赣闽粤原中央苏区的发展情况有一个较为清晰的认识，有助于厘清赣闽粤原中央苏区的城镇化进程与全国的城镇化进程的异同，对于后续构建指标体系和驱动效应的分析具有一定启示。

第二，赣闽粤原中央苏区城镇化发展质量的指标体系构建与评价。本部分首先基于城镇化高质量发展相关概念的丰富内涵，遵循客观性和可行性原则、层次性和可操作性原则、动态性和可比性原则、综合性和系统性原则、"以人为本"原则、可持续发展原则、城乡融合发展原则、时代性原则，参考既有评价体系，创新性地从人口、经济、社会、生态、城乡5个维度选取14个指标构建赣闽粤原中央苏区城镇化质量评价体系。其次选取2000~2020年赣闽粤原中央苏区96个县（市、区）利用客观的评价方法——熵权法进行实证测度，并对测度结果利用核密度和马尔科夫链模型进行时空演变动态分析、通过协调耦合模型进行协调性分析。

第三，我国赣闽粤原中央苏区城镇化发展质量的驱动因素实证研究。在前人研究的基础上，结合赣闽粤原中央苏区特色及特殊地理位置，尝试利用机器学习的方法，利用自适应Lasso模型选取赣闽粤原中央苏区城镇化发展质量的驱动因素并结合逐步回归与普通最小二乘法的参数估计结果进行比较，随后在总样本及分地区样本视角下识别赣闽粤原中央苏区城镇化发展质量的驱动因素及时空动态差异，最后分析赣闽粤原中央苏区各维度城镇化发展质量的驱动机制。

第四，本书采用"先分后总"的方法对赣闽粤原中央苏区城镇化高质量发展模式进行探究。在探究不同地区推进城镇化高质量发展的差异化表现的基础上，分析城镇化建设过程中的共性问题，并运用案例分析法总结推进城镇化高质量发展的经验启示，为苏区老区城镇化及欠发达地区城镇化提供新的模式选择。

第五，在新时代，推进赣闽粤原中央苏区城镇化高质量发展的思路与实现路径。在提出"以人为本、财富创造、共享发展、制度保障"为总体思路的前提下，坚持"以人为本、共建共享，开放合作、互利共赢，创新引领、产城融合，生态优先、绿色发展，城乡融合、协调发展"五大原则，从政府治理、公共服务、产业发展、基础设施、要素市场等维度构建实现路径，并提出一系列具有针对性的政策建议。

目 录

第1章 导论 ·· 1
  1.1 研究背景与研究意义 ·· 1
  1.2 国内外研究现状 ·· 6
  1.3 研究内容与研究方法 ·· 22
  1.4 研究创新 ·· 25

第2章 概念界定与理论基础 ··· 27
  2.1 概念界定 ·· 27
  2.2 理论基础 ·· 38
  2.3 本章小结 ·· 48

第3章 赣闽粤原中央苏区城镇化的建设历程与发展质量现状分析 ········ 49
  3.1 赣闽粤原中央苏区概况 ·· 49
  3.2 赣闽粤原中央苏区城镇化建设历程 ·· 51
  3.3 赣闽粤原中央苏区城镇化发展现状 ·· 56
  3.4 赣闽粤原中央苏区城镇化发展质量存在的问题 ························ 64
  3.5 本章小结 ·· 71

第4章 赣闽粤原中央苏区城镇化发展质量评价指标体系构建与测度 ···· 72
  4.1 评价指标体系的构建 ·· 72
  4.2 赣闽粤原中央苏区城镇化发展质量的测度分析 ························ 82

4.3　本章小结 ·· 103

第5章　赣闽粤原中央苏区城镇化发展质量驱动因素的识别与
　　　　影响效应 ·· 105
　5.1　机理分析与研究假说 ··· 105
　5.2　实证方法与变量设计 ··· 109
　5.3　实证过程 ··· 117
　5.4　稳健性分析 ·· 138
　5.5　本章小结 ··· 141

第6章　赣闽粤原中央苏区城镇化高质量发展模式与案例剖析 ········ 144
　6.1　赣闽粤原中央苏区城镇化高质量发展模式 ···················· 144
　6.2　赣闽粤原中央苏区城镇化高质量发展实践案例 ·············· 155
　6.3　本章小结 ··· 160

第7章　推进赣闽粤原中央苏区城镇化高质量发展的思路和实现路径 ······ 162
　7.1　推进赣闽粤原中央苏区城镇化高质量发展的总体思路 ········ 162
　7.2　推进赣闽粤原中央苏区城镇化高质量发展的原则 ············ 164
　7.3　推进赣闽粤原中央苏区城镇化高质量发展的实现路径 ······ 168
　7.4　推进赣闽粤原中央苏区城镇化高质量发展的对策建议 ······ 171
　7.5　本章小结 ··· 177

第8章　研究结论与研究展望 ··· 178
　8.1　研究结论 ··· 178
　8.2　研究展望 ··· 182

参考文献 ·· 183

附　录 ··· 208

后　记 ··· 210

第1章 导论

1.1 研究背景与研究意义

1.1.1 研究背景

1.1.1.1 经济发展进入新时代

自党的十八大以来，我国经济保持了中高速增长和稳定发展。具体表现在以下几个方面：第一，经济稳步发展，2020年GDP总量突破100万亿元，占世界比重约为17.0%，而1978年GDP总量3645亿元，仅占世界比重约为1.7%。结构优化特征明显，2020年，我国第三产业增加值占GDP的比重为54.5%，第二产业和第一产业增加值占GDP的比重分别为37.8%和7.7%。第二，科创能力日益提升，2020年世界知识产权组织发布的全球创新指数排名显示，我国从2015年的29名提升到2020年的14名。第三，数字经济活力增强，数字经济核心产业增加值占GDP比重达7.8%。第四，农业生产再获丰收，全国粮食总产量66949万吨，比2019年增加565万吨。第五，对外开放逐步加大，2020年全年货物进出口总额321557亿元，实际使用FDI金额10000亿元，全年对外非金融类直接投资额7598亿元。第六，城乡居民收入水平不断提升，城乡收入差距不断缩小，2020年城镇、农村居民人均可支配收入分别为43834元、17131元（城乡居民收入比为2.5∶1.0），2012年城镇居民人均可支配收入24565元、全年农村居民人均纯收入7917元（城乡居民收入比为 3.1∶1.0)①。

党的十九大报告中指出,我国社会主要矛盾已经转化为人民日益增长的美好生活需要和不平衡不充分的发展之间的矛盾。这表明我国经过改革开放几十年的发展,社会生产力得到了极大的提高,居民生活得到了极大的改善,人民日益增长的物质文化需要和落后的社会生产之间的矛盾总体上得到有效解决。当物质文化在一定程度上得到满足的时候,人们便开始向往更美好的生活,追逐更高层次的需求,会更加注重民主、法制、公平、正义、安全和生态。而在当前的在发展过程中,科技创新、社会生产效率与发达国家尤其是与美国仍然有巨大差距,不平衡不充分的问题日益突出,东中西部地区间、城乡之间、省与省之间、省内等区域间发展不平衡问题有待解决。

解决新矛盾的根本着力点是"以人民为中心",发展过程人民民主,发展成果人民共享,实现人的全面发展,实现共同富裕。党的二十大报告提出着力推进城乡融合和区域协调发展,直观来看是着眼于空间的发展,但根本宗旨是促进人的全面发展,最终目标是促进共同富裕。继续加大对老少边穷地区的支持力度,支持革命老区苏区、民族地区加快发展,加强边疆地区建设,推进兴边富民、稳边固边。因地制宜地推进城市空间布局形态多元化,以城市群、都市圈为依托构建大中小城市协调发展格局,推进以县城为重要载体的城镇化建设。通过这些新举措和新战略消除不平衡、不充分发展,使人民朝着美好生活不断迈进,最终实现共同富裕。

1.1.1.2 城镇化发展进入新阶段

自改革开放以来,我国城镇化水平有了明显提高,呈现出由低速的就近城镇化建设到快速异地城镇化建设的特征。2020 年中国城镇人口有 9.02 亿,比 1978 年增加了 7.30 亿人口,常住人口城镇化率为 63.89%,比 1978 年提升了 45.97 个百分点,城镇化建设取得了历史性成就,为全球经济发展做出了重大贡献。尽管城镇化增速很快、规模很大,但是仍存在不少问题。

第一,从世界范围来看,与发达地区仍有距离。虽然 2020 年常住人口城镇化率高于 55.3% 的世界平均标准,但距离发达国家 81.3% 的城镇化率还有一定的差距,尤其是 2020 年美国的城镇化率高达 95.0%。联合国人居署发布的《2022 世界城市状况报告》中指出,全球快速的城镇化进程只是暂时被耽

---

① 资料来源:《中华人民共和国 2020 年国民经济和社会发展统计公报》。

误，全球城镇人口的增长正重回正轨，预计到2050年将新增22亿①。因此，中国人口城镇化率仍有巨大的提升空间。

第二，从我国来看，区域间、省域间、市域间城镇化发展不平衡，城镇化发展的增长极作用和外溢扩散作用具有显著的空间异质性。发达地区城镇化率高、经济增长快、城乡得到了融合发展。欠发达地区随着人口向外转移，人口集聚、产业集聚在城镇程度较低，城镇化发展较慢，城乡融合发展不足。从区域来看，东部发达地区城镇化建设处于遥遥领先地位。2020年全年东部、中部、西部、东北地区GDP分别为525752亿元、222246亿元、213292亿元、51125亿元，年末常住人口城镇化率分别为70.76%、59.00%、57.27%和67.71%。从省域视角来看，发达地区如广东省、福建省，2020年GDP分别为110760.94亿元、43903.89亿元，常住人口城镇化率分别为74.15%、68.75%（分别高于全国10.10个、4.86个百分点）；欠发达地区如中部江西省，全省11个市除省会城市南昌、九江、景德镇3个市，其余8个市大多部分区域是苏区，2020年全省GDP为25691.50亿元，常住人口城镇化率为60.44%（低于全国3.49个百分点）。②从省域内部来看，广东省省内各市经济发展差距悬殊，广东省拥有全国最富有的两大城市广州市、深圳市，2020年广州市、深圳市的GDP为25019.11亿元、27670.24亿元，常住人口城镇化率高达86.19%、99.54%，但同属广东省的老区苏区梅州市、河源市，2020年两市的GDP仅为1207.98亿元、1102.74亿元，常住人口城镇化率为51.58%、48.50%，以至于广东省2020年城镇和农村居民人均可支配收入分别为50257元和20143.4元，城乡居民收入比为2.5∶1.0，甚至高于中部欠发达地区江西省（城乡居民收入比为2.27∶1.00）。福建省相较于广东省而言，虽没悬殊的省内发展差距，但山海发展仍不协调，既有临海区域福州市、泉州市，2020年两市的GDP分别为10020.02亿元、10158.66亿元，常住人口城镇化率高达72.50%、68.50%，也有内陆苏区南平市、三明市、龙岩市，2020年三市的GDP分别为2007.40亿元、2702.19亿元、22870.9亿元，常住人口城镇化率分别为59.70%、63.20%、62.90%（低于全国平均水平）③。因此，城镇化的推进要注重区域协调发展，要注重省域间及省域内部的协调

---

① 资料来源：联合国人居署。
② 资料来源：《中国统计年鉴2021》。
③ 资料来源：《2021广东统计年鉴》《福建统计年鉴2021》。

发展，尤其要关注本省老区苏区等欠发达地区的发展。

第三，从户籍人口来看，户籍人口的城镇化率较低。2020年我国户籍人口城镇化率为45.4%①（低于常住人口城镇化率18.49个百分点），这意味着9.02亿城镇常住人口中仍有2.61亿农业转移人口并没有城镇户籍，无法享受与拥有城镇户籍人口同样的就业、医疗、教育、住房、养老等服务，进而出现留守儿童、空巢老人、留守妇女及春运等社会问题。根据国家统计局公布的《2020年农民工监测调查报告》②，2020年全国农民工总量为28560万人，比上年减少517万人，下降1.8%。2021年各部门积极实施就业优先政策，由《2021年农民工监测调查报告》③可知，全国农民工总量为29251万人，比上年增加691万人，增长2.4%。2016~2019年，外出农民工增速呈逐年回落趋势，增速分别为1.5%、1.7%、0.6%、0.8%，城镇的农村转移人口会减少，这也说明未来常住人口城镇化率会趋向稳定，户籍人口城镇化率的提高将成为城镇化进程的重点内容。

第四，从县域城镇来看，县域城镇化发展空间尚未激发。2000~2020年中国县域城镇人口从2.12亿增至3.86亿，但其占全国城镇人口比重从46.25%降至42.87%（刘彦随等，2022）。外出农民工回流趋势加快推进剩余劳动力向部分县城和中心镇集聚，县域城镇化具有较大的发展空间。以县城和重点镇为支撑推进县域城镇化，可以顺应人口流动规律，促进县域城镇人口集聚；能够促进城乡公共服务均等化，同时提高城乡公共服务供给效率；利于发挥规模经济效益，提升产业生产效率；促进农村居民市民化，提升县域居民生活品质。以县城和重点镇为支撑推进县域城镇化，有助于促进城镇化水平提高、质量提升，一方面促进县域经济社会发展，促进城镇化高质量发展，实现城乡要素合理配置；另一方面有利于促进乡村振兴、实现城乡融合发展。

1.1.1.3 城镇化研究面临新课题

进入新时代，城镇化发展进入新的阶段——城镇化高质量发展阶段，城镇化建设需要贯彻新发展理念。在面对经济发展动力转换、经济结构优化的背景下，城镇化问题不能仅仅是简单的农村人口流入城镇的居民化问题，而

---

① 资料来源：《第七次全国人口普查公报（第七号）》。
② 资料来源：《2020年农民工监测调查报告》。
③ 资料来源：《2021年农民工监测调查报告》。

是应该有新任务和新课题。

第一，在推进城镇化高质量发展的进程中，不仅要提升城镇人口规模与占比，还要注重人的全面发展。城镇化是以人为核心的城镇化，是城镇化质量提升的过程，农村转移人口市民化的数量提升的过程中，医疗、教育等公共服务均等化问题、住房市场与住房保障问题、生态宜居问题都值得关注。

第二，在推进城镇化高质量发展进程中，不仅要关注大城市的发展，也要注意县城的建设。县城处于"城尾乡头"，作为我国城镇体系的一部分，具有重要的作用。推进县城建设，有益于农村转移人口就地城镇化，促进城乡融合发展，同时促进新型城镇化、农村现代化。

第三，在推进城镇化高质量发展的进程中，区域协调发展越来越成为一个重要问题，不仅要关注东部发达地区，也要关注老少边穷地区。尤其是革命老区，约占全国地域面积和人口的1/3。而赣闽粤原中央苏区是全国13个革命根据地中面积最大、人口最多的地区，具有一般性、典型性。根据第七次全国人口普查数据，赣闽粤原中央苏区县域常住人口城镇化率为56.91%，低于全国常住人口城镇化率。长期以来，政府关注赣闽粤原中央苏区的振兴发展问题，分析赣闽粤原中央苏区城镇化不仅有助于促进本地区城镇化高质量发展，还有利于为其他老区苏区等欠发达地区提供示范经验。赣闽粤原中央苏区城镇化高质量发展还有助于促进区域协调发展、推进经济高质量发展、实现共同富裕。

第四，在推进城镇化高质量发展的进程中，要注重因地制宜。我国地域广阔，东部、中部、西部各地区城镇化发展具有差异性，各地区发展具有区域上的共性问题，也存在个性问题。城镇化政策实施，要因地制宜，不可"一刀切"，如何科学制定符合地区时代发展的政策是永恒的课题。

因此，本书以赣闽粤原中央苏区城镇化为研究对象，综合分析赣闽粤原中央苏区城镇化发展历程和现状，科学系统地评价赣闽粤原中央苏区县域城镇化的发展质量，客观有效地筛选出赣闽粤原中央苏区县域城镇化发展质量的驱动因素，寻找与当地实际情况相匹配的高质量发展模式，提出科学合理的发展思路与实现路径。

1.1.2 研究意义

城镇化高质量发展不仅是经济高质量发展的重要动力，也是实现共同富裕的有力支撑。新时期，推进城镇化高质量发展是重要研究命题。推进城镇化高质量发展不仅要关注北上广深等一线大城市的高质量发展，也要关注"老少边穷"等欠发达地区的城镇化问题。赣闽粤原中央苏区作为革命老区的典型代表，研究其城镇化发展质量问题对于推进新型城镇化建设以及实现社会的公平正义、促进共同富裕都具有重要的理论意义和现实意义。

1.1.2.1 理论意义

有助于丰富并发展中国特色社会主义城镇化理论体系。通过系统整理西方城镇化理论，为我国推进城镇化高质量发展的进程寻求理论支持和实践指导思想。同时通过梳理赣闽粤原中央苏区城镇化的发展过程，对其发展模式进行理论总结，为其他老区苏区等欠发达地区城镇化发展起到经验示范作用，丰富和发展中国特色社会主义城镇化理论体系。

1.1.2.2 现实意义

一方面，有利于推动赣闽粤原中央苏区等欠发达地区经济发展。推进赣闽粤原中央苏区等欠发达地区城镇化进程的重点在于提高城镇中非户籍常住人口以及农村居民的市民化程度，加大城镇基础设施建设与公共服务供给，削弱户籍、社保等制度因素对它们的共享发展成果的制约，有利于居民消费水平提升和投资需求提高，进而拉动经济增长，促进赣闽粤原中央苏区地区等欠发达地区经济发展。另一方面，有利于"以人民为中心"发展思想的贯彻。赣闽粤原中央苏区等欠发达地区推进城镇化的过程中强调城乡融合发展，通过发挥城镇的作用，带动乡村振兴，实现城乡居民人人能够公平、公正地享受发展成果。

1.2 国内外研究现状

城镇化是一个多维的概念，不同的领域从不同的角度对其有不同的解释。当前，国内关于城镇化的研究主要分为三个方面，即城镇化量化测度、城镇化发展的动力机制与影响因素、城镇化发展模式和路径，下面将分别进行论述。

1.2.1 城镇化量化测度的相关研究

1.2.1.1 城镇化量化测度的国外相关研究

不同时期不同国家采用不同的测度指标，或采用单一指标，如城镇化人口占总人口比重（Northarm，1979）、人口密度（Qadeer，2004），或采用综合指标进行衡量，或从人口、发展、资源和环境的综合角度出发构建指标体系（Liu等，2009）；或基于经济因素，创新性地将土地利用与城乡差异指标考虑在内（Nagy和Lockaby，2011）；或从人力资源、通信、医疗和土木工程等方面建立城镇化评价指标体系（Enayatrad等，2019）；或从经济、人口、社会、空间、生活和环境等方面构建城镇化评价指标体系（Yang等，2020）；或从人口、空间、社会和经济维度构建指标体系（Ariken等，2021）；或基于经济、人口、社会和土地四个方面全面衡量城镇化水平（Guo等，2023）。

也有不少国外学者采用主成分分析法、因子分析法、熵值法、DEA模型、弹性系数法和麦肯锡矩阵方法、CG-GSO模型等不同实证方法进行研究。Morais和Camanho（2011）采用DEA模型对欧洲206个城市的生活质量进行研究。Zhang等（2011）运用主成分分析法对中国城市土地利用的可持续性进行指标评价。Chen等（2013）采用包含多个参数估计的象限图方法，实证分析了1960~2010年中国城镇化的演变。Petrovic（2016）对城镇化和环境质量进行了评价。Shen等（2017）采用弹性系数法和麦肯锡矩阵方法，实证分析了1990~2011年巴西、俄罗斯、中国和南非等世界新兴大国城镇化过程中的动态可持续性绩效。Zhang等（2018）基于人口、产业和建成用地三个维度构建城镇化可持续评价综合耦合协调指标体系，实证分析了2005~2015年广西人口、产业和建成用地城镇化系统之间的时空耦合演变规律。Cui等（2019）结合城市化与生态环境耦合理论，创建"城镇化—资源—环境"复杂系统（URE）来评估城市化的可持续性。Yang等（2020）运用因子分析法对我国2001~2018年华东省城镇化发展质量进行测度。Ariken等（2021）运用熵值法对我国2004~2018年的城镇化发展水平进行测度。Liu等（2022）基于新数据包络分析模型的指标，评估了中国城市的可持续发展水平。Li等（2022）采用CG-GSO模型量化了2003~2017年京津冀城市群城镇化发展水平。

1.2.1.2 城镇化量化测度的国内相关研究

国内学者从不同学科探究了城镇化的内涵定义，对城镇化的量化测度也有不同观点，总体而言，城镇化评价体系构建有三种思路：一是城镇化效率；二是城镇化质量；三是城镇化耦合协调发展水平。具体如下：

（1）城镇化效率。

有学者认为城镇化过程是一个"投入—产出"式复杂系统（柳思维等，2012），通过构建投入产出型的城镇化综合评价体系来衡量城镇化效率（吴旭晓，2013；牟玲玲等，2014；谢永琴和曹怡品，2018；郑雁玲和田宇，2020；李刚，2020；赵永平等，2021；傅为一等，2022）。投入指标多为土地、资本、劳动力、能源要素，产出指标人口城镇化、经济城镇化、土地城镇化、社会城镇化及绿色城镇化。实证方法多为包含非期望产出的SBM模型、超效率DEA模型等。

（2）城镇化质量。

有不少学者构建多维综合评价指标体系测度城镇化质量。叶裕民（2001）基于城市现代化问题与城乡一体化两个维度出发构建城镇化质量评价体系。随后，吕丹等（2014）基于公共服务均等化和生态建设等城镇化的社会和生态内涵，重新构建了城镇化质量评价指标体系。随着研究的增多，当前学术界在评价维度选取方面主要有三种思路：第一种思路是强调城镇化发展的构成要素，注重从人口、经济、产业、社会、空间和生态等城镇化发展构成要素层面评价，或从经济、社会、生态三个维度综合考量（赵永平和王可苗，2020）；或从经济发展质量、生态环境质量、城乡统筹、公共服务质量四个方面20个指标（王冬年等，2016）；或从人口城镇化、经济发展、城乡统筹和生态环境四个方面（李燕娜，2020）；或从人口、土地、社会、经济和城乡协调五个方面（金丹和孔雪松，2020）；或从人口、经济、社会、生态及土地城镇化五个方面（王文举和田永杰，2020）；或从宏观经济、产业结构、人口、生态环境、公共服务、城乡统筹六个维度（黄敦平和陈洁，2021）；或从人口发展、经济发展、基础设施、公共服务、城乡融合和生态环境六个方面（赵永平和熊帅，2022）；或从人口、经济、空间、社会、环境、城乡一体六个方面（宋金昭等，2022）。也有学者构建指标体系测度城镇化高质量发展，或从人口发展、经济增长、社会建设、城乡统筹和生态环境五个维度（蒋正云和胡艳，2021a），或从经济发展、环境与生态、民生、公共服务、公平与效率五个维度（刘浩和刘树霖，2021）构建城镇化高质量发展指标体系。第二种思路是强调城市发展的理念，注重从创新、绿色、协调、开放和共享等新理念角度来评价（马国勇和王颖，2021；杜悦等，2022）。第三种思路是综合体现城镇化过程与结果，从城镇发展质量、城镇发展效率和城镇协调程度三个维度构建综合评价体系（蓝庆新等，2017；朱鹏华和刘学侠，2017；张爱华和黄小舟，2019；王滨，2020a）。

在实证测度方面，既有研究主要采用主成分分析法（曹飞，2017；李燕娜，2020）、客观权重赋值法（陈晓华和李咏，2017）、因子分析（曹文明等，2018；黄敦平和陈洁，2021）、GA-PSO-ACO综合指数算法（陈莉和李姣姣，2017）、纵横向拉开档次法（袁晓玲等，2017）、熵权扰动属性模型（王宾等，2017）、熵值法（林琳和李冠杰，2018）、熵权TOPSIS法与熵权灰色关联法以及熵权GC-TOPSIS法（刘浩和刘树霖，2021）、变异系数法（钱潇克和于乐荣，2019）等，以区域（黄磊等，2014；卢新海等，2019）、省域（蓝庆新等，2017）、市域（孙旭等，2015；曾伟等，2019）、县域（张春玲等，2019；刘浩和刘树霖，2021；常吉然，2022）、城市群等地区为样本进行数理量化分析。近年来，随着研究的深入，部分学者不满足于直接使用现有公开的统计数据，一方面，通过复杂繁琐的计算来使选取指标的内涵更加丰富，如汪增洋和张学良（2019）用产城融合测度小城镇高质量发展等；另一方面，也开始注重问卷调查数据和大数据资源，如张文忠等（2019）利用课题组多年积累的庞大问卷调研数据，指出了城市高质量发展中居民们所重点关注的指标。刘家旗和茹少峰（2021）通过大数据文本挖掘和情绪识别技术分析了人民群众对现阶段高质量发展的关注重点和满意程度。

（3）城镇化耦合协调发展水平。

学者们对于城镇化协调发展进行了大量研究，主要包括三个方面：

一是对城镇化与经济增长（岳雪莲和刘冬媛，2017）、新型工业化（高志刚和华淑名，2015）、产业、生态、基础设施与公共服务、农业农村等因素协调发展的研究。其中，产业方面：房地产业（蔡雪雄和林南艳，2016）、物流业（宗会明等，2017；梁雯等，2018）、旅游业（杨主泉，2020）、产业集聚（谭清美和夏后学，2017），具体细分行业有金融产业集聚（俞思静和徐维祥，2016）与工业集聚（孔芳霞和刘新智，2021）、产业结构（魏敏和胡振华，2019）、产业经济（张亨溢等，2019）、金融生态（谢赤和毛宁，2020）；生态方面：生态环境（张引等，2016；刘玲和智慧，2019；赵建吉等，2020；王文举和田永杰，2020；朱艳娜等，2021）、生态安全（唐志强和秦娜，2020）、低碳发展（王玉娟等，2021）；科技创新（曹琳剑和杨安康，2020）；基础设施与公共服务方面：基础教育资源配置（包红霏等，

2019)、公共服务（傅利平等，2020）、轨道交通（曾俊伟等，2021）、特色文化城市（刘岩等，2021）；农业农村方面：土地资源集约利用（曹飞，2015；卢阳禄等，2016；曹春艳，2018）、农业生态（吴倩，2018）、农业现代化（张勇民等，2014；吴强强等，2017；周婕，2018；蒋正云和胡艳，2021b）、都市农业发展（谢艳乐等，2021）、美丽乡村建设（刘翔，2019）、乡村旅游（魏鸿雁等，2020）、乡村振兴（俞云峰和张鹰，2020；徐维祥等，2020；吕萍和余思琪，2021）等。二是城镇化内部人口、土地、经济、社会等各要素协调发展研究。陈昱等（2020）构建由经济、社会、投入、产出等维度组成的评价指标体系，探索"人口—土地"城镇化的耦合协调度。陈林心等（2017）从人口、空间和产业城镇化角度刻画新型城镇化发展，实证分析了长江中游城市群"人口—空间—产业"城镇化系统之间的时空耦合特征。李豫新和欧国刚（2022）探究了黄河流域城镇化内部人口、土地、经济、社会、生态五大系统的协调发展。三是特定区域城镇化协调发展的研究，主要是省份城镇化协调发展，如新疆（田宝龙和刘尚俊，2018）、江西（蒋正云等，2019）等；城市群城镇化协调发展，如中原城市群（陈昱等，2020）、哈长城市群（刁硕和袁家冬，2022）等；具体地区城镇化协调发展，如中部地区（杨剩富等，2014）、长江经济带（李小帆和邓宏兵，2016）、长三角地区（范擎宇和杨山，2021）、黄河流域（李豫新和欧国刚，2022）等。

（4）欠发达地区的城镇化指标。

还有学者对我国欠发达地区的新型城镇化指标进行构建与探讨。余达锦（2015）结合欠发达地区城镇化发展实际，建立欠发达地区城镇化发展水平评价指标体系。石瑾和陈栋（2015）根据新型城镇化的理论内涵和西部欠发达地区城镇化发展特征，确立了西部欠发达地区新型城镇化评价指标体系，内容涵盖经济、社会、资源环境三大系统。徐雪和马润平（2020）结合宁夏实际，从人口、经济、社会、城镇基础设施、环境五个维度出发构建新型城镇化指标体系。谭立力（2022）在经济发展、对外开放、边疆安全三大核心功能指向下，构建一个包括经济发展、民生发展、社会发展、城乡统筹发展、开放与安全发展五个维度30个指标的指数型评价体系，综合测度云南省25个边境县（市）的新型城镇化发展水平。

1.2.2 城镇化发展的动力机制与影响因素的相关研究

1.2.2.1 城镇化发展的动力机制与影响因素的国外相关研究

关于城市化动力及机制的研究，大多学者主要从经济增长、工业化、产业集聚、空间位置、技术进步、教育水平、社会资本、土地所有权结构、政府政策等方面展开。韦伯（1997）提出城市的集聚性往往带来大于乡村分散性的社会效益，进而形成了城市化的基本动力。Perroux（1950）从增长极角度分析城镇化的形成，增长并非同步，而是从某一个或某几个中心点向外扩展，进而辐射周边地区。Gottmann（1957）认为市场机制是大都市连绵带形成的基础动力，交通、通信等基础设施的完善是大都市连绵带形成的重要机制。拉尼斯（1989）分析工业部门与农业部门的相互作用，探讨了城镇化的动力机制。Rana 和 Krishan（1981）分析了影响印度中型城市增长的各种因素，认为中型城市在特定区域的位置比其功能或相对规模更重要。Moomaw（1996）发现一个国家的城镇人口增长与人均 GDP、工业重要性、出口、外国援助、政治因素密切相关。Chan 和 Yao（1999）发现中国的城镇化道路很大程度上是在工业化战略的推动下形成的。Lo 和 Marcotullio（2000）从全球化角度分析城镇化的动力机制，认为新兴跨国经济的联系导致了"功能性城市系统"的发展。Hutton（2003）进一步分析先进服务业通过全球化影响城镇化的动力机制。Davis 和 Henderson（2003）认为城市集中程度更直接受到政策和政治的影响，并且 Henderson（2003）认为国家政府政策和非民主制度助长了城镇过度集中。Parhanse（2007）则发现地方经济发展（LED）规划正在为扭转一些小城镇的经济衰退提供动力。Henderson 和 Wang（2005）认为技术和制度对城镇化发展有着推动作用。Owusu（2008）认为权力下放、地方政府改革、农业商业化，以及有利的地理位置因素等影响小城镇的发展。Besser（2008）、Huang 和 Kao（2014）讨论了社会资本对城市发展的正面作用。Su 等（2015）考察了城市化水平与城乡收入差距之间的相互作用关系。Poczobut（2017）认为土地所有权结构对城镇化发展来说是把"双刃剑"。Li 等（2018）认为社会经济、物理、邻近、可达性、邻里等多种因素推动了中国的城市扩张，并且城镇化扩张的驱动因素具有空间异质性。Gu（2019）认为工业化、现代化、全球化、市场化和行政制度是城镇化的五大驱动力。Brezdeń 和 Szmytkie（2019）认为在后工业化时代，生活成本的增加、科学和技术的发展、教育水平的提高和生态恶化导致经济活动的分散化。这样做的后果之一是增加郊区地理位置的吸引力。

不同学者通过对不同地区的实证研究，发现不同地区的城镇化动力不同。一些学者对发达国家城市动力机制进行了深入探讨并实证研究。Gagliardi 和 Percoco（2017）运用 RDD 模型实证分析了欧洲凝聚力政策对城市和农村地区的影响。Peng 等（2022）以日本北九州为例，采用因子识别法从一系列因素中筛选出与城市人口变化显著相关的 11 个因子。Montalto 等（2023）实证分析了欧洲 190 个城市的创新经济和文化表现、城市演变之间的关系。Tsagkis 等（2023）通过人工神经网络模型将城市增长模型应用于希腊五个最大的城市，提出城镇发展的驱动因素有生态因素、经济因素、社会因素、区位因素和政治因素。此外，还有一些学者对发展中国家城市化动力及机制进行了研究。Todes（2001）以南非地区为研究对象，认为社会关系、经济发展、生活方式等是城镇化发展的动力因素。Ma（2002）通过对新中国成立后的城镇化历程进行了回顾，认为户籍与土地制度是推动中国城镇化发展的最主要因素。Song 和 Zhang（2002）考察了中国的城市化及其城市系统的演变，讨论了经济和制度因素如何影响城市系统和城市增长。Zhang 等（2020）认为金融科技的发展有助于在非农部门创造更多就业机会并提高收入，推动了中国城镇化的发展。Grekou 和 Owoundi（2020）以非洲为例，实证发现人均 GDP、官方发展援助和 FDI 正向驱动城镇化发展，而人口增长率对城镇化发展有着一定的抑制作用。Chhabra 等（2021）以金砖国家 1991～2017 年的数据进行实证检验，结果表明全球贸易联系对城市化水平具有正向驱动效应。Chen 和 Paudel（2021）对中国 30 个省份 2004～2017 年的数据进行实证检验，结果表明提高城市地区的贸易开放水平、城市地区政府效率可以增加城市人口。Zhang 等（2021）利用 2009～2018 年中国 277 个城市的面板数据，研究了土地城市化、城市便利设施与人口城市化之间的关系。He 和 Du（2022）利用 2006～2018 年中国 31 个省份的经济数据进行分析，发现城镇化、普惠金融与城乡收入差距具有内生关系。Xie 等（2022）基于 2012～2019 年黄河下游 14 个地级市的数据进行实证分析，研究发现经济发展水平、城乡收入差距和基础设施水平对推进该区域新型城镇化发展具有积极作用，而城乡生活差距对推进该区域新型城镇化发展具有抑制作用，其中经济发展水平的影响最为显著。Huang 等（2023）基于 Geodetector 的最大贡献法对城市区域进行夜间光数据提取，分析发现地理因素对山区城镇化的贡献较大，而对于平坦地区城镇化，经济因素和社区因素占主导地位。也有些学者探究如生态保护区等特殊区域周围城市化的动力因素问题，如González-García等（2022）认为保护区（PAs）是一把"双刃剑"，其中边界上的城市数量、到主要道路的距离以及到大城市的距离是城市扩张的最重要驱动因素。

1.2.2.2 城镇化发展的动力机制与影响因素的国内相关研究

（1）城镇化动力机制。

早期学者将中国城镇化动力机制理解为二元城市化动力机制，即以国家层面为主导的自上而下型和以乡村集体或个人为主导的自下而上型（阎小培等，1994）。改革开放以来，市场经济制度的逐步确定，政府、企业、个人都积极参与了经济发展乃至城市化的进程，多元城市化动力替代以往一元或二元城市化动力（宁越敏，1998）。进入21世纪，中国不断加深对外交流，不少学者认为城市化发生与发展受经济、社会、政治等诸多因素的影响，不同发展阶段各个因素对推动区域城市化的作用大小又各不一样，可以归纳为行政力、外向力、市场力和内源力4个方面（欧向军等，2008；陈明星等，2009；刘世薇等，2013；熊湘辉和徐璋勇，2018；王滨，2020b）。马海涛和孙湛（2021）则进一步从"内—外双向力"视角，将动力因素归为外向力、内向力和内外双向力三方面。

新型城镇化的动力机制是推动新型城镇化发展所必需的动力因素，以及维持、改善这种作用的各种经济社会关系、组织制度等所构成的综合系统（张荣天和焦华富，2016），是一个内部作用与外部力量并存、市场主导与政府引导同在的体系（杨佩卿，2020）。中国新型城镇化发展正面临新旧动力转换，城镇化动力由"生产率、土地供给双轮驱动"向"生产率、土地供给与公共服务支出效率三方面协同驱动"演进（段巍等，2020），单一城市人口规模动力机制转变成城市人口规模和创新聚集双元动力机制（王梦晨和周密，2020），医疗、教育和交通等地方公共服务逐渐取代传统的招商引资成为城市吸引要素集聚的关键驱动因素（刘维林，2021），基础教育、稳定就业、市民化生活方式是目前农产品主产区县域城镇化的三大动力来源（安晓明，2022）。新时代，推进新型城镇化高质量发展，将创新视为新阶段城镇化发展重要驱动力（张蔚文等，2021）的同时，还要更好地发挥政府与市场两大主体推动作用（袁晓玲等，2022）。

（2）城镇化的影响因素实证分析。

不少学者对新型城镇化的影响因素进行实证分析。薛艳（2017）从经济发展、产业结构、人口转移、基础设施四个关键方面来实证分析新常态下江苏省新型城镇化发展的影响因素。韩立达和牟雪淞（2018）实证分析表明，空间因素和经济发展、居民收入结构、公共服务配给结构、产业结构、就业结构等对四川省新型城镇化有重要影响。刘欢等（2017）从经济发展水平、产业结构、城市面积、教育水平、区域创新、对外开放能力和绿色发展水平七个方面来构建长江经济带人口城镇化影响因素的空间计量模型。陈恩和谢珊一（2018）通过 ADF 检验、协整分析、格兰杰因果关系检验等对中部城镇化区域特征的影响因素进行实证分析，结果表明资源环境、要素投入、人口素质、社会服务是推动中部地区新型城镇化发展的格兰杰原因，且资源环境和要素投入为主要影响因素。高金龙等（2018）综合运用空间分析、多元回归和地理加权回归的方法，研究发现人口集聚、经济发展、产业结构、城市特性与地理区位等要素对县域土地城镇化空间分异格局的影响较为显著、稳定。周敏等（2018）从市场机制、基础设施、技术进步、外商投资和外贸依存度等方面来探究新型城镇化的驱动机制。近年来，不少学者采用新的方法探究影响因素，如客观选择影响因素的 Lasso 方法模型、C-D 函数模型以及不考虑变量共线性的 QAP 分析法。刘晶和何伦志（2019）采用 Lasso 方法从可能影响新疆新型城镇化发展的 13 个方面 64 个驱动因子进行量化分析，依据模型压缩系数实现指标精简，分析发现基础设施、兵团建设、经济贸易、对口援疆是推进新型城镇化发展的四大重要因素。马国勇和王颖（2021）归纳识别了政府政策、市场化程度、对外开放和区域内生性（主要包括区域内工业、农业的发展水平）四个影响因素，并采用 C-D 函数模型进行实证验证。卢晶（2022）利用 QAP 分析法，选择地理距离、经济发展水平、政府规模、产业结构、对外开放水平、城镇人口、技术创新、基础设施作为影响因素，考察新型城镇化发展地区差异的驱动因素。

也有学者实证探究创新、耕地、农机总动力、财政分权、产业集聚、人口集聚、革命老区振兴发展的政策、清洁能源消费等某一个因素对新型城镇化的影响。如张雪玲和叶露迪（2017）实证研究发现创新驱动因素对新型城镇化发展水平提升起到重要的推动作用。杨强（2018）实证得出耕地、农机总动力是城镇化过程中重要的正向影响因素，推动农业现代化进一步发展，释放更多的劳动力和农业生产资源，促进新型城镇化的发展。王克强等（2020）认为 PPP 模式提升了新型城镇化建设的质量。杨志辉和李卉（2021）实证结果发现财政分权对新型城镇化发展具有显著的促进作用，地方政府获得的财政资源越多，新型城镇化发展水平越高。胡丽娜等（2022）进一步验证了财政分权通过民生支出显著地作用于新型城镇化。颜双波（2016）实证研究表明，不管从长期还是从短期来看，流通业发展对新型城镇化具有正向促进作用。吴彪等（2022）进一步证明区域物流与新型城镇化发展存在长期均衡的协整关系。还有学者从不同行业的角度分析了产业集聚对新型城镇化的作用，如制造业集聚（宋瑛等，2019）、旅游业集聚（罗霞和张丽华，2017；张鹏杨和许宁，2021）、服务业集聚（戴一鑫等，2022）等细分产业集聚显著地推动了中国新型城镇化建设，同时其空间溢出效应明显；流通产业集聚对新型城镇化质量提升有显著的促进作用，且存在区域异质性，同时还存在门限效应。也有学者将人口集聚作为城镇化发展的动力，如李玉文等（2021）实证检验出人口流入和流出的双向集散过程对城镇化有不同的空间非平稳影响。也有学者分析了清洁能源消费对新型城镇化的影响，如唐礼智等（2022）实证分析了新型城镇化与清洁能源消费的双向关联机制。

1.2.3　城镇化发展模式和路径的相关研究

1.2.3.1　城镇化发展模式和路径的国外研究

城镇化是一个世界性的现象，但其模式因地区而异。Yamada 和 Tokuoka（1995）认为 1965~1985 年日本的城市化进程可以分为两种模式：一种模式是现有大都市地区的郊区化；另一种模式是城市化地区的空间分散。Firman（2004）利用 2000 年全国人口普查的数据考察了印度尼西亚的城市化模式。印度尼西亚的城市化仍然是以城市人口高度集中在少数大城市为特征，特别是雅加达大都市区，但是大城市郊区的人口正在迅速增长，而核心地区的人口增长率非常低。Doan 和 Oduro（2012）利用人口普查数据、空间建模和回归分析，发现加纳阿克拉市边缘的城市扩张不是无定形的，而是显示出围绕蔓延"摊大饼式"发展模式为核心，发展多极点、乡村吸引、带状发展模式相结合的特征。Nüssli 和 Schmid（2016）探讨了苏黎世北部前"城市边缘"在过去 30 年中经历的变化，认为便利的交通加强了各个城市的合作，产生了新的城市结构,为中产阶级所需要的住房提供建设空间,形成了一个传统的城市、郊区的定义和概念不再充分解释这种新颖的城市形态的"城市"空间。Arfanuzzaman 和 Dahiya(2019)研究东南亚城市和达卡特大城市的人口状况、土地利用变化模式和环境退化驱动因素,发现东南亚地区的城市化进程大多以无计划和随意的方式进行,是不可持续的。Mukhopadhyay 等(2020)以印度非大都市地区进行案例研究,提出次级城市化的概念,是关于充满活力的小型定居点——独立于大都市之外——可持续地分散发展的城市化模式。Caragliu 和 Del Bo(2021)收集了欧洲大都市区的智慧城市特征、智慧城市政策强度和城市创新产出的数据,研究智慧城市政策对城市创新的影响,探究智慧创新城市建设模式。Novotný 等(2022)研究了 1985～2015 年全球 43 个主要特大城市的大都市区域内的建设用地扩张速度和类型。结果表明,"城市化—大都市化"进程的推进涉及三种城市增长模式(外围、边缘扩张和填充)的依次共同出现。Chakraborty 等(2022)研究了全世界 466 个拥有百万以上居民的城市的城市扩张模式的变化。通过对两个不同时期(1985～2000 年和 2000～2015 年)的研究,发现经历向内扩张的城市主要位于全球北方,而全球南方的城市经历的向外扩张相对多于向内扩张。同时还发现向内型扩张与城市密度的年度变化率之间存在正相关。Gambe 等(2023)评估了过去 40 年来南部非洲城市化的演变轨迹,结果表明南非和津巴布韦等地区城镇空间外扩变缓,城市数量增长变慢,而刚果民主共和国和莫桑比克地区城市人口密度过高,不是适宜居住和生产的地方。Alam 等(2023)评估和比较库尔纳市及其周边地区 30 年来的城市扩张模式,研究发现,城市外围区域的扩张速度超过了核心区域,预计其扩张速度甚至快于核心区域。

1.2.3.2 城镇化发展模式和路径的国内研究

我国传统城镇化的发展模式可以概括为七种类型,即建立开发区、建设新城区、扩充城市空间、城市旧城改造、建立中央商务区、乡镇地区产业化、村庄工业化(朱万春,2017),这七种模式对于推动我国城镇化进程起到了一定的积极作用,但这些发展模式本身也存在一些弊端。基于此,不同学者从空间载体视角出发提出不同的解决模式。第一种模式:发展大城市。高春亮和李善同(2019)提出大国大城是中国城镇化发展的必经之路,增加大城市数量将是中国城市化的重要途径。第二种模式:发展小城镇。具体有特色小镇模式、小城镇产城融合模式等。唐刚（2019）从就业、消费等角度考察小镇地区发展特色产业的经济效应，探讨"特色小镇"模式的内在机制。徐海燕（2020）认为可从以下几方面思考新型城镇化背景下小城镇产城融合的发展模式：首先，注重人口就业，调整产业结构；其次，以地区带动地区的发展模式；最后，加快以体制改革为核心推动产城融合发展模式。第三种模式：县域城镇化。选择适合县域新型城镇化发展的推进模式，对破解当前我国县域城镇化存在的问题具有十分重要的意义（马骏等，2016）。刘炳辉和熊万胜（2021）认为县城将成为中国城镇化发展模式转型升级的关键空间布局，县城城镇化模式至少需要包含功能协调、区划设置、交通网络、公共设施、权利保障和治理能力六大支柱。

基于当前异地城镇化模式存在的问题，不少学者也对就近城镇化模式进行研究。促进就近城镇化发展应是加快推动实现人的城镇化的重要内容，本地农业剩余人口转移、农民工返乡就业和农民工返乡创业将是人口就近城镇化的主要模式（陈明星等，2016）。就近城镇化是一种"半城半乡"的城镇化模式，农民可以同时利用城市与农村两种资源（黄鹏进，2019），具体表现为发展县域经济、强镇崛起、以地市为单位推进全域的城乡一体化（李强等，2017）。也有学者对就地城镇化实践进行总结分析，如陈多长（2018）对山东青州市南张楼村的城镇化模式进行了分析。研究发现，它是一种在集体土地上实现的由村委会主导、德国赛德基金会和地方政府支持、村民自愿参与、工业化驱动的就地城镇化。刘悦美等（2021）基于对4个村庄就地城镇化的案例分析，探讨了自上而下的政府力量和自下而上的社会力量如何作用于就地城镇化实践。

其他模式。具体有内生型城镇化模式、城市近郊产业驱动型模式、包容性城镇化模式、慢城模式、文旅新型城镇化模式、中小型城市内生互惠成长模式、微城市模式、低碳城镇化。在城市可持续发展、城市转型的需求下，丛茂昆和张明斗（2016）认为未来新型城镇化的发展中应选择以市场经济为主导的内生型城镇化模式；程哲等（2016）提出了城市近郊产业驱动型市镇的概念内涵，进而构建了产业驱动型市镇的发展模式，主要包括产业发展模式、空间组织模式和市镇运营模式等；周阳敏（2016）基于制度资本的层次分析，提出民营企业主导包容性城镇化，具体表现为资源共享、机会创造、效率提升等八种包容性城镇化模式；焦红和贾丽丽（2016）寻找生态理念和慢城模式的契合点，并结合我国小城镇的特点，利用生态慢游、慢行、慢运动、慢生活的手段，将慢城模式运用到小城镇建设中；杨晓东（2017）认为文旅新型城镇化核心是以新型城镇化为载体，将城镇建设与历史文化、旅游景区紧密结合，形成"文化+旅游+新型城镇化"的有机综合体；唐任伍和赵国钦（2017）认为中小型城市的成长和发展是新型城镇化战略的重要环节，提出中小型城市内生互惠模式以实现城市的可持续发展；姜栋等（2017）提出"微城市"模式，是一种城市建设与规划的模式，可以看作是理想城市整体构成的一个单元；夏柱智和贺雪峰（2017）从农民家庭以代际分工为基础的半工半耕家计模式出发，揭示了中国特色渐进城镇化的内在机制；曹颖等（2020）在城镇经济快速发展和大规模人口流动的背景下，提出城市"低碳"发展模式。

也有学者提炼了国内外新型城镇化典型案例，国内新型城镇化模式有温州模式、成都模式、天津模式、广东模式、苏南模式、浙江模式等（郭晓鸣和廖祖君，2012；李圣军，2013；黄庆华等，2016）。也有不少学者探究欠发达地区的新型城镇化建设模式，例如，新疆推进新型城镇化建设模式主要有：天山北坡经济带——外部组团、内部联动统筹协调发展、天山南坡产业带——走廊城市功能整合、南疆三地州——网络式的城镇化发展、沿边高寒地区——边境口岸城镇化发展（安瓦尔·买买提明，2013）；兰白经济区新型城镇化发展的三大模式：统筹农业现代化与新型城镇化的协调发展模式、以产业集群推动新型工业化和新型城镇化的互动发展模式、中心城市带动发展沿河沿交通线城镇密集带的空间发展模式（石瑾和尚海洋，2014）；革命老区的新型城镇化建设的三大模式：红色旅游新村模式、红色风情小镇模式和红色旅游综合体模式（林莉和梅燕，2014）；南通新型城镇化的5种模式：以中心城市为龙头带动城镇化、以县城为骨干支撑城镇化、以中心镇（小城市）为重点加速城镇化、以特色镇为补充丰富城镇化、以新型社区为载体提升城镇化（黄元宰等，2015）；资源可达性的贵州省可能的新型城镇化模式有五种：农业产业型、工业产业型、交通物流型、生态旅游型和综合都市型（龙奋杰等，2016）；西部少数民族地区：与生态保护融合发展模式、与民族文化融合发展模式、"中小城市+小城镇+农村集镇"的多层次城镇化发展模式、产业带动城镇化发展模式（杨艳霞，2016）；西南民族地区新型城镇化发展模式具体可分为：就近就地城镇化发展模式、城乡一体化发展模式、协调发展模式；民族地域特色发展模式、多种模式融合发展（蒋彬和王胡林，2018）；海南新型城镇化模式可分为：潭门镇海港旅游城镇化发展模式、博鳌镇会展旅游城镇化发展模式、龙寿洋乡村城镇化发展模式（程叶青等，2019）；欠发达民族地区五种典型旅游城镇化模式：综合型、市场稀缺型、主题开发型、资源驱动型、资本稀缺型（刘雨婧等，2019）。

1.2.4 赣闽粤原中央苏区城镇化高质量发展的相关研究

梳理相关文献发现，目前还没有学者构建指标体系直接测度赣闽粤原中央苏区及其他老区新型城镇化发展水平。部分学者对赣闽粤原中央苏区及其他老区城镇化现状问题展开了研究。李明（2013）分析甘肃革命老区的现状，发现农村社会经济发展水平低，城镇化水平滞后，城乡收入差距较大。钟业喜等（2016）以苏区为研究对象，实证得出：2001～2012年，赣南苏区主导城市类型由人口增长型转变为人地协调型，而"人口增长—建成区扩张"耦合格局则以建成区扩张型城市为主，城市蔓延式扩张现象明显。徐长玉和徐生雄（2017）以延安为例，认为革命老区发展存在的主要问题是：行政区划不合理、经济增速持续下滑、产业结构单一、城乡差距大、非公有制经济发展滞后。唐永佩等（2018）以山东沂蒙革命老区沂源县菜园村为例，实证探讨了山区村民居业空间行为的匹配性演化特征与村民属性对其行为选择的影响。研究发现：非农产业呈衰退态势，居业协调模式（C）占比下降，居业分离趋势和程度加深，就近就地城镇化条件和基础欠发育。张明林和曾令铭（2020a）利用探索性空间数据分析方法对赣南苏区经济发展差异的空间格局及空间联系进行研究，分析发现赣南苏区经济发展绝对差异呈扩大趋势，相对差异呈现"高—低—中"波动轨迹。张明林和孔晓莹（2022）以赣闽粤原中央苏区城市群为研究对象，发现城市群内的经济联系日渐密切，赣州在城市群内的中心度最高，但尚未演变为核心城市。邵佳和冷婧（2022）以湖南武陵山片区为研究对象，实证得出：片区新型城镇化与生态环境耦合协调发展趋势总体向好，但新型城镇化进程迟缓、城镇化滞后问题突出。

赣闽粤原中央苏区及其他老区城镇化影响因素研究。邱实等（2010）以长沙县开慧村为例，认为松散的布局体系极大地加大了公共设施和生活基础设施完善的难度，提高了建设成本，阻碍了农村城镇化进程。杨斌等（2012）以低山丘陵革命老区四川省梓潼县为研究对象，实证得出：交通、区域动力和地形是影响城镇化空间发展的三大类因素。林莉和梅燕（2014）认为革命老区旅游业发展对新型城镇化建设具有城镇建设、环境优化、安置人口和产业发展等促进作用。不少学者通过 DID 模型分析苏区政策对城镇化的影响。例如，谢晗进等（2020）利用 2012 年原中央苏区振兴政策形成的准自然实验环境对赣闽粤原中央苏区县（市、区）进行双重差分检验，发现原中央苏区振兴是苏区政策驱动效应、粤港澳大湾区和长三角一体化空间溢出效应共同作用的结果。舒长江等（2021）通过双重差分模型，从教育精准投入视角定量考察了"中央苏区振兴"政策实施后的效果。张明林和曾令铭（2020b）运用双重差分法研究发现，国家支持政策对革命老区经济增长具有显著的正向促进作用。龚斌磊等（2022）进一步运用双重差分法对老区振兴规划进行政策评估，结果发现，相比未被扶持县，被扶持的革命老区县的城镇化率平均上升了 3.07 个百分点。朱媛媛等（2022）实证分析得出大别山革命老区旅游地"乡土—生态"系统韧性演化的驱动因子由经济层面转向社会文化层面。

关于赣闽粤原中央苏区及其他老区城镇化模式和对策研究，也有学者提出不同的见解。如胡金林和王群（2007）认为湖北老区发展模式：以政府强制性制度创新为动力，依托资源优势，调整产业结构，通过招商引资和培育民间资本，实现引进发展与自我发展相结合，促进工业化、市场化和城镇化发展。刘世庆和齐天乐（2012）认为嘉陵江流域应当依托成都和重庆两个特大中心城市，建设革命老区发展示范基地，确保加快秦巴山贫困老区连片扶贫开发。周国兰和季凯文（2012）认为全面振兴原中央苏区，需从国家区域协调发展的角度，综合考虑区位优势、资源特色、基础条件和生态地位等，合理界定其功能定位。马明辉（2014）认为推进甘肃革命老区可持续发展的路径为以下几点：不断推进生态环境建设、以教育支撑科技创新、支持区域特色均衡发展、加快推进城镇化建设、产业结构循环化调整、发挥兰州新区的引擎与示范作用。Pu 和 Tian（2018）建议以建立统一的协调合作平台、加快区域一体化进程、完善规划、构建非正规城镇化体系、深化改革、推进制度创新、采取措施解决资本短缺问题等一系列措施解决川陕革命老区城镇化存在的问题。龙晓柏和蒋金法（2021）认为推动"双循环"合作平台建设、大力培育出口主导型经济、优化空间开放格局、实施开放型创新驱动战略，将有利于"双循环"背景下赣南苏区高质量建设内陆开放高地。

1.2.5 文献评述

城镇化量化测度、动力机制和发展模式的理论研究和实践探讨也成为学术界关注的热点话题。学者们针对城镇化发展的研究范围涵盖了人口就业、产业结构、对外贸易、教育文化、生态环境等多个方面；研究方法从构建指标体系到计量经济学模型实证、地理遥感技术等的应用以及实地调研与案例分析；研究尺度从宏观层级的全国层面，到中观的区域、省级层面，也涵盖了县域、村镇等微观视角；研究角度从单一因素到多因素对城镇化影响的分析研究等。已有实证研究成果主要涉及长三角、珠三角等沿海发达地区，少数学者研究中原、西南和西北等欠发达地区。现有文献对城镇化研究存在以下四方面的不足：

第一，研究样本具有局限性，老少边穷地区关注度低。由于县域数据的收集难度大、缺失值多等问题，多数学者采用易于收集的省域或市域统计数据进行全国样本研究或黄河流域、长江经济带、边境地区等区域性样本研究，仅有少数学者采用县域数据进行研究。而当前我们关注大城市、城市群建设的同时，不可忽视老少边穷地区，而赣闽粤原中央苏区是全国13个革命根据地中面积最大、人口最多的地区，具有典型性、重要性等特征，赣闽粤原中央苏区城镇化问题值得探究，但当前学者对其关注度并不高。

第二，城镇化的评价体系尚未统一，科学测度值得深究。不少学者在实证分析中仍采用城镇人口占比作为衡量城镇化水平的代理变量，也有不少学者提出综合评价指标体系，但指标体系构建原则、赋权方法尚未统一，测度不同区域且在指标体系构建中多采用统计局公开数据，忽视了人口流动、城市建设、生态环境等现实问题，难以避免测度出来的城镇化水平与事实不相符。

第三，在城镇化驱动因素的识别上，研究方法有待进一步完善。无论是截面数据模型、面板数据模型以及空间数据模型，最初设定模型时均具有主观性，模型结果具有预知性。此外，对老区、苏区城镇化问题的研究多是案例分析，实证探究老区、苏区城镇化的驱动因素的相关文献较为缺乏。

第四，如何推进城镇化发展，研究不够深入全面。无论是城镇化动力机制还是城镇化发展模式，多为政府主导和产业推进行为，鲜少从自然禀赋、红色资源、农民主体、企业层面进行研究分析。此外，对区域城镇化模式总结或是分而论之，或一而概之，鲜有文献探究城镇化发展的区域共性与地区特性的问题。

基于以上现有研究存在的不足，本书将进行如下拓展研究：

第一，采用市县镇三级数据研究赣闽粤原中央苏区城镇化问题，在分析城镇化发展历程时采用市级数据进行比较分析，在测度城镇化质量水平及驱动因素识别时采用县级面板数据进行实证分析，在探究城镇化实践经验时采用镇级数据进行案例分析。

第二，从人口、经济、社会、生态、城乡5个维度构建赣闽粤原中央苏区城镇化综合评价指标体系，既避免了单一维度衡量的不足，也可以通过5个维度分析城镇化的协调度，又可以探究5个维度的驱动因素的差异性。

第三，尝试利用机器学习的方法，利用自适应Lasso模型选取赣闽粤原中央苏区城镇化驱动因素并结合逐步回归与普通最小二乘法的参数估计结果进行比较，减少模型设定的主观性，提高实证结果准确性。

第四，采用"先分后总"的方法对赣闽粤原中央苏区城镇化高质量发展模式进行探究，在探究不同地区推进城镇化的差异化表现的基础上，分析城镇化建设过程中的共性问题，总结推进城镇化高质量发展的经验启示，为苏区老区城镇化及欠发达地区城镇化提供新的模式选择。

1.3 研究内容与研究方法

1.3.1 研究内容

本书基于我国赣闽粤原中央苏区城镇化研究的现实与理论需要，探究我国赣闽粤原中央苏区城镇化发展历程与现状，随后，构建我国赣闽粤原中央苏区城镇化发展质量的多维评价指标体系，对我国赣闽粤原中央苏区城镇化发展质量测度结果进行时空分析、协调度分析，进而分析赣闽粤原中央苏区城镇化高质量发展的驱动机制并实证分析我国赣闽粤原中央苏区城镇化高质量发展的驱动因素，而后总结赣闽粤原中央苏区城镇化高质量发展模式并结合典型个案进行分析，随后在此基础上构建我国推进赣闽粤原中央苏区城镇化高质量发展的思路和实现路径，为赣闽粤原中央苏区实现"以人为本"的城镇化高质量发展的相关问题提供理论指导与实践参考。

本书具体研究内容如下：

第一，概念界定与理论基础。在对城镇化高质量发展、赣闽粤原中央苏区城镇化、城镇化发展模式概念进行定义的基础上，从马克思主义政治经济学、区域经济学、发展经济学、新制度经济学等不同学科出发分析当中关于城镇化高质量发展的理论。

第二，赣闽粤原中央苏区城镇化的建设历程与发展质量现状分析。主要包括赣闽粤原中央苏区概况与经济社会发展现状、新中国成立以来赣闽粤原中央苏区城镇化发展历程、赣闽粤原中央苏区城镇化发展现状以及赣闽粤原中央苏区城镇化发展质量存在的问题。

第三，赣闽粤原中央苏区城镇化发展质量评价指标体系构建与测度。首先论证了赣闽粤原中央苏区城镇化发展指数构建原则、构建依据、构建框架；其次对评价指标的来源进行说明；最后基于熵权法确定权重综合测算了我国赣闽粤原中央苏区县域城镇化发展质量指数2000~2020年的变化，并对实证测度结果进行时空分析、协调性分析。

第四，赣闽粤原中央苏区城镇化发展质量驱动因素的识别与影响效应。首先，在前人研究的基础上，结合赣闽粤原中央苏区特色及特殊地理位置，尝试利用机器学习的方法，利用自适应Lasso模型选取赣闽粤原中央苏区城镇化发展质量的驱动因素并结合逐步回归与普通最小二乘法的参数估计结果进行比较；其次，在总样本及分地区样本视角下识别赣闽粤原中央苏区城镇化发展质量的驱动因素及时空动态差异，分析赣闽粤原中央苏区各维度城镇化发展质量的驱动机制；最后，利用因子分析法重新计算赣闽粤原中央苏区城镇化发展质量的综合评价得分，替换被解释变量以及进行缩尾/截尾处理以缩小样本量进行稳健性检验。进而为今后出台相关政策措施以进一步推动我国赣闽粤原中央苏区城镇化高质量发展提供决策依据。

第五，赣闽粤原中央苏区城镇化高质量发展模式与案例分析。由于赣闽粤原中央苏区地跨三个省份，各个地区推进城镇化高质量发展的过程中既有共性也存在差异，故在分别分析各个地区的城镇化高质量发展过程中典型做法模式的基础上进行共性总结，并选取典型地区实地调研进行案例分析，总结经验启示。

第六，推进赣闽粤原中央苏区城镇化高质量发展的思路和实现路径。基于前文理论与实证分析及案例分析进行总结，并提出新时代推进赣闽粤原中央苏区城镇化高质量发展的总体思路、原则、实现路径、对策建议。

1.3.2 技术路线图

本书的技术路线可总结为"发现问题—分析问题—解决问题",具体如图 1-1 所示。

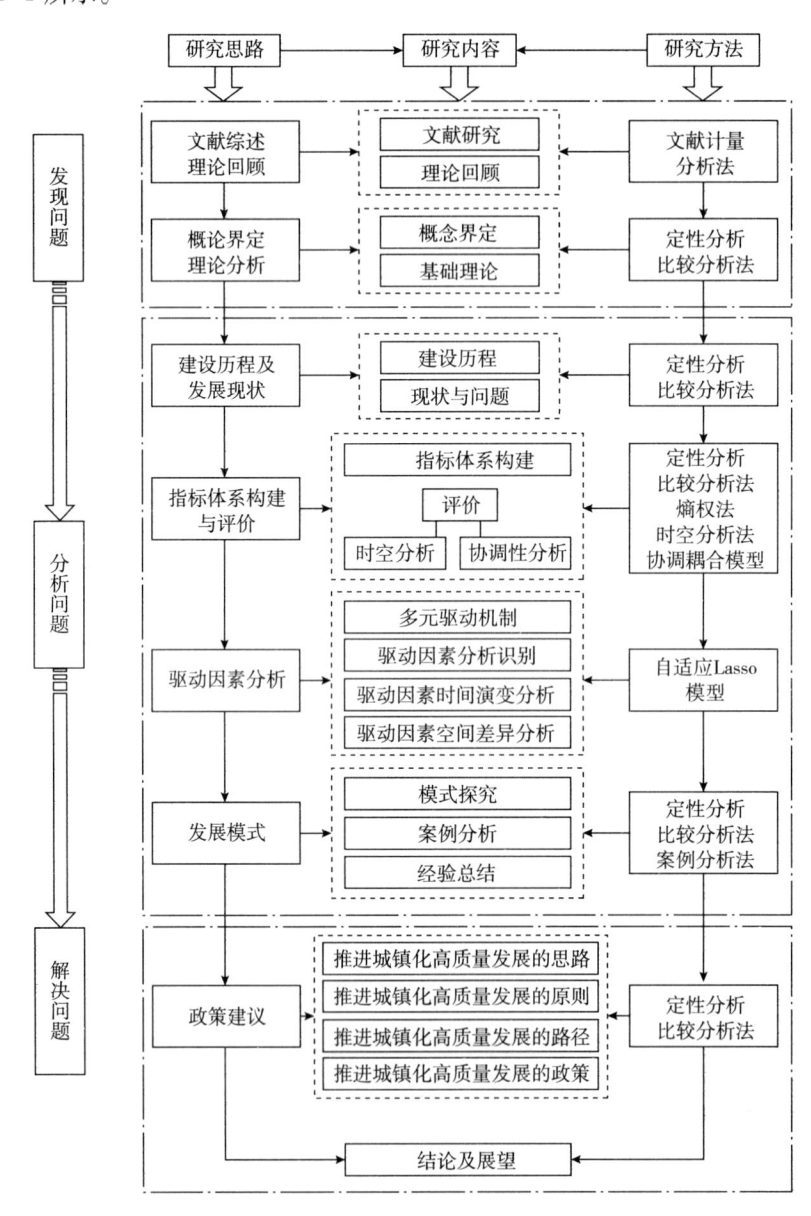

图 1-1 本书的技术路线

1.3.3 研究方法

本书立足于多领域的视角，以文献、数据、图表对比为基础，运用相关计量模型进行测算分析，并采用网络调研与实地调研相结合的方法进行典型案例研究，涉及人口经济学、区域经济学、发展经济学、城市经济学等多学科领域，主要研究方法如下：

第一，历史分析与逻辑演绎相结合。既对新中国成立以来的城镇化主要理论的历史关联分析，又对城镇化探索实践的演变逻辑进行演绎分析。对现有的文献资料进行梳理，归纳和总结国内外相关学者对城镇化的研究成果。

第二，数理推导与计量检验相结合。指标测算中采用熵值法赋权测度，并运用时空分析模型、耦合协调模型进行时空分析以及协调度评价；利用自适应Lasso模型选取驱动因素并结合逐步回归与普通最小二乘法的参数估计结果进行比较，减少模型设定的主观性，提高实证结果准确性；利用因子分析法重新计算赣闽粤原中央苏区城镇化发展质量的综合评价得分，替换被解释变量进行稳健性检验。

第三，宏观描述与案例分析相结合。既对我国赣闽粤原中央苏区城镇化演进状态进行宏观描述，系统阐述我国赣闽粤原中央苏区城镇化的总体状况与差距，又将选取东部地区的福建、广东，中部地区的江西等典型地区进行实地与网络调研，为本书研究提供现实素材与案例支撑。

1.4 研究创新

与已有研究成果相比，本书的创新之处主要表现在以下几个方面：

第一，研究视角的创新。通过理论和实践相结合，既对现有的城镇化理论研究中存在的不足进行分析，又对当前赣闽粤原中央苏区城镇化实践过程中面临的问题进行研究；既对我国赣闽粤原中央苏区城镇化探索的历史维度进行分析，又对赣闽粤原中央苏区不同地区进行比较研究。此外，采用市县镇三级数据研究赣闽粤原中央苏区城镇化问题。

第二，研究方法的创新。首先，进行多维评价分析，采用熵权法确定权重进行测度赣闽粤原中央苏区城镇化发展质量的基础上利用核密度和马尔科夫链模型对其进行时空差异与动态演变分析、通过协调耦合模型进行协调性分析。其次，尝试利用机器学习的方法，利用自适应 Lasso 模型选取赣闽粤原中央苏区城镇化发展质量的驱动因素，减少模型设定的主观性，提高实证结果准确性。最后，创新性梳理出赣闽粤原中央苏区城镇化高质量发展模式，并采取田野调查与座谈进行典型案例分析。

第三，学术观点的创新。首先，苏区推进城镇化高质量发展在满足一般性条件下，对赣闽粤原中央苏区来说还有一些更为重要的、更为特殊的内涵。"特"表现在：一是"绿色"即自然生态；二是"红色"即革命文化、红色文化。其次，赣闽粤原中央苏区的城镇化历程做一个总结可概括为先速度优先后提质增效；既是欠发达地区城镇化的缩影，又体现出城镇化、国家乡村振兴等政策的红利。最后，赣闽粤原中央苏区推进城镇化高质量发展，要建立城镇化多元驱动机制。要立足新发展阶段，贯彻新发展理念，融入新发展格局。要坚持以人为本，推动体制机制改革创新、产业升级、发展方式转型、空间布局优化、公共服务均等化、红色资源开发等方面协同共进。

第 2 章　概念界定与理论基础

第 1 章对赣闽粤原中央苏区城镇化的研究背景及研究现状进行了全面的梳理和分析,对于赣闽粤原中央苏区城镇化发展问题有一个基础性认识。本章首先对城镇化高质量发展、城镇化发展模式的概念进行定义,其次论述了本书的理论基础,以期对赣闽粤原中央苏区城镇化发展问题有一个理论上的认识。

2.1　概念界定

2.1.1　城镇化高质量发展

2.1.1.1　城市化与城镇化

城镇化在不同学科有不同的界定:人口学科强调城镇人口数量的变化,人口学家赫茨勒(1963)认为城镇化就是人口从乡村流入大城市以及人口在城市的集中。社会学科强调人们生活方式的转变,社会学家 Wirth(1938)将城镇化视为农村生活方式向城市生活方式的转变。经济学科更多地强调经济结构的转换,从产业结构来看,城镇化的过程实质上是非农产业不断向城镇集聚的过程;从劳动力构成来看,城镇化的过程实质上是农村劳动力不断向非农劳动力转换的过程;从消费方式来看,由乡村消费方式向城市消费方式转变的过程。地理与规划学科强调地理空间的变化,从土地性质来看,城镇化是农业用地、农村集体用地转为国有建设用地的过程;从地域景观来看,城镇化是非城市景观转化为城市景观的地域推进过程。2014年，中共中央、国务院印发的《国家新型城镇化规划（2014—2020年）》提出，城镇化是伴随工业化发展，非农产业在城镇集聚、农村人口向城镇集中的自然历史过程，是人类社会发展的客观趋势，是国家现代化的重要标志[①]。

世界上绝大多数地区，城市是一个地理范围不大的经济自治单位，它们的"城市"放到中国，基本上就是我国的县和区（陆铭，2022）。国际惯例往往使用"城市化"概念，而在我国政府报告、政策文件中则使用"城镇化"的概念。在学术研究中，国内大部分学者认为两者可以通用，并未刻意区分"城市化"与"城镇化"两者的差距，也有部分学者刻意区分两者差距，目的是强调发展大城市或是与国际接轨，从而使用"城市化"概念。《政府工作报告》采用"城镇化"概念的原因在于：第一，1989年12月26日通过的《城市规划法》（2008年废止）中城市是指国家按行政建制设立的直辖市、市、镇，目前从我国的城镇化率统计口径来看，既包括城市人口，也包括镇区人口。第二，我国城镇化政策上，从来不放弃"镇"的发展，无论是20世纪80年代提出的"积极发展小城镇"方针，还是党的二十大报告中提出的推进以县城为重要载体的城镇化建设，均体现了国家对镇区的重视。如果在《政府工作报告》、政策文件中都用"城市化"作为表述，就会给地方当权者释放一个信号，经济发展的主体是城市，各种资源政策福利会倾斜于城市，而忽略镇区的发展。但是，当前我国农村剩余劳动力进入大城市务工的同时，也有一大部分人就近打工，在镇区安居乐业，实现农村就地城镇化，促进城乡融合发展。在离家近的城镇打工买房，生活成本低，但是幸福感并不低，既避免了背井离乡又享受了城镇生活。第三，我国提出的城镇化也是吸取前人的经验教训的结果，在一些欠发达地区，在推进城市化进程中，出现了过度城市化的问题，短期内人口高度集中在首都或少数几个大城市，城市化水平与经济发展水平不相适应，城市难以提供充分的就业岗位、住房、医疗、排水等基本服务，出现了贫民窟、环境污染等现象。而我国农村人口基数大、比例高，为了避免出现过度城市化问题，应当谨慎有序推进城镇化建设。

因此，本书认为"城市化"与"城镇化"概念并无区分，本书采用城镇化概念。引用美国学者弗里德曼的观点，城镇化一方面是物化、实体的过程，

---

① 中共中央、国务院：《国家新型城镇化规划（2014—2020年）》，2014年3月16日。

即人口和非农业活动在城市环境中的地域集中过程、非城市景观转化为城市景观的地域推进过程；另一方面是抽象、精神的过程，具体包括城市文化、城市生活方式和价值观在农村的地域扩散过程。

2.1.1.2 城镇化水平与城镇化质量

城镇化水平常常用来衡量一个国家或地区的城镇发展程度。狭义的城镇化水平，一般采用单一指标常住人口城镇化率（胡丽娜等，2022）或户籍人口城镇化率（贺文慧和吴飞，2021）来衡量，反映了人口城镇化水平。中观的城镇化水平，一般从城镇经济、城镇人口、城镇建成区三方面来衡量，是经济城镇化、土地城镇化（或称空间城镇化）、人口城镇化的系统有机结合。广义的城镇化水平，其实是一个基于"质"进行量化城镇化优劣程度的概念，也就是城镇化质量的概念，其不仅包括人口、土地、经济、社会、生态等维度城镇化质量，还涉及城乡融合发展（范建双等，2016）。本书认为城镇化质量主要衡量的是城镇居民就业情况与生活品质、城镇经济发展与产业结构、城镇设施建设与公共服务供给、生态环境以及城乡一体化发展状况。

2.1.1.3 城镇化高质量发展

高质量发展是一个总括性理念，一种演化着的整体发展观（高培勇，2020）。在国外的研究中，与"城市高质量发展"理念相近或重合的是"城市可持续发展"，认为城市应具备产业领先、环境友好、社会公平、居住适宜等特征（Dempsey等，2011；Jabareen，2013），并在这些特征基础上提出智慧城市、健康城市、包容城市等城市发展目标（Ismagilova等，2019；Ramaswami等，2016）。国内学者在城市高质量发展的内涵定义未达到统一，但都将以人为本、集约高效的发展理念贯穿其中。方创琳（2019）认为新型城镇化高质量发展可以概括为高质量的城市建设、基础设施、公共服务、人居环境、城市管理和市民化的有机统一。张军扩等（2019）认为城市高质量发展是以满足人民日益增长的美好生活需要为目标的高效率、公平和绿色可持续的发展。《城市规划学刊》编辑部（2020）召开了城市高质量发展学术笔谈会议对城市高质量发展内涵进行研讨，并认为城市高质量发展，不仅需要空间与设施等"硬件"支撑，而且需要统筹"硬件"和"软件"的城市治理体系的高效运行。苏红键（2021）认为高质量城镇化则是指城乡融合发展、城市内部融合、城市体系优化、人地协调发展的城镇化。刘伟（2022）认为城镇化高质量发展要突出新型工业化的动力作用，将"科学发展"与

"环境友好"作为新型城镇化的内涵和未来建设方向。

本书认为城镇化高质量发展是一种集约高效、绿色低碳、生态环保、创新智能、区域协调、城乡融合的城镇化发展过程,是人口、经济、社会、生态、城乡多维度的高质量发展,强调以人为核心,既有高质量的城镇产业经济发展,也有高质量的城市基础设施建设,也有高质量的宜居生态环境,也有高质量的城市管理服务。城镇化高质量发展是实现共同富裕的有效路径,实现共同富裕,一是"做大蛋糕",二是"公平分配"。首先要"做大蛋糕",城镇化是经济发展的重要引擎之一,新型城镇化高质量发展是经济高质量发展的重要推动力,推进新型城镇化高质量发展有利于"做大蛋糕"。其次是"公平分配",实现共同富裕是人人共享发展成果,不仅考虑城市居民,还要考虑农村居民;不仅考虑当代人,还要考虑子孙后代。城镇化高质量发展需要实现城镇基本公共服务均等化,实现社会公平正义。城镇化高质量发展是资源可持续利用、集约高效利用的城镇化,城镇化高质量发展有利于生态环境保护,人与自然和谐相处。

2.1.2 赣闽粤原中央苏区城镇化高质量发展

赣闽粤原中央苏区,地跨赣闽粤三省,是土地革命时期创建的,是全国最大的革命根据地,是全国苏维埃运动的中心区域。1931年11月,中华苏维埃第一次全国代表大会在瑞金召开,宣告以毛泽东为主席的中华苏维埃共和国临时中央政府成立,并以瑞金为首府。毛泽东、朱德领导下的赣南闽西根据地就被习惯称为"中央革命根据地"或"中央苏区"。1933年春,红军取得第四次反"围剿"胜利后,中央苏区发展达到鼎盛时期,其辖界包括今赣南、闽西广大地区。在中央苏区存在和发展期间,曾先后建立中共江西、福建、粤赣、闽赣和赣南五个省委及相应的省级苏维埃政府和军区。国家发展改革委于2014年3月印发了《赣闽粤原中央苏区振兴发展规划》(以下简称《规划》),该《规划》涵盖了江西、福建、广东三省共计108个县(市、区),规划面积为21.8万平方公里。规划的108个县(市、区)中97个区县为原中央苏区县,有紧密联系的周边县(市、区)11个[①]。

---

① 2013年7月23日,中央党史研究室正式下发《关于原中央苏区范围认定的有关情况》(中史字〔2013〕51号)文件,确认中央苏区范围县为97个,其中江西省49个、福建省37个、广东省11个。

在赣闽粤原中央苏区，推进城镇化高质量发展面临一些约束条件：在自然条件方面，地处内陆山区，生态脆弱；在产业经济方面，经济结构单一；在文化方面，红色资源的丰富，客家文化、闽南文化等传统文化的积淀；在空间布局上，城镇景观离散分布。这就是说，中央苏区推进城镇化高质量发展在满足一般性条件下，对赣闽粤原中央苏区来说还有一些更为重要的、更为特殊的内涵。

赣闽粤原中央苏区城镇化高质量发展的具体表现：一是城镇化高质量发展目的，赣闽粤原中央苏区城镇化高质量发展强调以人为本，不仅推进农业剩余人口进城后有序市民化，还要使得全部居民共享发展成果；二是城镇化高质量发展理念，赣闽粤原中央苏区城镇化高质量发展过程中融入生态文明理念，倡导绿色生产、绿色消费，坚持经济发展与生态保护并行；三是城镇化高质量发展机制，赣闽粤原中央苏区城镇化高质量发展过程中以市场为主导，政府为引导，发挥市场在资源配置中的决定性作用，改善营商环境，降低交易成本，推动资源要素自由流通；四是城镇化高质量发展动力，赣闽粤原中央苏区城镇化高质量发展过程中要促进"四化"同步，形成产城互动、产城融合新格局，推进以工促农、以城带乡新型城乡关系；五是城镇化高质量发展路径，赣闽粤原中央苏区城镇化高质量发展过程中鼓励赣州、龙岩、梅州跨省合作，促进山海协调发展，注重优化布局，加快培育城市群，建设区域中心城市，提升中小城市和小城镇功能。

赣闽粤原中央苏区城镇化高质量发展的"特"表现在：一是"绿色"即自然生态上，推进新型城镇化进程要让"绿水青山就是金山银山"的理念深入人心，实现"生态+"，发展循环经济，推进生态价值转换；二是"红色"即革命文化、红色文化，推进新型城镇化进程要使得红色资源串珠成链，实现"红色+"，在修复革命遗址遗迹的过程中推进城镇基础设施与公共服务的完善，在红色资源开发利用的过程中促进旅游业、餐饮业、住宿业等第三产业的集聚与发展。

2.1.3 城镇化发展模式

2.1.3.1 城镇化发展模式含义

简新华和刘传江（1998）认为城市化模式是指社会、经济结构转换过程中的城市化发展状况及其动力机制特征的总和。姚士谋等（2004）指出城镇化模式就是从长远以及大局的站位高度所明晰的城镇化的基本特性、动力机制、主导路径等。曹钢（2010）认为城市化模式是城镇化道路研究中广泛采用的一个范畴。城镇化模式是研究城镇化进程及其变革特征的基本切入点。丛茂昆和张明斗（2016）提出城镇化发展模式是指城镇化发展的主导力量以及在主导力量影响下所呈现的城镇化特征及发展方式。张永生（2022）认为决定城镇化模式有三个关键因素：生产、消费和交易的内容。这三个因素之间相互依赖。

当下的城镇化模式从城市承载的要素、城市自身的组织形式等多个方面来看，仍是传统工业化模式下的产物。当传统工业化模式因不可持续而发生根本性变化，城镇化模式也会跟着发生转变。而目前全球范围的碳中和共识与行动，一个新的绿色发展时代的来临，传统工业化时代即将落幕，城镇化模式的建设思维将从传统工业文明转变成生态文明。由于我国各个地方自然禀赋、经济发展不同，新型城镇化模式并没有统一的规定，仅对城镇化建设的原则、思路做了要求，这意味着各地区要因地制宜、依据各地特色资源，发挥比较优势，探索符合当地实际情况的发展模式。

2.1.3.2 城镇化发展模式分类

城镇化发展模式的分类并没有统一标准，学者研究角度不同得出的见解也不同。

根据城市化的规模结构，以城区常住人口为统计口径，城镇化发展模式可划分为小城镇模式、中等城市模式、大城市模式、国际化都市模式或大中小城市相结合模式。

按照在城镇化过程中政府和市场的作用，可将城镇化发展模式分为政府主导型、政府调控型、市场主导型和自由放任型（黄庆华等，2016）。政府主导型是在城镇化建设过程中政府发挥主要作用的城镇化模式；政府调控型是在城镇化建设过程中市场引导机制的基础上政府发挥调控作用的城镇化模式；市场主导型是城镇化建设过程中市场机制发挥决定性作用的城镇化模式；自由放任型是城镇化建设过程中缺乏总体规划与政府调控的城镇化模式。

从城乡关系变化程度，城镇化发展模式可划分为"城市瓦解农村"模式、"城市馈补农村"模式、"农村转变城市"模式（曹钢，2010）。"城市瓦解农村"模式是农村人力资源、物质资源单向流入城市的模式，造成农村落后，形成城乡分割现象。"城市馈补农村"模式是工业反哺农业、技术与资本下乡的模式，产业、人口向郊区、中小城市转移，造成逆城市化现象。"农村转变城市"模式是城乡均衡发展的模式，形成城乡一体化发展局面。

按推进的行政主体不同，城镇化发展模式可划分为国家层面建立开发区如国家级高新技术产业开发区与建设新城和新区如设立河北雄安新区、省级层面建立开发区如省级经济技术开发区、市级层面建设中央商务区与扩展城市、区县层面开展旧城改造、乡镇层面产业化、村庄层面产业化等模式（李强等，2012）。

按农民从农村向城镇转移方式，城镇化发展模式可分为农民转移的空间、农民转移的意愿和农民转移的动机三个维度（邓晰隆等，2020）。农民转移的空间可简单分为就近转移与跨行政区转移两种。就近转移是一种以距离居住地较近的地方为目的地的模式，而跨行政区转移可分为集体性模式和差异性模式，集体性模式一般为道路规划、公园建设、水利设施布局等由政府统一安排的异地转移。分散性模式同就近模式类似，但目的地存在空间差异，一般以大城市为目的地。转移的意愿可分为对美好生活向往的"主动性"转移和由于自然灾害、国家政策等"被动性"转移两种模式。转移的动机具体可分为工作驱动型、教育驱动型两类模式。

从空间组织视角来看，城镇化发展模式可分为城市群、城乡融合及村镇格局三个层面（程明洋，2022）。其中，城市群作为国家新型城镇化的主体形态，是指在特定地域范围内，以一个以上特大城市为核心，由至少三个以上大城市为构成单元，实现高度同城化和高度一体化的城市群体（方创琳，2014）。村镇建设格局是指乡村地区县城、重点镇、中心镇、中心村（社区）的空间布局、等级关系及其治理体系（刘彦随等，2014）。

从模式的演进路径来看，城镇化发展模式可分为全面协调持续发展、内在动力发展、内外力驱动发展、经济外向驱动发展、简单发展、滞后发展、曲折发展和禀赋支撑发展八种路径（李向前等，2019）。

2.1.3.3 国外典型城镇化模式

城镇化对于促进经济高质量发展具有重大意义，是全面建设社会主义现代化国家的强大引擎。西方发达国家其城镇化进程早于我国，现已进入城镇化的成熟阶段，剖析其城镇化模式对于推进我国新型城镇化建设具有一定的启发和借鉴意义。

第一，美国模式。19世纪初期，90%的美国人生活在农村地区。工业革命以后，美国开始由农业社会向工业社会转变，城市人口不断向中心城市集聚，19世纪70年代，美国城市人口比例超过50%，标志着美国的城镇化迈入新阶段。"二战"后，由于城市生活环境的日益恶化、高速公路的大量修建以及小汽车的普及，美国出现了大都市人口向郊区迁移的逆城镇化阶段，美国的区域经济格局呈现出"大都市+多郊区中心"的特点。面对这一现象，美国政府提出了"精明增长"（Smart Growth）理念，提高城市环境治理水平，改善公共交通效率，强调紧凑、集中、高效的发展模式。随着政策的实施，中心城市的人口开始显著回升，1980年美国的城镇化率已经达到73.7%。20世纪80年代以后，随着基础设施的逐步完善和互联网的普及，美国城市郊区的界限开始逐渐模糊，中心城市、城郊区域、农村地区开始同步发展。有学者将美国城镇化的发展历程概括为"农业及外来人口转移、城市集聚、人口逆转回流、发展小城镇、实现城乡一体化"。

第二，法国模式。法国是欧洲地区的农业生产大国，城镇化过程中小农经济特征较为显著，工业化进程迟缓，其城镇化率从10%（1830年）到50%（1931年）历经一个世纪，城镇化发展速度在整个欧洲地区属于较慢的国家。"二战"以后，法国通过综合一体化发展模式逐渐从欧洲地区脱颖而出，1960年法国的城镇化率达到了61.9%，位居世界前列。法国的一体化发展模式其主要特征为以生产专业化为基础，农业主体通过技术、资金、管理等桥梁与商业、金融等部门结合为紧密的利益共同体。在农业领域，对农产品价格进行积极干预，防止农产品价格出现大幅波动。同时，法国也十分重视对农业科研方面的资金投入和人才培养，发展合作社对农产品的种植、加工进行专业指导。除了传统的种植业，法国还对农产品流通提供专业化服务，并鼓励相关金融机构提供农业金融服务，保障农业生产能够有序进行和抵御各类风险。在工业领域，进行了"领土整治"行动，通过法令禁止大型城市兴建大型工厂，引导工业企业调整布局，在落后地区投资建厂带动当地经济发展，促进区域间协调发展。

第三，日本模式。日本是一个国土面积狭小、资源极度匮乏的国家，在城镇化方向上选择了集中型模式，其特征为资源的空间集聚，将各类要素（生产、生活、金融）投向空间有限的大城市，重点打造都市圈。日本投入大量资金新建和改造了一批机场、高速公路、新干线（高速铁路）、地铁、码头等交通基础设施，打造了便捷的陆、海、空立体交通网络，强化大都市的辐射带动效应,也在大都市周围形成大量卫星城,疏解了大都市的各种压力。在人口向城市群集聚的过程中也导致乡村地区劳动力流失严重、乡村经济发展活力减弱等问题。对此,日本政府出台了如《町村合并促进法》等法案解决乡村"过疏化"问题。日本的町(镇)村合并使得村的数量从1950年的8357个锐减至1955年的2506个。在乡村发展方面,大力发展乡村旅游业,推动"一村一品"工程,提高农村居民收入,缩小城乡差距。町(镇)村合并一方面推动了乡村社会治理的现代化,另一方面也加速了城镇化进程。数据表明,日本的城市化率从1950年的37%快速提升至1977年的76%,年均增长1.5个百分点。

第四,不同发达国家的城镇化存在一定的差异,但也存在不少共性的地方。美国的城镇化模式呈现出自由放任的特点,其城镇化过程中受到的外生因素(如战争、自然灾害等)和国家干预影响较少,虽然美国联邦政府曾出台过一些城镇化的刺激政策,但其城镇化的动力主要源于产业变迁以及交通改善。并且在美国的逆城镇化阶段出现了大量的生态破坏现象,过度的郊区化也导致不少的社会问题,其深刻的教训也需要引以为戒。法国的城镇化呈现出中心城市带动中小城市发展的特点,但在城镇化过程中对于工业的发展重视程度不够,也导致法国的工业城市数量屈指可数;由于缺乏产业吸引力,法国除巴黎以外,几乎没有人口规模在200万以上的大型城市。日本的城镇化模式则是东亚工业化国家城镇化的一个典型缩影,也被誉为"东亚模式"。"东亚模式"的城镇化道路显著的特点是都制定了符合本国特点——以出口为导向的发展战略,在城镇化和工业化过程中注重收入调节,避免许多社会问题的出现,实现了经济的快速增长。不论是美国模式、法国模式还是日本模式,其中一个共性点为在城镇化过程中注重基础设施的改善,美国的城镇化后期得力于交通和互联网设施的建设,实现了城乡一体化的发展。法国的城镇化进程中因基础设施的改善也为农业发展提供了有力保障。日本的出口导向战略也依赖于港口、机场、道路等基础设施的改善。所以,虽然发达国家的城镇化道路呈现出巨大的差异性,但在城镇化进程中都十分注重基础设施的改善。此外,对于发达国家城镇化进程中出现的各种经济、社会和环境问题,需要引起其他国家重视,避免重蹈覆辙。

2.1.3.4 国内典型城镇化模式

自改革开放以来,市场经济发展进入了快车道,大量农业人口进城务工,市场经济的繁荣在一定程度上也推动了城镇化进程。1996年我国的城镇化率突破30%，2011年我国的城镇化率突破50%，2019年我国的城镇化率突破60%。通过数据的比较可以看出，随着经济的快速发展，我国的城镇化率上升的速率也越来越快。不少地方在"摸着石头过河"的过程中也探索出一些具有中国特色的典型模式。中国特色的城镇化模式总体上可分为异地城镇化和就地城镇化。异地城镇化指的是大量农村人口向大中城市迁移、聚集的城镇化模式，主要出现在安徽、江西、湖南等中部地区。一方面，因为该地区自然条件恶劣、基础设施薄弱、产业结构单一等因素导致大量农业人口为改善自身生活条件迁出该区域；另一方面，东部沿海发达地区用工需求大、产业门类丰富、基础设施便捷也吸引大量农村劳动力从农村地区迁往沿海发达地区。在"推力"和"拉力"的共同作用下，形成中部欠发达地区规模庞大的人口流动现象。就地城镇化则是另外一条路径，在实现城镇化的方式上不是通过人口的跨区域迁移，而是通过改善基础设施、产业结构，依托本地发展优势，实现农业人口的非农化。典型的有依托特色农业和乡村度假的农业城镇化，依托区位优势和产业转型契机的工业城镇化，依托生态资源或红色资源的旅游城镇化。就地城镇化过程中，随着当地产业的发展、基础设施的改善，不少地区出现"逆人口迁徙"现象，不少农民返乡创业、就业，当地城镇活力得到进一步提升。

易地搬迁政策是我国区域经济政策中常见的一种方式，以往国家在实施生态保护、水库建设等项目的时候也实施过不同规模的移民搬迁工程。易地搬迁城镇化与生态保护、水库建设等移民工程有着类似的表现形式，但也存在着一定差异。生态保护、水库建设等移民工程更多体现出的是"要我搬"，国家在实施重大工程时需要项目建设地的村民配合搬迁。而易地搬迁城镇更多体现出的是"我要搬"，由于地理条件、交通条件等发展限制因素，搬迁地不少村民存在内生动力希望迁往其他地区，他们与城镇化的初衷相契合，也充分尊重了人民群众的发展意愿。自然条件恶劣地区城镇化过程中通过易地搬迁的案例众多，本部分通过湖南省长沙县案例进行剖析。湖南省长沙县部分乡镇地处偏远山区，交通闭塞，耕地稀少，生产和生活条件极为落后。早年在长沙县的部分乡村流传这么一句话，"要想公路通，黄粱一梦中；要想电灯亮，晚上看月亮；要想媳喊娘，除非去招郎"。虽然这句话有调侃之意，但也反映出地处高山地区的西山村所面临的困境。2010年，县政府、县农办、移民、民政等部门先后深入部分乡镇开展实地调研，发现地处偏远山区和交通不便成为部分山区村民享受公共服务和获得就业等发展机会的最大障碍，也在走访中了解到不少村民早已有"移民搬迁求发展"的想法。县委、县政府积极顺应民意，因势利导，制定和开展整村搬迁试点。长沙县将桃源村作为搬迁试点，移民安置点定位长沙县重要的交通干线（东八线）一侧，安置点的用水用电等基础设施已经建设到位，并且还配置了村民服务中心、卫生室、体育场等生活设置，居住条件得到大幅改善。通过搬迁，不少村民实现了农村变社区、村民变居民，搬迁后享受到更好的社保、教育以及医疗等服务，就业上拥有更多的机会。

我国就地城镇化实践历史悠久，最早可追溯至20世纪80年代初的乡村工业化。区位优势、产业基础和要素优势是就地城镇化的重要前提条件。我国东部地区的长三角、珠三角等区域产业体系健全、消费市场巨大，对于东部地区的经济辐射能力强，形成需求量巨大的正规就业市场和非正规就业市场，当地农村地区劳动力不需要迁徙外地就能寻找到合适的就业岗位，同时表现为居住区域、工作区域、消费区域高度重叠，实现了非农化就业的县域城镇化。2014年的《政府工作报告》也提出"提升地级市、县城和中心镇产业的人口承载能力，方便农民就近城镇化"。现阶段就地城镇化更多体现为"两区共建"模式，通过农村居住社区和产业园区同步建设，推动农民集中居住和农村经济集约发展，促进农民生活方式和生产方式"两个转变"，本部分以山东省禹城市为例。禹城市地处山东西北部，是山东省会济南市的卫星城，既是一个传统农业，也是一座新兴产业之城。在传统农业方面，玉米大豆带状复合种植获得国字号；在新兴产业方面，已形成装备制造的重要产业基地，是国内大型风力发电机主轴的生产基地。禹城市在城镇化道路上突破传统城镇化路径依赖，按照人口向社区集中、产业向园区集中、土地向适度规模集中的思路，通过"两区共建"推进新型城镇化建设。禹城市农村普遍宅基地多、院落大，户均宅基地占地1.5亩，农村地区土地利用效率低。在规划建设方面，坚持社区与园区同步规划、同步建设、同步发展，重点引进规模适度、精品高效的农业项目，促进农民就近就地就业。此外，在土地增减挂钩项目申报方面争取相关部门支持，腾挪土地指标用于支持农村社区和产业园区建设。在建设资金方面，积极争取财政补贴资金，用活用好政策性资金，充分吸纳社会资金，进行棚户区改造、危房改造、环境整治等建设，解决了城镇化过程中农村社区建设缺钱、工业化城镇化缺地的普遍性问题。

2.2 理论基础

2.2.1 马克思主义政治经济学关于城镇化的相关理论

2.2.1.1 马克思、恩格斯关于城镇化的思想

马克思、恩格斯虽然没有在他们的著作中单独对城镇化理论进行综合系统的阐述，但通过梳理分析《资本论》《英国工人阶级现状》等一系列著作，可以发现其中论述了关于城镇化发展的一般规律，就城市如何产生、城乡关系演变、城市生态等问题提出了真知灼见。

马克思、恩格斯阐述了现代城市是如何产生的，认为城市是社会发展到一定阶段的产物。"古典古代的历史……是以土地所有制和农业为基础的城市"[①]。古代城市多由政治、军事等原因而兴起，城市的中心往往是当权者所在地，当时的生产力并不发达，以农业为主，城市居民虽从事手工业者或商业，但是不占有生产资料，且依附于统治阶层。现代城市产生的原因与古代城市产生原因可谓具有本质上的区别，现代城市是工业化发展的结果。随着工业化革命的爆发，工业化进程的推进，生产力的提升，产业结构发生转型，城市形态发生变化，"建立了现代的大工业城市……来替代自然形成的城市"[②]。同时马克思、恩格斯肯定了现代城市对经济发展、社会进步具有积极作用的基础上，并提出超大规模城市产生的必然性。

马克思、恩格斯基于历史唯物观对城乡关系的演变进行研究。马克思、恩格斯认为城乡之间会历经了"分离→对立→融合"的过程。分工是城乡分离、对立的前提，而资本主义私有制是城乡分离、对立的基础。城镇是人力、资金、技术等要素的集聚，而乡村是隔离、分散的，要素的集聚会加快城镇化的发展，进一步促进城乡对立。马克思、恩格斯认为，随着生产力的不断发展，私有制被废除，城乡对立关系会被城乡融合关系所取代，人将得到了自由而全面的发展。城乡融合发展的条件是基于全社会生产效率的提升、农

---

① 马克思恩格斯文集：第8卷[M]. 北京：人民出版社，2009：131.
② 马克思恩格斯文集：第8卷[M]. 北京：人民出版社，2009：566.

业和工业的融合发展。农业生产效率的提升进一步解放更多的农村劳动力并提供更多的农业生产剩余，促进农业剩余劳动力向城镇的转移，农业生产剩余为工业提供基础，促进城市的发展。城市规模的不断扩大，基础设施、公共服务不断完善，资源不断积聚，产生规模效应，促进城市进一步发展壮大、社会生产力进一步提升。同时资本、技术等要素下乡进一步推进农村生产力的提升，实现城乡共同发展。这给我国推进城乡融合发展提供了思路。

马克思、恩格斯对工业城市化带来的城市拥挤、物价上涨、生态环境恶化等城市病进行了批判。随着现代城镇的快速发展，吸引着越来越多的农村剩余劳动力向城镇转移，但"涌入的速度比在现有条件下为他们修造住房的速度更快"[1]，会造成房价上涨问题，且城镇常住居民人数迅速攀升，而配套设施建设与公共服务供给却未跟随其后，会造成社会不公正，给城市管理带来一定的麻烦。恩格斯在经过大量考察调研后指出："伦敦的空气永远不会像乡村地区那样富含氧气，250万人的肺和25万个火炉挤在三四平方德里的面积上"[2]。"流入城市的时候是清澈见底的，而在城市另一端流出的时候却又黑又臭"[3]。在资本主义利润驱动下，忽视了人与自然的关系，开展不可持续的经济活动，破坏生态环境，剥夺工人获得正常生活的权利，背后蕴藏着巨大的危机。马克思、恩格斯认为共产主义社会的人会善待环境、尊重自然，将社会与自然视为共同体，不仅考虑当代人的生态权益，也考虑子孙后代的生态权益，描绘了未来共产主义的"生态图景"，提出了绿色可持续发展的制度保障。

基于马克思、恩格斯关于城镇化发展的认识，可知工业化是推进城镇化发展的重要动力，城乡融合发展是未来城镇化发展的必然趋势，生态保护是城镇化可持续发展的必要途径。城镇化高质量发展不仅仅是人口城镇化、经济城镇化、社会城镇化的高质量发展，更是城乡融合高质量发展、生态宜居的城镇化。在构建赣闽粤原中央苏区城镇化发展质量的评价指标体系时，从人口、经济、社会、生态、城乡五个维度出发。并且运用马克思、恩格斯的思想分析赣闽粤原中央苏区如何推进城镇化高质量发展，有利于更加深刻地认识赣闽粤原中央苏区城镇化的发展历程、发展趋势、发展模式，有助于提

---

[1] 马克思恩格斯文集：第3卷 [M]. 北京：人民出版社，2009：276.
[2] 马克思恩格斯文集：第1卷 [M]. 北京：人民出版社，2009：409.
[3] 马克思恩格斯文集：第2卷 [M]. 北京：人民出版社，1957：320.

出具有中国特色的新型城镇化高质量发展道路。

2.2.1.2 习近平总书记关于现代化经济体系的重要思想

习近平总书记关于现代化经济体系的重要思想是马克思主义政治经济学中国化时代化的最新体现，是中国特色社会主义政治经济学的理论创新，是习近平经济思想的最新成果，是在我国进入经济高质量发展新阶段、社会主要矛盾发展转变、世界百年变局的背景下形成的。建设现代化经济体系为我国实现两个百年目标、中华民族伟大复兴提供了物质基础，有利于新发展格局下实现经济高质量发展。

2017年，党的十九大报告首次提出"现代化经济体系"，并从供给侧结构性改革、建设创新型国家、乡村振兴、区域协调发展、市场经济体制、全面开放六个方面提出建设现代化经济体系的重点。2018年1月，习近平同志在中共中央政治局第三次集体学习时提出建设现代经济体系是一个系统工程，具体从产业体系、市场体系、收入分配体系、城乡区域发展体系、绿色发展体系、开放体系、经济体制七个方面全面论述了建设什么样的现代化经济体系。2019年底召开的中央经济工作会议强调，坚定不移贯彻新发展理念，坚持与完善社会主义基本经济制度，加快现代化经济体系建设。2020年10月，党的十九届五中全会提出了在2035年"基本实现新型工业化、信息化、城镇化、农业现代化，建成现代化经济体系"的远景目标。2022年，党的二十大报告则进一步从市场经济体制、现代化产业体系、区域协调发展、乡村振兴、对外开放五个方面对"加快建设现代化经济体系"作出了新的战略部署。

在习近平总书记关于现代化经济体系的重要思想中，产业体系是物质基础，区域发展体系是空间支撑，绿色发展体系是生态基础，市场体系是主要机制，分配体系是关键环节，开放体系是外联助力，经济体制是制度基础（段光鹏和王向明，2022）。建设现代化经济体系的重要道路是推进新型城镇化高质量发展。赣闽粤原中央苏区新型城镇化高质量发展要构建现代产业体系，要大力发展先进制造业、现代服务业、现代农业，促进科技创新与产业融合，有利于人口集聚、产业集聚，促进经济城镇化高质量发展；同时要推进城乡区域协调发展，要在发挥比较优势的基础上，促进人力、资源、数据等要素合理流动，既要推进乡村振兴，又要推进新型城镇化建设，促进农村居民就地城镇化，城乡融合发展，进而促进新型城镇化高质量发展；同时也要构建绿色发展体系，要正确认识经济发展与生态保护的关系，树立绿色发展理念,实现绿色循环低碳发展,建设生态城市,促进生态城镇化的发展;也要完善市场体制,改善营商环境,构建有效率且促进公平的分配制度,建立全方位开放制度,发挥有效市场与有为政府的共同作用的经济体制。

2.2.2 区域经济学关于城镇化的相关理论

区域的协调发展是当前解决发展不平衡矛盾的重要手段,是推进经济社会高质量发展的必要途径,是实现共同富裕的关键所在。区域的协调发展的基础理论有区位理论、增长极理论等。

2.2.2.1 区位论

区位理论主要研究的是经济主体空间区位选择或经济活动空间优化组合的理论。由于生产要素在不同区位空间进行交换会产生价值,并会集聚于中心区位,中心区位会获得要素集聚的效益,进而产生发展的优势。区位理论包括农业区位理论、工业区位理论、市场区位理论、中心地理论。

农业区位理论的奠基者美国经济学家杜能(1986)在《孤立国同农业和国民经济的关系》中认为农产品的利润与运费支出成反比,可以通过合理布局来增加利润;每个区域都是以大城市为中心,并呈现同心圆状分布,形成"杜能圈";还考虑了小城市的可能性,大城市人口多、市场大、价格高但地租高,小城市人口少、市场小、价格低但地租也低。工业区位理论创始人德国经济学家韦伯(2010)在《论工业区位》中提出运输成本和工资是决定工业区位的主要因素。通过对工业区位原理的探究,阐述了城镇人口、产业经济的集聚机制。市场区位论的提出者德国经济学家廖什(1940)在《区位经济学》中把市场需求作为空间变量研究市场区位体系,对区域出现的原因进行了解释;并提出工业区位应当基于利润最大化目标进行选择,最佳的空间范围是六边形。德国经济地理学家克里斯塔勒(2010)的中心地理论深受杜能的农业区位理论、韦伯的工业区位理论的影响,论述了城镇体系的规模与分布模式,揭示了城市的形成机制。

不同区域的城镇化的运行规律是不同的,区位因素不同,产业发展不同,资源配置的效率不同,城镇化发展模式不同。一般认为,距离中心城市越近的地区,交通便利度越高,受到中心城市的辐射影响越大,进而促进当地城镇化的发展。而距离港口越近的地区,城镇基础设施建设越完备,对外交流越方便,进而促进当地的城镇化发展。赣闽粤原中央苏区,地处珠三角腹地,地理区位优势明显，且红色资源遍地开花，充分挖掘红色区位发展潜力，发挥区位交通推动力，促进新型城镇化高质量发展。此外，赣闽粤原中央苏区城镇化建设是一个系统性工程，工厂的区位选择，公路、铁路等交通路线的规划，CBD的选址，城市绿化的建设，城镇体育中心等服务设施的位置等经济活动都是区位的选择，因此，运用区位理论分析赣闽粤原中央苏区城镇化高质量发展具有必要性。

2.2.2.2 增长极

增长极理论是分析区域发展不平衡的重要理论之一。增长极的概念是法国经济学家佩鲁在1950年首次提出，后来经由法国经济学家布代维尔引进区域经济理论，之后美国经济学家弗里德曼、瑞典经济学家缪尔达尔、美国经济学家赫希曼进一步发展了增长极理论。佩鲁提出不同于新古典经济的长期均衡学说的观点，认为经济一旦偏离均衡，若没有外力的干预，长期就会在偏离的轨道继续向前运动，而不是会回归均衡。

增长极可以是产业、可以是城镇、可以是部门、可以是工业园区、也可以是经济协助发展区域。经济增长是一个由点到面的过程，少数产业或少数地区的发展带动全域的发展。首先，出现在具有创新力的某些行业中，如互联网行业；其次，这些行业往往是聚集在某些空间点上，如腾讯、百度、阿里巴巴、字节跳动等互联网大厂均集聚在深圳；最后，这些点就是增长极，增长极通过自身不断增长的极化效应与不断外扩的扩散效应对整个区域产生影响，如深圳的崛起带动了整个珠三角的发展。城镇化早期可以通过选择特定区域或产业作为增长极，能够集聚优势力量、产生较强的集聚效果。随着城镇化进程的推进，增长极的极化效应通过吸引周边地区的劳动力、资金、技术促进核心地区的发展，可能会带来较为严重的城市病的同时也会导致区域发展不平衡。比如，正是改革开放的春风、国家政策的支持使得广东省深圳市从小渔村发展到当下的国际大都市，而广东省内陆山区的发展相对滞缓，使得广东省邻海城市与内陆山区城市发展具有较大的差距。厦门经济特区的发展带动了福建沿海地区的发展，而闽西内陆山区大多数是老区苏区，经济发展相对滞后，山海发展不协调。通过增长极理论可以解释赣闽粤原中央苏区发展落后的原因，进而找出振兴发展的动力源泉。

赣闽粤原中央苏区城镇化建设过程中可以选择特定区域或特色产业作为增长极，发挥极化效应、扩散效应促进当地的城镇化发展，推进赣闽粤赣南苏区原中央苏区新型城镇化建设过程中，赣南苏区可以选择以赣州为发展核心，闽西苏区可以选择三明为核心，粤北苏区可以选择梅州为核心，辐射并带动周围地区的发展，同时要注意苏区内部各区域的协调发展。赣闽粤原中央苏区可以通过发展现代特色农业、新型工业、红色旅游等作为区域内部增长极，带动本地区的产业集聚、人口集聚，促进本地区产业链的完善，进而推动城镇基础设施建设、公共服务供给，促进赣闽粤原中央苏区城镇化高质量发展。

2.2.3 发展经济学关于城镇化的相关理论

发展经济学的二元经济理论、人口迁徙理论、新经济增长理论为城镇化的研究提供了重要的理论基础。

2.2.3.1 二元经济理论

刘易斯（1954）首创了经济二元结构理论，提出了研究发展中国家经济增长的一个新思路。刘易斯把发展中国家的经济部门分为两个部门，一个是低生产率、低回报率且劳动力持续流出的传统农业部门，另一个是高劳动生产率、高回报率且不受限制地吸纳农业剩余劳动力的现代工业部门。刘易斯认为，发展中国家较长时间处于传统农业部门与现代工业部门工资水平具有较大差距的状态，随着现代工业部门边际报酬递减，传统农业部门剩余劳动力供给减少，现代工业部门与传统农业部门劳动转移与收入达到均衡，实现了城乡资源配置的一体化，二元经济增长转变成一元经济增长。随后，费景汉和拉尼斯于1961年完善了刘易斯两部门经济发展模型，不仅考虑工业部门的增长，而且认为工业部门与农业部门之间存在相互影响的关系，农业生产剩余是工业发展的重要基础，并提出重视农业技术创新，加大农业投资力度。"刘易斯—费景汉—拉尼斯"模型在一定程度上反映了发展中国家在经济发展中的城乡一体化发展的客观规律。

值得关注的是，"刘易斯—费景汉—拉尼斯"模型暗含了一系列假设，如农村劳动力是同质的、劳动力是自由流通的、农村劳动力向城镇转移能同时获得同等市民身份（高帆，2012）。但是，这些假设与现阶段中国的实际情况存在一定的距离。由于一直以来实施较为严格的户籍管理制度，只有受教育程度较高的或具有一定的物质基础的农村劳动力才有可能实现向城镇自由流动，且农村转移人口未必能第一时间获得市民身份。利用"刘易斯—费景汉—拉尼斯"模型分析我国城镇化问题的时候要考虑实际情况。随着农村人口向城镇的转移，虽然现代工业部门边际报酬递减可以缩减城乡发展差距，但农村受教育程度高的或具有一定的物质基础的人群纷纷流入城镇，造成农村人才与资本流失严重，进而加大城乡发展的差距，抑制城乡融合发展。从全国分区来看，东部发达地区人口流动促进城乡一体化进程，西部欠发达地区的人口流动抑制二元经济的转变（张军涛等，2021）。赣闽粤原中央苏区整体处于欠发达地区，人口流失比较严重。因此，通过加快体制机制改革，加强科学规划，促进农村劳动力、资本、土地的同步转换，提高户籍城镇化率，降低农村居民落户门槛，缩小城乡公共服务差距等措施促进城乡融合发展，推进赣闽粤原中央苏区等欠发达地区城镇化高质量发展。

2.2.3.2 人口迁徙理论

美国经济学家Todaro（1969）从发展中国家城乡存在普遍失业的前提出发，提出"乡村—城市迁移劳动力"模型。城乡劳动力迁移与城乡预期收入差距密切相关，当劳动力在城镇的预期收益大于在农村中的收益，就会发生劳动力迁移，否则不会发生迁移甚至出现回流现象；并且城乡预期收入差异越大，人口迁移规模越大。而城乡预期收入差距由城乡实际收入差距与就业概率共同决定。城乡收入之间的实际工资差距是普遍存在的，发展中国家更为明显。就业概率与城市新增就业机会成正比，与城市失业人数成反比。一个迁移者在城市的时间越长，他获得工作的机会就越大，因而他的预期收入也越高，就越不愿意迁徙到农村，在一定程度上解释了为什么从农村出来的人大多数宁愿在外漂着也不愿回到家乡。这也解释了少量增加城市就业机会无法解决城市失业问题，说明了为什么"孔雀东南飞"，中西部地区留不住人才，老少边穷地区人口外流严重。还可以利用托达罗模型分析赣闽粤原中央苏区如何通过城乡统筹发展，解决城乡发展失衡的问题。

随着学者对人口迁移过程及城镇化发展的进一步研究，又提出了人口"推—拉"理论模型。这一理论模型最早是由拉文斯坦等人提出。劳动力从从事农业经济活动转向非农业经济活动、从农村迁徙到城市，是"推—拉"的共同作用。"推"来自农村的推力，具体表现为农业生产中技术进步导致劳动力的投入减少、农村人口增长而产生的就业压力、农村普遍较低的收入、不完善的土地制度、受制约的农产品销售等。"拉"来自城镇的拉力，具体表现为城镇具有较多的就业机会且可供选择性大、收入水平高、生活配套设施完备、易于实现人生价值等。人口"推—拉"必然带来城镇人口的集聚，也就是人口城镇化。利用人口"推—拉"理论模型可以分析促进赣闽粤原中央苏区新型城镇化高质量发展的路径机制。

2.2.3.3 新经济增长理论

新经济增长理论又称内生增长理论，诞生于20世纪80年代中期的一个西方宏观经济理论分支，通常以Romer（1986）《递增收益与长期增长》一文的发表作为新增长理论产生的标志。Romer把知识、技术进步视为经济增长的内生变量，将其与人力、物力放到等同地位，并提出著名的四要素增长理论，即资本、劳动力（非熟练劳动）、人力资本（指熟练劳动，用受教育时长来衡量知识或教育的作用）、技术水平（指物质产品的技术先进性，用专利衡量）。在对创新的进一步深入研究中，他们发现创新活动具有在地理空间上高度集聚的特征，知识外溢与技术创新主要发生在人口、产业、非农经济活动集聚的地区，往往人口、产业、经济集聚的密度越大，知识外溢的效应越强。而城镇相较于农村而言，是人口密度更大、产业更为集聚的地方，因此城镇也是知识外溢、人力资本积累更为迅速的地方，通过分析城镇化进程能够更加清晰明了地理解知识外溢作用于经济增长的路径机制。国内不少学者实证检验了城镇化通过资本投入、劳动力转移、产业升级、技术创新、人力资本等中介驱动经济增长，城镇化对于经济增长的作用是一种间接效应。也有学者直接将城镇化纳入内生增长模型，认为城镇化是我国经济增长的内生动力之一。分析赣闽粤原中央苏区城镇化问题，有利于促进当地振兴发展、实现区域协调发展、达到共同富裕的目标的实现。

2.2.4 新制度经济学关于城镇化的相关理论

20世纪70年代中期以来，以科斯、诺思为代表的"新制度经济学"在经济学理论中的影响力日益增加。用新制度经济学理论来分析赣闽粤原中央苏区新型城镇化发展问题，对于赣闽粤原中央苏区推进新型城镇化高质量发展具有重要意义。

2.2.4.1 交易费用理论

经济学家科斯（1937）在反思新古典经济学理论假设——市场零交易费用假设的基础上，在《企业的性质》一文中提出了市场的运行是有成本的，企业作为市场的代替说明了交易费用的存在。科斯（1960）在《社会成本问题中》一文中明确了交易费用的概念，界定了交易费用的内容，并赢得了1991年诺贝尔经济学奖。新制度经济学理论可谓是对新古典经济学理论的一场革命，而这场革命的基石是交易费用理论。

企业存在于交易费用的节约，按此说法，我们把城镇看作一个特殊的组织系统，其包含企业、政府、家庭及其他组织等子系统，城镇化发展的动力是源于支撑城镇系统的企业、政府、家庭和其他组织等子系统在追求各主体利益最大化的过程中实现了对交易费用的节约（李泉，2011）。也就是说，城镇和企业一样，是代替市场的手段，允许存在某个权威（城镇的经营者）来支配资源，节约交易费用，但对于城镇这个特殊的组织系统而言，具有独特的运行机制与复杂的组织结构。在城镇内部，城镇存在于各个子系统实现交易费用的节约或者是说具有正的外部性。城镇的经营者则会尽最大可能实现各个子系统的协调运作，实现各主体利益最大化的过程，同时实现城镇效率最大化。

相较于企业而言，城镇会产生集聚效益，人口、资金、产业的集聚会产生正的外部性。产业集聚具有同质性，易于开展专业化协作，通过同质企业的竞争与合作，促进行业技术水平与产品质量提升、成本下降；而产业集聚具有异质性，彼此是供应链的上下游企业，减少了时间成本、运输成本，节约交易费用，同时为消费者提供丰富的商品与服务。人口集聚促进城镇人口的增加，资金与产业的集聚会促进城镇经济发展水平更高，同时促进城镇景观的外扩、城镇基础设施与管理服务系统更完善，进一步推进城镇化高质量发展。因此，在构建赣闽粤原中央苏区新型城镇化发展评价指标体系时，考虑人口、产业的空间集聚。城镇同时也会产生规模经济效益。规模经济效益是指随着规模扩大的同时成本、费用下降而获得的效益。适度的规模产生最佳的经济效益。一般来说，规模过小的城镇，其交通、通信等基础设施与教育等公共服务设施建设成本高、利用率较低，城镇的经济效益低。随着城镇规模的扩大，城镇建设成本摊薄，经济效益提升。但外部费用会随着城镇的扩大而增加，城镇规模并非越大越好。传统的城镇化重视人口与土地的快速扩张，使得城镇化建设存在诸多问题，新型城镇化以人为本，重视质量提升，各地区建设城镇时要适度，与经济、社会、生态相适应，避免空城、鬼城的出现，避免超前规划造成资源的浪费。因此，科学测度赣闽粤原中央苏区城镇化发展质量，有利于分析当前的新型城镇化建设状况，为后续驱动因素识别打下基础。

2.2.4.2 制度变迁理论

诺思（2014）将制度作为内生变量运用到研究经济增长问题中，重新发现了制度因素的重要作用，并提出有效率的产权制度促进经济的增长、国家的存在对经济增长具有双重作用、只有意识形态理论才能克服"搭便车"行为等观点，建立了制度变迁理论，获得了1993年度诺贝尔经济学奖，成为新制度经济学的代表人物之一。制度变迁是指新制度对旧制度的替代过程，或者是效益更高的制度对效益低的制度的替代过程。制度变迁的原因在于主体期望获得最大的外在利益，或者说获利能力无法在现有制度下实现。从制度变迁的主体来考察，制度变迁基本分为两类：诱致性制度变迁和强制性制度变迁。诱致性制度变迁即个体或群体对潜在利益的追求自发形成的，其改革主体是底层民众或地方政府，程序是自下而上的，具有温和、渐进的特点；强制性制度变迁是外在强制力量使新制度取缔旧制度，其主体是政府，程序是自上而下的，具有激进、革命、强制性的特点。

城镇化进程中涉及人口、土地、住房、财税、金融、生态等多方面制度安排。随着新型城镇化的推进，各个方面的制度安排也在发生着改变。例如，新中国成立初期，随着计划经济体制的建立，国家实行严格的城乡二元户籍管理制度，使得农村人口不能盲目迁往城市，城镇化发展滞缓。改革开放的春风与市场经济体制的建立，促使户籍制度改革在全国按照先易后难、分类化、渐进地展开，城镇化发展取得了较大的进展，但是当下城镇中户籍人口与常住人口的差距又凸显改革的滞后性。再有，城镇化问题中的土地流转制度既具有诱致性也具有强制性。在改革初期，安徽小岗村农民自发实施"联产承包责任制"，解决了温饱问题，这诱致其他地区纷纷效仿，推广普及到全国各地，开启了农村改革，废除了人民公社制度，建立了"联产承包责任制"。"两权分离"，改变了农村人与土地的关系，提高了土地使用效率，使得产生大量农村劳动力剩余与生产剩余，促进非农经济活动的开展，为城镇化建设提供了大量的人力、物力支持。经过多年实践，小农家庭式经营方式阻碍了农业现代化的发展，成为制约新型城镇化发展的重要因素，当下土地流转制度的改革迫在眉睫。

赣闽粤原中央苏区地处内陆山区，经济发展落后，城镇化建设落后于其他地区，随着城镇化的发展，城镇人口的不断增加，城镇建成区的不断外扩，城镇化水平不断提升,但也出现了工业用地效率低下、产业集聚力不足、第三产业发展滞后、城镇规划缺乏长远目标、村民与企业及政府间矛盾突出、农民抛荒严重等问题,制度改革时要因时制宜、因地制宜,考虑地方实际情况,才能有效发挥制度效率。

总之,利用制度变迁理论分析赣闽粤原中央苏区新型城镇化问题具有重要理论和现实意义。制度变迁理论告诉我们,制度供给必须与制度环境相容,才能产生制度效率。赣闽粤原中央苏区新型城镇化的根本动力在于继续深化改革,加强制度顶层设计,在人口、土地、住房、财税、生态等方面进行机制改革,充分发挥有为政府与有效市场的作用,促进赣闽粤原中央苏区新型城镇化高质量发展。

2.3 本章小结

本章首先对城镇化高质量发展、赣闽粤原中央苏区城镇化、城镇化发展模式的概念进行定义;其次论述了本书的理论基础,城镇化是个多学科综合研究领域,本章从马克思主义政治经济学、区域经济学、发展经济学、新制度经济学等不同学科出发分析当中关于赣闽粤原中央苏区城镇化高质量发展的理论,具体包括区位理论、增长极理论、二元经济理论、人口迁徙理论、新经济增长理论、交易费用理论、制度变迁理论。

第3章 赣闽粤原中央苏区城镇化的建设历程与发展质量现状分析

第2章对城镇化的概念和理论进行了全面的梳理和分析，对于城镇化发展问题有一个较为清晰的认识。本章将针对赣闽粤原中央苏区这一特定区域的城镇化的建设历程与发展质量问题进行分析，厘清赣闽粤原中央苏区的城镇化进程与全国的城镇化进程的异同，对后续构建指标体系和驱动效应的分析具有一定的启示。

3.1 赣闽粤原中央苏区概况

赣闽粤原中央苏区是土地革命战争时期全国最大的革命根据地，是全国苏维埃运动的中心区域，是中华苏维埃共和国党、政、军首脑机关所在地。党中央一直关注着原中央苏区的振兴发展，国家发展改革委于2014年3月印发《赣闽粤原中央苏区振兴发展规划》（以下简称《规划》），《规划》涵盖了江西、福建、广东三省共计108个县（市、区），规划面积为21.8万平方公里。规划的108个县（市、区）中97个县（市、区）为原中央苏区县[①]，其他11个县（市、区）为与原中央苏区有紧密联系的县（市、区），如表3-1所示。

---

① 2013年7月23日，中央党史研究室正式下发《关于原中央苏区范围认定的有关情况》（中史字〔2013〕51号）文件，确认中央苏区范围县为97个，其中，江西省49个、福建省37个、广东省11个。

表 3-1 中央苏区规划范围

区域		原中央苏区县（97个）	非原中央苏区县（11个）
赣	赣州市	瑞金市、会昌县、寻乌县、安远县、信丰县、于都县、兴国县、宁都县、石城县、崇义县、上犹县、南康区、赣县、章贡区、大余县、定南县、龙南县、全南县	—
	吉安市	永丰县、青原区、泰和县、万安县、吉安县、井冈山市、峡江县、安福县、遂川县、永新县、吉州区、新干县、吉水县	—
	新余市	渝水区、分宜县	—
	抚州市	黎川县、广昌县、乐安县、宜黄县、崇仁县、南丰县、南城县、资溪县、金溪县	—
	上饶市	广丰县、铅山县、上饶县	横峰县、弋阳县
	宜春市	袁州区、樟树市	—
	萍乡市	莲花县	安源区、芦溪县
	鹰潭市	贵溪市	余江县
闽	龙岩市	新罗区、永定县、上杭县、武平县、长汀县、连城县、漳平市	—
	三明市	梅列区、三元区、尤溪县、沙县、将乐县、永安市、大田县、明溪县、清流县、宁化县、建宁县、泰宁县	—
	南平市	延平区、顺昌县、邵武市、光泽县、武夷山市、浦城县、建阳市、建瓯市、松溪县、政和县	—
	漳州市	芗城区、龙海市、南靖县、平和县、诏安县、华安县、云霄县、漳浦县	—
	泉州市	—	安溪县、南安市、永春县、德化县
粤	梅州市	梅江区、梅县区、兴宁市、五华县、丰顺县、大埔县、平远县、蕉岭县	—
	河源市	龙川县	和平县、连平县
	潮州市	饶平县	—
	韶关市	南雄市	—

注：赣县 2016 年 10 月改为赣县区，广丰县 2015 年 2 月改为广丰区，上饶县 2019 年 7 月改为广信区，余江县 2018 年 7 月改为余江区，永定县 2014 年 12 月改为永定区，沙县 2021 年 1 月改为沙县区，建阳市 2014 年 5 月改为建阳区。

资料来源：笔者自行整理而得。

《规划》指出,原中央苏区具有五大发展优势:一是区位条件优越,地处赣闽粤三省交界处,邻近东南沿海地区,赣闽粤原中央苏区现已建成通江达海的高速公路,是连接内外的重要通道。二是资源禀赋良好,稀土、钨、钽铌等重要矿产资源储量位居全国前列,如赣州就有"稀土王国"的美誉。三是生态地位重要,赣闽粤原中央苏区是我国重要河流源头地区和森林资源宝库,有着极为丰富的动植物资源。四是特色产业明显,以脐橙产业为代表的特色农业和以稀土、钢铁为代表的工业体系已经初具规模。五是文化底蕴深厚,红色文化、客家文化、闽南文化底蕴深厚。从城市特色角度分析,原中央苏区规划中不少城市也是重要的交通节点城市并具有鲜明的产业特色。如赣州市,闽粤通衢,全国重要的区域性中心城市,稀有金属等特色产业基地,知名红色旅游目的地,爱国主义教育基地。吉安,建设区域性交通枢纽和信息产业基地,生态旅游目的地和全域旅游示范区。龙岩,赣闽粤交界地区中心城市,重要的有色金属生产加工基地,红色旅游、生态旅游目的地。三明,闽西苏区区域性中心城市,物流中心和新材料产业基地,林业改革发展综合试点市,红色旅游目的地、爱国主义教育基地。梅州,粤北苏区区域性中心城市和综合交通枢纽,特色产业基地,红色旅游目的地,爱国主义教育基地。

3.2 赣闽粤原中央苏区城镇化建设历程

根据国际经验,城镇化率超过25%开始进入一个加速阶段,得益于基础设施的改善等因素,城镇化率将在短期内快速上升;在城镇化达到60%后开始进入转型期,城镇化速率出现放缓,城镇化动力和路径开始发生调整,在城镇化的内在动力逐步变化的过程中城镇化率缓慢攀升,并在城镇化率达到80%时趋于稳定。根据国家统计局公布的数据,图3-1绘制了1949~2022年中国城镇化率趋势,近20年,我国城镇化率从2000年的36.22%快速提高到2010年的49.95%,再到2020年的63.89%,每10年分别提升了13.73%和13.94%。本节基于兰小欢(2021)、王绍博和罗小龙(2022)对我国赣闽粤原中央苏区城镇化进程进行划分,整体上可以划分为三个不同阶段:第一阶段为1994年之前,农民离土不离乡,城镇化进程缓慢;第二阶段为1994~2012年,该阶段以土地城镇化为主;第三阶段为党的十八大以后,城镇化重心由"地"向"人"转换,开始关注人口城镇化。

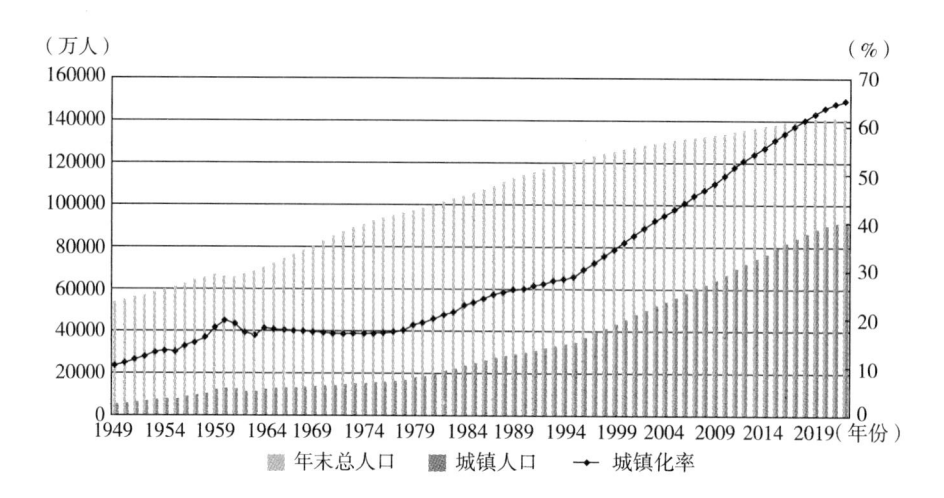

图3-1 1949~2022年中国城镇化率趋势

资料来源:笔者根据国家统计局公开统计数据绘制而成。

3.2.1 1994年分税制改革之前的发展情况

1994年之前,我国城镇化整体处于低速增长阶段,从1949年的10.64%增长到1993年的27.99%,年均增长率低至0.4%。这个发展历程中可分为计划经济时代的"自上而下"的城镇化与改革开放初期的"自下而上"的城镇化。

3.2.1.1 1949~1978年计划经济时代的"自上而下"的城镇化

自新中国成立以来,我国实施计划经济制度,城镇化的推动受限于城乡分离的户籍制度、土地制度,总体呈现"自上而下"、强制性制度变迁的特征。1949年我国城镇化率为10.64%,1949年后,党的工作重心转向城市,产业发展由农业转向工业,由于基础薄弱,城镇化艰难起步,"一五"时期大力发展重工业,城镇人口占比缓慢增长至1955年的13.48%。随后"大跃进"口号的提出,促进了工业化带动城镇化的发展,而后国家鼓励农村劳动力返乡,出现逆城镇化现象,历经十年跌宕起伏期,增长至1965年的

17.98%。1966~1978年一直在17.5%左右徘徊。而赣闽粤原中央苏区属于深度贫困地区，这一时期的城镇化发展相较于全国而言更加滞后。福建省1952年非农业户籍人口占比为11.48%，1978年非农业户籍人口占比仅增长至13.7%，城镇人口占比为19.08%。而广东省1949年非农业户籍人口占比为15.72%，历经几十年发展，波动增长至1978年的16.29%[①]。

3.2.1.2 1979~1993年改革开放初期的"自下而上"的城镇化

改革开放后，家庭联产承包责任制的实施，提高了农业生产效率，解放了农村劳动力，但国家实施严格控制盲流现象的政策，农村劳动力只能就地就业，农民离土不离乡。随着户籍制度、土地制度、住房制度的改革，乡镇企业的崛起，大量农村富余劳动力跟随工业化进程的脚步进入城镇寻找工作，农村人口开始逐渐向城镇、县城甚至中心城区迁移。1979年我国城镇人口有18495万人，历经十几年发展，增加至1993年的33173万人。1979年城镇化率为18.96%，历经十几年发展，上升至1993年的27.99%，年均增长率为0.67%，这一阶段是以推进小城镇为主的就近就地城镇化阶段，仍然是缓慢推进城镇化进程的阶段。对于处于欠发达地区的原中央苏区，改革开放的影响力在早期相对较弱，整体城镇化发展缓慢。2/3行政面积为苏区的江西省1979年非农业户籍人口占比、城镇人口占比分别为14.88%、17.44%，历经十几年的发展，1993年非农业户籍人口占比、城镇人口占比分别增长至19.17%、22.55%。而1979年福建省非农业户籍人口占比为14.27%，历经十几年的发展，1993年非农业户籍人口占比缓慢增长至18.09%[②]。

3.2.2 1994~2011年的土地城镇化

1994年分税制改革后，乡镇企业发展动力不足，随着户籍制度进一步放宽、土地制度进一步市场化改革，城建政策进一步完善，农民工进城大潮形成。随着工业区、开发区、各类新区的设立，吸引着区域内劳动力向产业集聚，推进城镇化规模的快速扩张。同时，2001年中国加入世界贸易组织，对外开放达到新高度，为城镇化发展提供新机遇。此外，城镇之间的发展不均衡问题开始显现，也使得部分乡镇和县城出现收缩现象。1994年我国城镇人口有34169万人，历经十几年发展，增加至2011年的69927万人。1994年我

[①] 资料来源：《福建统计年鉴2003》《广东统计年鉴2005》。
[②] 资料来源：《江西统计年鉴1994》《福建统计年鉴1994》。

国城镇化率为28.51%，历经十几年发展，上升至2011年的51.83%，年均增长率为1.37%，这一阶段是以土地城镇化为主的异地城镇化阶段，是快速推进城镇化进程的阶段，这一阶段土地城镇化快于人口城镇化速度，土地财政支撑大规模城镇建设，但是公共服务配套未及时跟进。1994年江西省非农业户籍人口占比、城镇人口占比分别为19.65%、23.29%，历经十几年的发展，2011年非农业户籍人口占比、城镇人口占比分别增长至26.78%、45.75%[①]。可以看出，江西省的城镇人口占比的增长速度明显快于户籍人口城镇化率的增长速度，江西省的户籍人口城镇化率与常住人口城镇化率的差距在不断扩大。对于处于欠发达地区的原中央苏区而言，这一时期的城镇化发展模式，以异地城镇化为主，大多数有能力、有资本、有学识的人纷纷去往市区、省会城市、大城市，大部分深度贫困地区的人口外流现象比较严重。

3.2.3 党的十八大以来"以人为本"的新型城镇化

进入新时代以后，中国的基础设施和保障体系取得长足的进步，高速、高铁、航空所构建的立体交通网络极大地满足了人民群众的出行需求，户籍、就医、就学等保障政策的不断优化，也让来自不同地区的人口能够扎根东部发达地区，欠发达地区整体上呈现人口向发达地区迁移的趋势。诚然，原中央苏区的城镇化发展历程也是我国或欠发达地区城镇化的一个缩影，但由于其独特的红色记忆也呈现出一些自身独有的特点。

原中央苏区范围覆盖江西、福建和广东三省，由于三省之间经济发展水平存在差异，原中央苏区的三大板块之间城镇化进程也存在一定差异。如图3-2所示，站在省域视角，广东省的人口城镇化率从2012年的67.15%提升至2021年的74.63%，福建省的人口城镇化率从2012年的59.32%提升至2021年的69.70%，江西的人口城镇化率从2012年的47.39%提升至2021年的61.46%；三省中广东的人口城镇化率最高，目前已经接近80%，江西的人口城镇化率最低，且低于全国的平均水平，且三省之间的城镇化率在逐渐趋同。从增速来看，2/3行政面积为苏区的江西省，其城镇化率的提速最快。必须指出的是原中央苏区在广东和福建境内的地区，如梅州、韶关、三明、龙岩等地区经济发展水平在所属省份也是处于靠后位置，市域视角下原中央

---

① 资料来源：《江西统计年鉴2012》《福建统计年鉴2012》。

苏区各板块之间的城镇化差距远没有省域视角下那么大，这一结论通过市级数据也可以得出。本章选取原中央苏区中的一些代表性的城市的常住人口城镇化率进行比较，以得出不同板块之间城镇化率的差异。

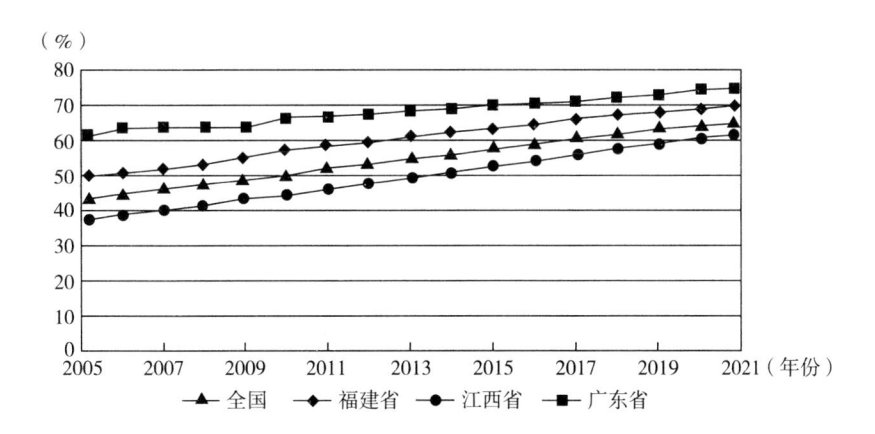

图 3-2 江西省、福建省、广东省和全国城镇化率趋势

资料来源：笔者根据 2006~2022 年中国区域经济数据库统计数据绘制而成。

由表 3-2 可知，赣州、吉安、梅州、韶关、三明以及龙岩的人口城镇化率均低于所属省份的平均标准。广东的人口城镇化率今年已经接近 80%，而梅州和韶关的人口城镇化率尚未突破 60%，赣州和吉安的城镇化率与之类似，目前也尚未迈入 60%，福建在省级层面城镇化率接近 70%，市级角度，福建境内的原中央苏区的城镇化率在整个原中央苏区中处于领先地位，根据相关资料，三明、泉州、漳州、南平和龙岩 2021 年均已达到或突破 60%。站在市级角度，原中央苏区的城镇化率水平整体处于 60% 水平附近。对原中央苏区典型设区市的城镇化率进行简单计算比较可以发现，赣州、吉安、梅州和韶关都在 2015 年达到人口城镇化率增速峰值，这与国家城镇化进程保持同步，福建的三明和龙岩人口城镇化增速峰值出现的时间更晚一些，在 2017 年才达到峰值，这或许与福建的推进新型城镇化政策有一定关联。目前赣闽粤原中央苏区城镇化处于快速提升的阶段，即将步入转型期，处于人口城镇化阶段。

表 3-2 福建省、江西省、广东省典型设区市城镇化率　　　单位:%

年份	赣州市	吉安市	梅州市	韶关市	三明市	龙岩市
2010	37.53	37.59	43.01	52.53	51.12	45.02
2011	39.31	39.23	43.27	52.77	51.50	47.50
2012	40.95	40.78	43.57	53.30	52.10	49.40
2013	42.70	42.28	46.00	53.73	53.60	50.90
2014	44.31	43.64	43.92	52.99	55.10	51.60
2015	46.26	45.13	44.94	53.60	56.30	52.60
2016	48.14	46.55	45.44	53.87	57.50	53.80
2017	49.99	47.98	45.91	54.10	59.00	55.70
2018	51.86	49.41	47.59	55.11	60.20	57.00
2019	53.86	50.90	49.10	55.96	60.90	58.00
2020	55.31	52.35	51.58	57.33	63.20	62.90
2021	—	—	52.38	58.13	63.70	63.60

资料来源：历年《福建统计年鉴》《江西统计年鉴》《广东统计年鉴》。

近年来，随着研学旅游、乡村民宿的兴起以及乡村振兴的政策红利，红色资源的开发和利用为原中央苏区的振兴发展注入了新的动力，民宿、研学等新兴业态吸引"走出去"的青年又开始返乡创业，推动新型城镇化进程发生新一轮变化。这一阶段的城镇化趋势不是从农村流向城市，而是从城市流向农村。乡村研学、旅游、民宿项目的走红吸引着城市里的客流、资金流、人才流向农村聚集，此时原中央苏区的农村地区从之前工业化进程中的"配角"逐渐变为了"主角"。所以对原中央苏区的城镇化历程做一个总结，可概括为先缓慢增长后加速增长、先速度优先后提质增效；既是欠发达地区城镇化的缩影，又体现出国家乡村振兴等政策的红利。

3.3 赣闽粤原中央苏区城镇化发展现状

随着改革开放和城镇化的纵深推进，原中央苏区的城镇化步伐显著加速，一方面农村地区的富余劳动力不断向城镇非农产业转移，另一方面不少知识青年、有为乡贤返乡创业，共同拉动原中央苏区的城镇化高质量发展。江西、福建和广东也积极结合自己的特色和优势探索符合本省实际情况的高质量城镇化道路，在基础设施方面，城乡生活品质得到大幅提升，城镇的用水普及率、用气普及率、人均道路面积、人均绿地面积、建成区绿化覆盖率等均大幅度提高，区域城镇化水平跨上了新的台阶，有力促进了区域经济和社会健康快速发展。

3.3.1 政策力度不断加大

2014年3月，中共中央、国务院出台了《国家新型城镇化规划（2014—2020年）》，对我国全面建成小康社会具有重大历史意义。此后，国家陆续出台了一系列关于城镇化的政策文件。2020年开始，新型城镇化建设重心逐渐聚焦在县城上。2020年10月，《中共中央关于制定国民经济和社会发展第十四个五年规划和二〇三五年远景目标的建议》明确提出支持革命老区建设。2022年4月，国家发展改革委发布了《国家新型城镇化规划（2021—2035年）》，再次强调推进以县城为重要载体的城镇化建设。在推进新型城镇化进程中，不仅要关注大城市，也要注意培育建设县城。近年来，城镇化率的提升是由大量新增农民工进城务工带动的，而如今在以县城为载体的新型城镇化建设目标下，县城人口、建制镇规模逐渐提升，"就地城镇化"模式将逐步替代"城乡迁徙"模式。表3-3汇总了近年来城镇化相关的政策文件。除了国家城镇化的支持政策，党中央对苏区还有专项支持项目。2012年，《关于支持赣南等原中央苏区振兴发展的若干意见》出台；2014年，《赣闽粤原中央苏区振兴发展规划》发布，密集颁布的支持政策让革命老区和中央苏区的城镇化步伐加快。相关政策文件对于革命老区和中央苏区也有清晰的定位和具体的发展目标，即"努力走出一条欠发达地区实现跨越式发展的新路子"。"奋力实现原中央苏区振兴发展"现已成为江西、福建、广东三省108个相关县（市、区）共同的行动纲领。表3-4汇总了近年来中央苏区振兴发展的政策文件。《国务院关于新时代支持革命老区振兴发展的意见》明确支持赣州、三明等城市建设革命老区高质量发展示范区。2022年4月，国务院批复，国家发展改革委印发了《赣州革命老区高质量发展示范区建设方案》和《闽西革命老区高质量发展示范区建设方案》。

表 3-3 我国城镇化政策文件梳理

时间	发文机构	文件名称	主要内容
2014年3月	中共中央国务院	《国家新型城镇化规划（2014—2020年）》	提出常住人口城镇化率达到60%左右、努力实现1亿左右农业转移人口和其他常住人口在城镇落户等目标
2016年3月	国家发展改革委	《国民经济和社会发展第十三个五年规划纲要》	加快新型城镇化步伐，提高社会主义新农村建设水平，努力缩小城乡发展差距，推进城乡发展一体化
2019年4月	国家发展改革委	《2019年新型城镇化建设重点任务》	突出抓好在城镇就业的农业转移人口落户工作，推动1亿非户籍人口在城市落户目标，加快推动城乡融合发展
2020年4月	国家发展改革委	《2020年新型城镇化建设和城乡融合发展重点任务》	提高农业转移人口市民化质量、优化城镇化空间格局、提升城市综合承载能力、加快推进城乡融合发展
2021年4月	国家发展改革委	《2021年新型城镇化和城乡融合发展重点任务》	促进农业转移人口有序有效融入城市，提高城市群和都市圈承载能力，促进大中小城市和小城镇协调发展，加快建设现代化城市，提升城市治理水平，加快推进城乡融合发展
2022年3月	中共中央国务院	《2022年新型城镇化和城乡融合发展重点任务》	有序推进城市更新、加强住房供应保障、开展燃气管道等老化更新改造、健全防洪排涝设施、推进绿色低碳发展、加强历史文化保护传承、推进城镇基础设施向乡村延伸等任务
2022年4月	国家发展改革委	《国家新型城镇化规划（2021—2035年）》	推进以县城为重要载体的城镇化建设，大中小城市和小城镇协调发展
2022年5月	中共中央国务院	《关于推进以县城为重要载体的城镇化建设的意见》	科学把握功能定位，培育发展特色优势产业；完善市政设施体系，强化公共服务供给；加强历史文化和生态保护，促进县乡村功能衔接互补
2022年7月	国家发展改革委	《"十四五"新型城镇化实施方案》	加快农业转移人口市民化，优化城镇化空间布局和形态，推进新型城市建设，提升城市治理水平，推进城乡融合发展

资料来源：笔者根据政府公布资料整理而得。

表 3-4 中央苏区振兴发展的政策文件梳理

时间	发文机构	文件名称	主要内容
2012年6月	国务院	《国务院关于支持赣南等原中央苏区振兴发展的若干意见》	坚定不移地走新型工业化、城镇化道路，同步推进农业现代化，促进"三化"协调发展
2013年8月	国务院办公厅	《中央国家机关及有关单位对口支援赣南等原中央苏区实施方案》	以提升受援地自我发展能力为重点，充分发挥支援单位职能优势，推动赣南等原中央苏区实现全面振兴和跨越式发展

续表

时间	发文机构	文件名称	主要内容
2014年3月	国家发展改革委	《赣闽粤原中央苏区振兴发展规划（2014—2020年）》	着力推动产业结构优化升级，加快基础设施建设，提高公共服务能力，推进生态文明建设，促进城乡一体化发展，推进新型城镇化进程加快，使广大人民早日过上富裕幸福的生活
2021年2月	国务院	《国务院关于新时代支持革命老区振兴发展的意见》	支持赣州、龙岩与粤港澳大湾区共建产业合作试验区。"十四五"时期要继续加大对原中央苏区等革命老区的财政金融支持力度
2021年3月	国务院	《中华人民共和国国民经济和社会发展第十四个五年规划和2035年远景目标纲要》	统筹推进革命老区振兴，因地制宜发展特色产业，传承弘扬红色文化，支持赣闽粤原中央苏区高质量发展示范
2021年4月	国务院办公厅	《新时代中央国家机关及有关单位对口支援赣南等原中央苏区工作方案》	以干部挂职、人才培训、营商环境营造、产业和创新平台建设等为重点，科学编制并推动落实对口支援实施方案
2021年11月	国家发展改革委	《"十四五"特殊类型地区振兴发展规划》	支持赣闽粤原中央苏区探索建设革命老区高质量发展示范区，深度参与粤港澳大湾区建设
2022年3月	国家发展改革委	《赣州革命老区高质量发展示范区建设方案》	全面提升赣州综合承载能力，增强省域副中心城市综合实力，深入实施城市更新行动
2022年3月	国家发展改革委	《闽西革命老区高质量发展示范区建设方案》	强化龙岩市区集聚带动能力，支持三明国家体育消费试点城市建设，推进海绵城市建设示范
2022年5月	国家发展改革委	《革命老区重点城市对口合作工作方案》	支持革命老区重点城市推进以人为核心的新型城镇化，因地制宜建设区域性节点城市、重要交通枢纽、现代产业基地、商贸物流中心等

资料来源：笔者根据政府公布资料整理而得。

3.3.2 基础设施趋于完善

赣闽粤原中央苏区属于赣闽粤通衢，属于交通要道。但整个赣闽粤原中央苏区山区众多，地势险要，交通设施建设难度大、周期长、成本高，党的十八大之前整个赣闽粤原中央苏区交通便利程度低，在一定程度上限制了当地经济发展。自党的十八大以来，赣闽粤原中央苏区的交通基础设施条件得到大幅改善，新建成的高铁、高速公路极大提升了整个原中央苏区的通勤效率，加强了原中央苏区与外界的经贸联系，助推了当地经济发展。

赣州很长一段时间没有高铁，赣州及周边区域前往江西省会南昌和珠三角地区交通都不是很便利，普通火车时长均在5~6小时，很多时效性强的商贸活动都受到交通的影响。2021年12月10日，赣深高铁全线建成通车，赣州至南昌缩短至2小时以内，赣州至深圳进入"两小时交通圈"。随着昌赣高铁、赣深高铁、寻龙高速等铁路和高速公路的通车运营，赣南苏区铁路营运里程达1290公里，高速公路通车里程达1766公里，为赣南苏区带来更大的经济发展动力和机遇[①]。

福建省69个老区苏区县（市、区）大多属于内陆山区和传统农区，曾经对福建的老区苏区有一个形象的比喻，即"路隘林深苔滑"。这个形象的比喻足以看出之前福建地区的交通基础设施的滞后。随着国家支持政策的落地，向莆铁路、南龙铁路、浦梅铁路、漳永高速、厦沙高速等相继建成通车，如今已经形成"市域有机场、县域有快铁、县县通高速、镇镇有干线、村村通客车"的综合立体交通网络。在对外连接方面，途经闽赣两省的14个革命老区县的兴泉铁路已经全线贯通。兴泉铁路建成通车后，江西东部的宁都、石城和福建西部的宁化、清流、明溪、大田、德化、永春8个革命老区县将结束不通铁路的历史，也将成为江西和福建联通的一条交通大动脉。

粤北占据广东省近半的面积，其典型的特征是以山区为主，适合经济发展的平原面积仅有23.7%，粤北苏区分布着大量的山地和丘陵，自古交通不便，经济发展处于劣势，很长一段时间被称为"省尾国角"。2011年，广东省印发《粤北地区经济社会发展规划纲要（2011—2015年）》，纲要重点明确粤北地区的产业体系、基础设施和公共服务等方面的发展方向。自党的十八大以来，粤北等原中央苏区交通基础设施"外联内畅"步伐加快，梅汕高铁、赣深高铁建成通车，广东实现"市市通高铁"；大广高速、汕昆高速、韶赣高速、宁莞高速等高速公路建成通车，韶关丹霞机场建成通航，粤北与珠三角基本实现2小时通达。

3.3.3 民生福祉持续提升

自党的十八大以来，原中央苏区除了在基础设施方面有大幅改善，在民生福祉方面赣南、闽西和粤北各地政府也结合实际情况进行探索与改革，实践出一批在全国推广的典型经验和案例，不断提升公共服务水平和人民群众满意度。

---

① 资料来源：国家发展和改革委员会《赣闽粤原中央苏区开创高质量振兴发展新局面》。

3.3.3.1 赣南苏区

利用中央各项中央苏区振兴发展政策,积极推动公租房、人才住房、保障性住房建设以及棚户区改造、老旧小区改造、农村危房改造等重大惠民工程,提高城镇化质量。如赣州市,近10年全市累计新筹集各类保障性住房19万套,惠及近32.1万人;完成各类棚户区改造24.85万户、2374.59万平方米,约82.75万名困难群众住进新房;新扩建学校196所,新增学位27.1万余个,全面消除义务教育超大班额,建成公益普惠覆盖城乡的学前教育;同时,还新改建一批停车位、农贸市场,超额完成"厕所革命"任务,居家和社区养老服务设施基本实现城镇全覆盖[1]。

3.3.3.2 闽西苏区

闽西苏区在脱贫攻坚行动中也探索出一条闽西路径,积极实施省领导挂钩联系、省直部门挂钩帮扶及经济较发达县(市、区)对口协作欠发达老区苏区县制度,全面落实各项政策,现行扶贫标准下老区苏区建档立卡贫困人口实现全部脱贫,贫困村全部摘帽,省级扶贫开发工作重点县全部退出。老区苏区基本公共服务持续改善,在经济相对落后的闽西苏区也涌现出一批改革攻坚示范案例,如"三明医改",宁德、龙岩的国家级普惠金融改革试验区等都是全国推广案例。

3.3.3.3 粤北苏区

在民生保障方面,通过省级财政全额出资安排专项资金,并免除苏区当地政府的相关公共事务出资责任,帮助粤北苏区改善医院硬件条件。共同承担养老保险补助、基本医疗保险等多项基本公共服务共同财政事权,探索县镇医联体改革,进一步补齐粤北欠发达地区的医疗卫生短板。针对人民群众关心的饮水、交通、教育等民生工程,广东省政府也提出要让老区苏区人民"喝好水、走好路、读好书",省级财政对粤北苏区的每一个县安排一笔专项资金,帮助改建或扩建一所公办学校,支持苏区办出高水平中职学校,提升粤北苏区教育水平。

3.3.4 产业特色逐步显现

原中央苏区自然条件得天独厚,整体上处于中亚热带湿润季风区,光照

---

[1] 资料来源:赣南苏区振兴发展十周年巡礼。

充足，气候温和，雨量充沛，适合农业发展。赣南、闽西和粤北苏区都围绕各自的特色优势农业品种，加强现代农业建设，走出一条助农、兴农、富农之路。吉安市积极打造"井冈蜜柚"特色果业，"井冈蜜柚"于2017年被注册为国家地理标志，2020年被农业农村部等七部委认定为中国特色农产品优势区，现已远销中国香港、中国澳门、俄罗斯、新加坡、加拿大等地区和国家。赣州被誉为"世界橙乡"，脐橙种植面积达175万亩，年产量逾150万吨，目前已初步建立起覆盖全国、辐射国际的市场营销体系，远销港、澳和东南亚等20多个国家和地区。"2022中国品牌价值评价信息"发布，赣南脐橙以品牌价值686.37亿元荣登国家地理标志产品区域品牌百强榜第六，位列水果类第一，被誉为"华夏第一橙""中国水果第一品牌"[1]。闽西苏区的"八大干、八大珍、八大鲜"也是盛名中外的地方特色，如永定万应茶、冠豸山铁皮石斛、龙岩山茶油、杭晚蜜柚都是闽西苏区的特色农产品，帮助当地村民走上生态农业、现代农业的乡村振兴路。粤北山区生态资源丰富多样，是广东的农业优势地区，形成了以温带果树、山区特色养殖为主的产业带，如种植中草药、姜等，大力发展安全绿色食品，为珠三角、港澳地区提供安全肉制品等"菜篮子"工程。

除了传统的农业种植，原中央苏区也在积极探索现代农业的建设，不断延伸农业产业链，通过向生产加工、物流配送、农业金融等领域的尝试和探索，逐步健全农业产业布局。苏区积极发展农村电商，吸引年轻人返乡就业，打造网上特色市场，促进赣南脐橙等特色农产品网上销售，增加农产品销售渠道。苏区积极挖掘农业特色，如赣州积极打造富硒农业，赣州拥有富硒土地面积1035.6万亩，属于富有硒区，具有发展富硒产业的优势。赣州市充分抓住这一特色，以"抓基地、强支撑、建平台、拓品牌"为重点，全面推进富硒农业高质量发展。中央苏区不少农业区域与红色革命景点相重叠，不少地方探索"农业+红色"的新型业态，打造休闲观光农业、体验式农业，促进现代农业纵向深入链接横向创新融合。

在发展农业的同时也积极打造工业体系，立足于资源优势和产业基础，原中央苏区大力推动制造业转型升级。赣南和闽西苏区拥有丰富的稀土资源，稀土被誉为"工业味精"，对于国防科工领域和先进制造领域都具有重要意

---

[1] 资料来源：中国品牌建设促进会《2022中国品牌价值评价信息在京发布》。

义，赣南和闽西地区积极抢抓新一轮工业革命的浪潮，积极实施产业"铸链扩群"，推动军民融合项目，重点打造稀土"开采冶炼—精深加工—物流贸易"的完整产业链，注重绿色矿山的建设，推动稀土的绿色高效开发利用。原中央苏区也在积极进行数字化改造，利用赣深数字经济走廊建设契机，加强与周边发达省份的交流合作，推进智慧城管、智慧停车、智慧交通、智慧教育、智慧医疗、智慧应急、智慧旅游、便民服务等一系列智慧城市行业应用建设和升级。原中央苏区持续加大工业技改投资力度，如赣州市级层面五年来累计投入近 1.5 亿元专项资金，支持带动了全市 100 多家企业实施智能化改造[①]。整个原中央苏区的现代家居、纺织服装、有色金属、电子信息、新能源及新能源汽车等产业的数字化进程明显加速。

3.3.5 生态建设效果明显

中央苏区的生态资源也极为丰富，据国家统计局公布的数据可知，从省域视角来看，福建省的森林覆盖率为全国第一（66.8%），江西省的森林覆盖率为全国第二（61.2%）。从县域视角来看，三明地区的森林覆盖率高达 76.8%，赣州地区的森林覆盖率高达 74.2%，都高于全省平均水平。丰富的林业资源是制浆造纸、林产化工、家具制造等产业的重要原材料，对于带动林区人民脱贫致富具有重大意义。在国家"双碳"战略大背景下，林业资源还蕴藏着丰富的碳汇资源，竹子造林碳汇项目、森林经营碳汇项目、竹林经营碳汇项目等 CCER 项目未来将成为林区人民增加收入的重要渠道。

中央苏区一直践行"绿水青山就是金山银山"理念，坚持生态优先战略，统筹协调处理好生态保护和经济发展之间的辩证关系。闽西苏区一直推进国家生态文明试验区建设，不断总结和创新治理水土流失的"长汀经验"和林业改革的"武平经验"，被誉为"鸟的天堂""蛇的王国""昆虫的世界"的武夷山借助国家公园体制改革试点的契机，积极探索"两山"转换新路径。

赣南苏区持续做好"治山理水、显山露水"文章，协同推进经济高质量发展和生态环境高水平保护。赣州拥有丰富的稀土资源，以往采用不可持续的矿山开采方法，对周边环境破坏较大，随着生态文明理念的贯彻落实，大力开展矿山修复工作，探索山上山下同治、地上地下同治、流域上下游同治

---

① 资料来源：赣州市工业和信息化局。

的"三同治"模式,采取种树、植草、固土、定沙、洁水、净流等生态和工程措施,使废弃矿区回归了绿水青山;同时在市区推进"颜值气质"提升工程,新改扩建城市各类公园168个、新增公园绿地面积2467公顷[①]。

粤北苏区积极打造"绿水青山就是金山银山"的广东样板,守护好老区苏区绿水青山。广东省不断提高老区苏区范围内生态公益林补偿标准,2021年补偿标准每亩达46.9元[②],而全国其他省份生态公益林的补偿标准一般在20元/亩。粤北苏区围绕服务对接国家和广东省的"双碳"重大战略目标,实施了重点林业生态工程和森林质量精准提升工程,探索建立林业碳汇市场,引导碳排放管理和交易控排企业及其他相关单位购买老区苏区省级碳普惠制项目,逐步扩大林业碳汇交易,让碳汇交易助推乡村振兴、新型城镇化高质量发展。

3.4 赣闽粤原中央苏区城镇化发展质量存在的问题

在肯定赣闽粤原中央苏区城镇化取得的成绩的同时,也需要客观分析和清醒认识到赣闽粤原中央苏区在城镇化建设过程中暴露出的短板和弱项,本节通过对赣闽粤原中央苏区各设区市的数据分析发现,赣闽粤原中央苏区在城镇化建设过程中存在城镇化水平不足、区域内各地城镇化水平差异大、城镇化与工业化协同程度不高、城乡发展不均衡现象显著以及城镇的综合承载能力有待加强五方面问题。只有正视问题才能寻找出赣闽粤原中央苏区城镇化建设的优化路径和未来着力点,进而持续推进赣闽粤原中央苏区城镇化高质量发展。

3.4.1 城镇化水平低于全国平均水平

站在全国城镇化发展视角,20世纪90年代中期,我国常住人口城镇化率超过30%,进入30%~70%的快速发展区间。2010年后,我国常住人口城

---

① 资料来源:赣州市生态环境局。
② 资料来源:国家发展和改革委员会。

第3章 赣闽粤原中央苏区城镇化的建设历程与发展质量现状分析

镇化率超过50%，到2020年达到63.89%，年均增速达到1.39个百分点。从空间格局来看，中国经历了快速城镇化过程，受经济社会发展差异的影响，城镇化格局发生了从"北高南低"到"东高西低"的转变。站在市域角度，用常住人口城镇化率衡量城镇化水平，可以发现，原中央苏区各市都属于中部地区或东部欠发达地区，城镇化水平整体低于全国平均水平。由表3-5和表3-6可知，原中央苏区中所有的设区市中只有四个设区市的城镇化率超过全国平均标准（2020年全国人口城镇化率为63.89%），分别为江西省的新余市、鹰潭市，广东省的潮州市和福建省的泉州市，其余设区市的城镇化率处于50%~60%区间，低于全国平均水平，最低的为广东省的河源市，2021年人口城镇化率仅为49.8%。通过城镇化率也可以看出原中央苏区的城镇化水平仍有较大提升空间，需进一步提升城市吸引力与承载力，吸引更多人才来到原中央苏区、留在中央苏区，为中央苏区振兴发展带来动力。

表3-5 江西省原中央苏区各市城镇化率　　　　　　单位:%

年份	新余市	鹰潭市	赣州市	吉安市	宜春市	抚州市	上饶市
2010	61.59	47.40	37.53	37.59	35.54	37.20	41.89
2011	63.79	49.32	39.31	39.23	38.43	39.05	42.18
2012	65.83	50.94	40.95	40.78	40.65	41.05	43.15
2013	67.32	52.63	42.70	42.28	42.69	42.98	44.29
2014	68.57	54.23	44.31	43.64	44.51	44.75	45.42
2015	70.11	56.08	46.26	45.13	46.57	46.79	46.94
2016	70.79	57.93	48.14	46.55	48.67	48.97	48.46
2017	72.27	59.66	49.99	47.98	50.66	51.03	49.91
2018	72.47	61.43	51.86	49.41	52.64	53.13	51.42
2019	72.67	63.05	53.86	50.90	54.46	55.26	52.96
2020	73.59	64.41	55.31	52.35	56.33	56.96	54.32

资料来源：历年《福建统计年鉴》《江西统计年鉴》《广东统计年鉴》。

表3-6 广东省和福建省原中央苏区各市城镇化率　　　　　　单位:%

年份	广东省				福建省				
	梅州市	韶关市	河源市	潮州市	三明市	泉州市	漳州市	南平市	龙岩市
2005	41.6	49.8	32.5	53.6	42.1	46.5	38.7	46.2	38.5
2006	46.5	46.3	40.1	62.9	42.3	48.0	40.1	46.0	39.5

续表

年份	广东省				福建省				
	梅州市	韶关市	河源市	潮州市	三明市	泉州市	漳州市	南平市	龙岩市
2007	46.5	46.3	40.1	62.9	42.3	48.8	40.4	46.1	39.7
2008	46.0	46.9	40.5	59.2	43.3	50.2	42.0	46.3	40.5
2009	46.2	47.3	40.5	62.1	44.4	52.3	43.3	48.5	42.3
2010	43.0	52.5	40.0	62.7	51.1	58.4	46.7	50.7	45.0
2011	43.3	52.8	40.2	63.1	51.5	59.3	47.9	51.1	47.5
2012	43.6	53.3	40.5	63.2	52.1	60.4	52.0	51.6	49.4
2013	46.0	53.7	40.7	63.2	53.6	61.6	53.0	52.6	50.9
2014	43.9	53.0	40.9	62.9	55.1	62.9	53.8	53.4	51.6
2015	44.9	53.6	41.9	63.1	56.3	63.6	54.8	54.0	52.6
2016	45.4	53.9	42.4	63.2	57.5	64.5	56.2	54.8	53.8
2017	45.9	54.1	42.8	63.2	59.0	65.7	57.7	55.8	55.7
2018	47.6	55.1	44.4	63.6	60.2	66.6	59.0	56.7	57.0
2019	49.1	56.0	46.1	63.8	60.9	67.2	60.0	57.5	58.0
2020	51.6	57.3	48.5	64.2	63.2	68.5	61.4	59.7	62.9
2021	52.4	58.1	49.8	64.8	63.7	69.7	62.9	60.0	63.6

资料来源：历年《福建统计年鉴》《江西统计年鉴》《广东统计年鉴》。

3.4.2 区域内各地城镇化水平差异大

2020年，第七次全国人口普查人口显示，赣闽粤原中央苏区常住人口4376.21万人，居住在城镇的人口为2490.45万人，占比为56.91%，与2010年第六次全国人口普查相比，总人口减少了18.33万人，城镇人口增加了586.29万人，城镇人口比重提高了13.58个百分点。分区域来看，赣南中央苏区和闽西中央苏区的总人口是净增加的，相较于"六普"分别增加了5万余人和3万余人，而粤北中央苏区的总人口是减少的，相较于"六普"减少了5.6万人。就城镇人口而言，赣南、闽西和粤北中央苏区的"七普"数据相较于"六普"的城镇人口数据都是增加的。在城镇人口增加的情况下，赣南、闽西和粤北中央苏区的城镇化率都取得较大幅度提升，赣南、闽西和粤北中央苏区在十年间的城镇化率分别提升了16.94%、12.83%和7.05%。同时，如表3-7所示，利用"七普"数据计算三省的城镇化率可以发现，赣南和闽西中央苏区的城镇化率提升幅度略大于江西和福建全省城镇化率的提升幅度,而粤北中央苏区的城镇化率提升幅度小于广东全省城镇化率1个百分点左右。通过数据可以看出,整体而言赣南、闽西和粤北中央苏区的城镇化率都是呈现提升趋势,但不同区域提升幅度有一定差异,原中央苏区内部城镇化发展协同程度不一致。

表3-7 原中央苏区第七次全国人口普查数据汇总　　单位:人,%

地区	2020年常住总人口	较2010年提升	2020年城镇人口	较2010年提升	2020年城镇化率	较2010年提升
原中央苏区	43762050	-183258	24904500	5862898	56.91	13.58
全国	1411778724	72053872	901991162	236415856	63.89	14.21
赣南中央苏区	22710775	50489	13014164	3596918	57.30	16.94
江西省	45188635	621160	27310611	7674182	60.44	16.38
闽西中央苏区	14772080	332627	8907769	2052439	60.30	12.83
福建省	41540086	4645870	28557247	7492818	68.75	11.65
粤北中央苏区	6279195	-566374	2982567	213541	47.50	7.05
广东省	126012510	21709378	93436072	24408259	74.15	7.97

资料来源:《第七次全国人口普查公报(第七号)》。

3.4.3 城镇化与工业化协同程度不高

在分析城镇化过程中还需要重点关注一个问题就是城镇化和工业化的协同程度。新型城镇化和新型工业化的发展有着密不可分的关系,赖永剑等(2022)指出新型城镇化会产生集聚效应,城镇化过程中会集聚人、财、物和信息等要素,这些要素都是新型工业化发展的重要载体,此外,新型城镇化也能形成一个潜力巨大的消费市场,对工业产品的需求具有拉动作用。所以,城镇化和工业化发展的协同程度也关系到城镇化推进的深度和广度。

学术界对于城镇化和工业化的协同程度通常采用IU、NU的国际标准值法。I代表第二产业就业人员占比,N代表第二产业、第三产业就业人员之和占比,U为城镇人口占总人口的比重,即城镇化率,IU是指劳动力工业化率(即工业劳动力占总劳动力的比重)与城镇化率(即城镇人口占常住人口的比重)的比值,NU是指劳动力非农化率(即非农产业劳动力占总劳动力的比重）与城镇化率的比值，其衡量工业化与城镇化之间的关系如表3-8所示。考虑到数据的可获得性，本书利用省级数据做一个近似比较。

表3-8 工业化与城镇化的协调关系

IU指标	NU指标	工业化与城镇化协调程度
大于0.5	大于1.2	城镇化发展滞后
趋于0.5	趋于1.2	基本协调
小于0.5	小于1.2	城镇化超前

资料来源：笔者根据李志鹏（2014）汇总而得。

由表3-9可知，2020年，江西省的IU值为0.5605，大于0.5；NU值为1.3220，大于1.2，说明江西省大量从事工业和其他非农业生产经营的劳动人口滞留于农村地区，未能向城镇地区聚集，这种情形表明相对于工业化和非农化的发展程度而言，城镇化的发展是滞后了，城镇化发展不足。需要说明的是，利用省级数据来替代原中央苏区存在一定偏误，但江西省具有一定代表性，江西绝大部分设区市属于原中央苏区，其中赣州市、吉安市、新余市全境属于原中央苏区，萍乡市、抚州市和上饶市大部分区域属于原中央苏区，所以江西省的IU和NU值能够在较大程度上反映出赣南苏区的城镇化和工业化协同程度。而福建省和广东省的IU接近0.5，NU接近1.2，根据IU、NU的国际标准值，工业化与城镇化发展程度较为协调，但考虑到闽西苏区和粤北苏区的发展程度不及福建省和广东省的平均水平，所以针对闽西苏区和粤北苏区而言，其城镇化和工业化协同程度会更加趋于江西省或赣南苏区。

表3-9 2005~2020年原中央苏区各省城镇化与工业化协调情况

年份	IU指标				NU指标			
	全国	福建省	江西省	广东省	全国	福建省	江西省	广东省
2005	0.5536	0.6309	0.7354	0.6287	1.2840	1.2632	1.6253	1.1198
2006	0.5683	0.6583	0.7123	0.6181	1.2945	1.2857	1.5746	1.1083
2007	0.5840	0.6830	0.7033	0.6233	1.2900	1.3102	1.5574	1.1206
2008	0.5788	0.6711	0.6787	0.6267	1.2854	1.2991	1.5127	1.1377
2009	0.5751	0.6491	0.6725	0.6355	1.2805	1.2805	1.4705	1.1575
2010	0.5746	0.6413	0.6731	0.6402	1.2673	1.2540	1.4625	1.1416

续表

年份	IU 指标				NU 指标			
	全国	福建省	江西省	广东省	全国	福建省	江西省	广东省
2011	0.5692	0.6497	0.6588	0.6408	1.2580	1.2679	1.4345	1.1547
2012	0.5706	0.6541	0.6541	0.6291	1.2505	1.2643	1.4159	1.1582
2013	0.5524	0.6431	0.6491	0.6055	1.2589	1.2484	1.3925	1.1520
2014	0.5363	0.6162	0.6365	0.5807	1.2646	1.2381	1.3693	1.1519
2015	0.5111	0.5861	0.6208	0.5628	1.2506	1.2287	1.3375	1.1462
2016	0.4895	0.5586	0.5995	0.5397	1.2288	1.2113	1.3091	1.1447
2017	0.4666	0.5402	0.5865	0.5176	1.2122	1.1901	1.2843	1.1429
2018	0.4483	0.5254	0.5736	0.4831	1.2015	1.1801	1.2642	1.1372
2019	0.4385	0.4819	0.5578	0.4758	1.1944	1.1826	1.2421	1.1261
2020	0.4492	0.4741	0.5605	0.4840	1.1958	1.2416	1.3220	1.2017

资料来源：笔者计算而得。

3.4.4 城乡发展区域不均衡现象显著

随着国家推进区域协调发展战略以来，各地区城市发展差距有所下降，但是城乡发展区域不均衡现象仍然显著。城乡居民可支配收入具有较大的差距。随着经济的发展、社会的进步，赣闽粤原中央苏区的居民可支配收入在不断提升，城乡收入之间的差距也在不断缩小，但由于我国固有的城乡二元经济体制，以及城乡之间的产业基础不同，农村以农业生产为主，城镇以非农业为主，城镇居民人均可支配收入远高于农村居民可支配收入。

由表3-10可知，2013~2021年，首先，福建、江西、广东各省份的城乡居民可支配收入一直处于上升的态势，上升幅度高达2倍左右，但是城镇居民人均可支配收入却是农村居民可支配收入的2倍多。其次，城乡水、电、路、通信等基础设施建设与教育、医疗、社会保障等公共服务供给具有较大的差距，乡村的辍学率、九年义务教育完成率远高于城市，而乡村的教师水平、医师水平远低于城市，图书馆、影剧院、体育馆等设施一般都是建在市区。最后，赣闽粤原中央苏区各地区的城乡发展之间具有较大的差距。对于赣闽粤原中央苏区区域内经济发展水平相对比较高的地区，农村地区开始建设现代农村新风貌。

表 3-10　2013~2021 年原中央苏区各省城乡居民可支配收入情况

年份	全体居民人均可支配收入			城镇居民人均可支配收入			农村居民人均可支配收入		
	福建省	江西省	广东省	福建省	江西省	广东省	福建省	江西省	广东省
2021	40659	30610	44993	51141	41684	54854	23229	18684	22306
2020	37202	28017	41029	47160	38556	50257	20880	16981	20143
2019	35616	26262	39014	45620	36546	48118	19568	15796	18818
2018	32644	24080	35810	42121	33819	44341	17821	14460	17168
2017	30048	22031	33003	39001	31198	40975	16335	13242	15780
2016	27608	20110	30296	36014	28673	37684	14999	12138	14512
2015	25404	18437	27859	33275	26500	34757	13793	11139	13360
2014	23331	16734	25685	30722	24309	32148	12650	10117	12246
2013	21218	15100	23421	28174	22120	29537	11405	9089	11068

资料来源：历年《福建统计年鉴》《江西统计年鉴》《广东统计年鉴》。

3.4.5　城镇的综合承载能力有待加强

城镇综合承载力不仅包括资源禀赋、生态环境等决定城市建设的地理基础承载力，也包括基础设施与公共服务对人口集聚、产业集聚等经济社会活动的承载力。首先，由于赣闽粤原中央苏区地处内陆山区，生态资源丰富的同时，地形起伏度较大，部分地区生态较为脆弱，生态环境承载力不足，城市向外建设的发展计划受到限制，不合理的开发易造成生态环境的破坏。其次，赣闽粤原中央苏区红色资源丰富、传统文化厚重，但开发利用率不高，未能充分挖掘红色资源与历史文化的价值，红色产业产值不高、配套要素不全、全国市场占比份额较低、综合发展力较弱等问题突出。再次，赣闽粤原中央苏区农业资源丰富，但是现代化农业发展水平不高，农产品产业链有待延长，农产品附加值亟须提高。同时，工业化发展仍集中在产业链的前端，高精尖产业有待进一步布局。最后，赣闽粤原中央苏区主要是分布在江西、福建、广东三省欠发达地区，公共服务、交通、环境设施建设与地区居民的实际需求之间存在差距，存在医疗教育资源配套不足、基础设施落后、政务管理效率不高的问题，区域居民生活品质不如发达地区，基础设施与公共服务对人口集聚、产业集聚等经济社会活动的承载力有待进一步加强。

3.5 本章小结

本章通过对赣闽粤原中央苏区的发展历程、取得成就和存在问题进行梳理和分析，发现赣闽粤原中央苏区既具有全国城镇化的一般性特征，也具有苏区独有的红色特色，城镇化道路表现出一定独特性；在城镇化建设方面，政策力度、基础设施、民生福祉、特色产业和生态建设方面均取得一定成就；但在整体城镇化水平、区域内各地城镇化水平、城镇化和工业化协同发展程度、城乡发展状况以及城镇综合承载力等方面还存在一定短板。通过上述分析，对赣闽粤原中央苏区的发展脉络和现实情况认识更为透彻。此外，将赣闽粤原中央苏区的城镇化历程与全国城镇化历程进行横向对比，也对后续指标体系构建和驱动效应分析具有一定的启发意义。

第4章 赣闽粤原中央苏区城镇化发展质量评价指标体系构建与测度

第3章针对赣闽粤原中央苏区这一特定区域的城镇化建设历程和现状进行分析，厘清了赣闽粤原中央苏区的城镇化进程与全国的城镇化进程的异同，在全局视角上对赣闽粤原中央苏区的发展情况有一个较为清晰的认识。为了更好地分析赣闽粤原中央苏区城镇化发展的质量状况，本章基于城镇化高质量发展的丰富内涵，以及赣闽粤原中央苏区的特色，遵循客观性和科学性原则、层次性和可操作性原则、动态性和可比性原则、综合性和系统性原则、"以人为本"原则、可持续发展原则、城乡融合发展原则、时代性原则，参考既有评价体系，创新性地从人口、经济、社会、生态、城乡五个维度选取14个指标构建赣闽粤原中央苏区城镇化发展质量的评价指标体系。考虑到数据可得性，选取2000~2020年赣闽粤原中央苏区96个县（市、区）基于熵权法确定权重并进行综合评价，对测度结果利用核密度和马尔科夫链模型、协调耦合模型进行时空差异、动态演变、协调性分析。

4.1 评价指标体系的构建

4.1.1 指标体系构建原则

4.1.1.1 指标体系构建的一般性原则

科学合理地选取评价指标是构建赣闽粤原中央苏区城镇化发展质量的评

价指标体系的重要环节。为确保赣闽粤原中央苏区城镇化发展质量评价指标体系的科学合理性，首先要明确指标的选取原则，其次根据指标选取原则明确赣闽粤原中央苏区城镇化发展质量评价指标体系的设计框架，最后确定计算公式及数据获取方式。本章选取评价指标的一般原则有：

第一，客观性和科学性原则。赣闽粤原中央苏区城镇化发展质量评价指标体系的构建必须落实客观性和科学性原则，基于赣闽粤原中央苏区当地经济社会的客观现实情况选取代表性指标，并通过科学的计算方法得出真实、准确的分值，为后续城镇化时空分析、协调性分析以及驱动因素识别等提供可靠的数据基础。

第二，层次性和可操作性原则。赣闽粤原中央苏区城镇化是一个多因素、多层次的有机整体，评价指标体系的构建要从不同方面、不同层次出发，比如说人口维度，不仅要考虑城镇人口占比，也要考虑人口密度以及人口就业状况，充分落实分层次评价的原则，有利于赣闽粤原中央苏区城镇化发展质量评价指标体系构建的全面性。同时筛选指标时要考虑可操作性，由于研究的是赣闽粤原中央苏区县域城镇化发展质量状况问题，选取指标要考虑到数据的可获得性。

第三，动态性和可比性原则。推进赣闽粤原中央苏区城镇化高质量发展是一个动态发展的过程，经济社会、居民生活、生态环境会随着时间和空间发展变化，赣闽粤原中央苏区城镇化发展质量评价指标体系的构建必须落实动态性原则。同时要考虑可比性原则，选取的各个指标既在各个时间段的内涵保持不变，又能够在赣闽粤原中央苏区的不同地域空间进行比较分析。

第四，综合性和系统性原则。赣闽粤原中央苏区城镇化高质量发展是一个系统性、综合性的发展过程，包括人口、经济、社会、生态、城乡各个方面，不能忽略或偏向某一个方面。指标选取在保证赣闽粤原中央苏区城镇化发展质量评价指标体系完整性的同时，并不是越多越好，只有选定的指标具备典型性，能最大限度地揭示样本间差异、反映客观状况，得出的结论才具有指导意义。

4.1.1.2 指标体系构建的特殊原则

赣闽粤原中央苏区城镇化发展质量评价作为特定的政策性领域研究，其专业性和特殊性使评价体系的构建要有别于其他的评价体系。赣闽粤原中央苏区城镇化发展质量评价指标的选取除了要遵循客观性和科学性原则、层次

性和可操作性原则、动态性和可比性原则、综合性和系统性原则外,还应遵循以下原则:

第一,体现"以人为本"。传统城镇化发展强调的是人口规模扩大、经济增长,忽视了人的全面发展,重视"财富蛋糕"的做大,忽略了资源财富的公平分配。而城镇化高质量发展强调人本思想,发展为了人民,发展依靠人民,发展成果由人民共享,赣闽粤原中央苏区城镇化发展质量评价指标的选取应紧密围绕"以人为核心"的思想,全面反映"人"的主体地位和根本利益。

第二,可持续发展原则。城镇化高质量发展是可持续的发展过程,是经济、社会、生态可持续发展的系统性工程。随着经济的快速发展、现代化水平的提高,城镇人口不断增加、城镇空间日趋外扩,资源的无序利用给生态环境带来了严重影响,城镇化中后期产生的"内卷效应"不断增强,人与自然和谐相处成为发展的核心。赣闽粤原中央苏区城镇化高质量发展的最终目标是实现人口、经济、社会、城乡、生态全方位多领域健康、协调、可持续发展:一是强调物理空间的可持续性,解决生态环境问题;二是强调经济社会的可持续性,同时满足人的物质与精神需求。因此,赣闽粤原中央苏区城镇化质量评价指标的选取要强调可持续发展原则,突出对生态环境的保护与经济社会的可持续性。

第三,城乡融合发展原则。我国早期实施重工业优先发展战略、城乡分割的户籍制度,形成了城乡分割的二元结构及重城轻乡的城乡关系。长期重城轻乡的历史发展路径造成城市发达而乡村落后、工业发达而农业落后、城市居民生活水平高而农村居民生活水平低,城乡发展差距较大。城镇化高质量发展立足于缩小城乡发展之间的差距,促进城乡融合发展,涉及城乡产业、要素、收入、公共服务等方面。因此,赣闽粤原中央苏区城镇化发展质量评价指标的选取要从城乡融合发展视角出发,反映城乡发展之间的差距。

第四,时代性原则。赣闽粤原中央苏区城镇化发展质量的评价指标不应是一成不变的,而应随着社会经济发展不断更新和完善。因为赣闽粤原中央苏区城镇化在不同发展阶段的特征和面对的问题不同,所以选取的指标也应不同。如当前我国城镇化建设过程当中更加注重绿色发展、低碳建设,因此,在考虑生态城镇化维度时,也要考虑碳排放这一指标。

4.1.2 指标体系构建依据

通过前文的研究可以发现，学者对城镇化发展质量评价指标体系构建做出了大量的探究并尚未产生统一意见。不少学者仍以单一指标来衡量城镇化水平，如高金龙等（2018）用城镇工矿用地与交通用地之和与城乡建设用地总规模的比值作为衡量县域土地城镇化率的指标。赵德昭和许家伟（2021）在现有城镇人口的基础上加上准城镇人口，得出修正后的城镇人口，用来衡量各县市的就地城镇化水平。贺文慧和吴飞（2021）用城镇户籍人口占城镇总人口的比例表示新型城镇化水平，这也体现了新型城镇化"以人为本"的内涵。胡丽娜等（2022）以城镇常住人口占总人口比值衡量新型城镇化水平。更多的学者则是通过构建城镇化发展质量综合评价体系即选取多个指标采用计量统计的方法计算一个综合指数来衡量城镇化发展水平。本书考虑到赣闽粤原中央苏区城镇化是一个多维度的综合系统性工程，包括人口、经济、社会、生态、城乡多方面问题，选取单一指标难以进行较为全面的衡量。因此，本章计划选取多个指标采用计量统计方法计算一个综合指数来衡量赣闽粤原中央苏区城镇化发展质量。

城镇化评价体系构建有三种思路：一是评价城镇化效率；二是评价城镇化质量；三是评价城镇化耦合协调发展水平。本章考虑到单独通过 DEA 系列模型评价城镇化效率更多地反映了城镇化建设过程中投入产出的效率问题，没有考虑社会公平公正问题，不足以全面反映赣闽粤原中央苏区城镇化质量提升的过程，所以本章未采用构建投入产出指标体系基于 DEA 系列模型评价城镇化效率来衡量赣闽粤原中央苏区城镇化的这一思路。城镇化发展质量是一个系统工程，包括人口、经济、社会、生态、城乡多方面问题，单独分析赣闽粤原中央苏区人口城镇化率或土地城镇化率与经济发展、产业结构、农业农村等因素协调发展，或分析城镇化内部各要素的协调发展，更多关注协调发展的情况，这是由于赣闽粤原中央苏区城镇化高质量发展是协调发展的城镇化，但仅分析协调发展不全面。因此，本章通过构建城镇化发展质量综合评价指标体系测度赣闽粤原中央苏区城镇化发展质量的高低，随后再分析城镇化的协调发展水平，进而可以全面分析赣闽粤原中央苏区城镇化发展质量状况。

而城镇化质量评价指标体系构建有三种思路：第一种思路，强调城镇化发展的构成要素，即注重从人口、经济、产业、社会、空间和生态等城镇化发展构成要素层面评价；第二种思路，强调城镇化发展的理念，即注重从创新、绿色、协调、开放和共享等新理念角度来评价；第三种思路，强调城镇化的过程与结果，即从质量、效率和协调程度三个维度构建综合评价体系。本章认为第三种构建思路能够充分考虑赣闽粤原中央苏区城镇化建设的过程及建设的结果，能够建立更为全面、科学、系统、综合的评价体系，但考虑县域数据的可得性，遵循客观性和科学性原则、层次性和可操作性原则、动态性和可比性原则、综合性和系统性原则、"以人为本"原则、可持续发展原则、城乡融合发展原则、时代性原则，参考借鉴《国家新型城镇化规划（2014—2020年）》《中国人居环境奖评价指标体系》等文件以及国内外学者的相关研究成果的最新进展，最终从人口、经济、社会、生态城镇化四个发展构成要素的基础上出发，加上城乡发展这一维度，从人口、经济、社会、生态、城乡五个维度选取表明赣闽粤原中央苏区城镇化发展质量的指标，而后通过协调性模型分析赣闽粤原中央苏区城镇化的协调发展水平，达到能够综合评价赣闽粤原中央苏区城镇化发展质量的目标。表4-1展示了从人口、经济、社会、生态、城乡等维度构建城镇化发展质量评价指标体系的最新研究进展。

表 4-1　相关指标体系构建最新进展

作者	研究对象	一级指标	二级指标
刘海龙等（2023）	省际边界区县域城镇化	人口、经济、空间、社会、绿色五个方面	城镇人口比重、人口密度、人均GDP、人均规模以上工业总产值、人均第三产业增加值、建设用地占总用地面积的比例、人均城乡居民储蓄余额、每万人医疗床位数、在校中小学生人数、CO_2排放量、PM2.5浓度
李硕硕等（2022）	环鄱阳湖县域新型城镇化	经济、人口、空间和社会四个方面	人均GDP、人均工业总产值、非农产值比重、城镇人口占比、城镇人口密度、非农就业人员占比、医疗卫生服务、人均教育经费、互联网普及率、城镇建成区面积、土地城镇化率、城市路网密度
常吉然（2022）	2012~2019年120个县域新型城镇化发展示范县	人口发展、经济发展、公共建设、城乡一体化、生态环境五个方面	人口城镇化率、城镇人口密度、城镇人口失业率、非农产业就业人口比重、人均GDP、地区GDP增长速度、非农产业产值比重、城镇居民人均消费支出、万人医院床位数、义务教育在校师生比、人均市政道路面积、城镇—农村居民人均可支配收入比、城镇—农村居民人均消费水平比、建成区绿化覆盖率、人均公共绿地面积

续表

作者	研究对象	一级指标	二级指标
邵佳和冷婧（2022）	湖南武陵山片区新型城镇化	人口、经济、土地、社会四个方面	城镇化率、二三产业就业人口比重、城镇人口密度、人均GDP、二三产业产值占GDP比重、城镇居民恩格尔系数、高新技术产业增加值占GDP比重、人均建成区面积、人均拥有道路面积、城镇人均住房面积、每万人拥有医院床位数、燃气普及率、城镇医疗保险覆盖率、互联网覆盖率
熊兴等（2022）	四川15个市和重庆的29个区县	人口、经济、社会和城乡统筹四个方面	城镇人口比重、常住人口与土地面积的比值、人均GDP、财政收入与财政支出的比值、人均社会零售总额、普通中学生师比、普通小学生师比、每万人卫生机构床位数、每万人卫生机构人员数、广播人口综合覆盖率、电视人口综合覆盖率、等级公路占比、城镇登记失业率、城乡居民收入比、城乡居民人均消费比
谭鑫（2022）	2005~2018年15个中西部省级行政区划（区、市）	人口、经济、社会、空间、生态五个方面	城镇人口比重、非农产业从业人员占总就业比重、城镇登记失业率、人均GDP、二三产业增加值占GDP比重、城镇居民人均可支配收入、城镇固定资产投资、城镇居民人均消费性支出、千人医疗卫生机构床位数、城镇养老保险参保人占总人口比重、万人在校大学生数、万人拥有公交车辆、人均拥有图书馆藏量、建成区面积占比、人均拥有建成区面积、人均城市道路面积、建成区绿化覆盖率、城市人均公园绿地面积、生活垃圾无害化处理率、城市（生活）污水处理率
杨瑞等（2022）	2011~2018年284个城市	人口、经济、空间、社会、生态五个维度	城镇人口占比、城镇人口密度、非农产业从业人员占比、人均GDP、非农产业增加值占比、地区GDP增速、建成区面积、人均道路面积、地均固定资产投资额、人均教育经费、每万人拥有公交车数、每千人拥有卫生技术人员数、建成区绿化覆盖率、人均公园绿地面积、生活垃圾无害化处理率
宁启蒙等（2022）	2000~2020年期间长株潭城市群	人口、经济、社会三个方面	城镇人口所占比重、城镇就业占总就业的比例、第三产业就业比例、城乡居民人均收入比例、第三产业产值占GDP的比例、固定资产投资、人均GDP、社会消费品零售总额、恩格尔系数、每万人公共交通数量、每千人的医生数量
朱媛媛等（2021）	2006~2018年河南省17个地级市	人口、经济、土地、社会四个方面	城镇人口占比、二三产业就业人口占比、人均GDP、二三产业产值占比、人均工业增加值、城市建成区面积、人均城市道路面积、人均公园绿地面积、社会保障占财政支出占比、万人拥有医生数、城乡收入差距指数

续表

作者	研究对象	一级指标	二级指标
曹守慧等（2021）	2006~2018年24个大中城市	从经济、社会、环境与城乡协调发展四个维度	GDP增长率、人均GDP和二三产业占比、人口密度、恩格尔系数、医疗机构床位数以及互联网用户数、人均公园绿地面积、建成区绿化覆盖率、生活垃圾无害处理率和城镇污水处理率、城镇化率、城乡居民收入及其比值

资料来源：笔者自行整理。

4.1.3 指标体系构建

赣闽粤原中央苏区城镇化的建设与其他地区相比，有共同之处。但由于赣闽粤原中央苏区地处三省交界处，属于内陆山区，具有独特的地理区位优势，全域具有丰富的红色教育资源、传统文化资源以及绿色生态资源，致使赣闽粤原中央苏区城镇化发展质量评价指标体系的构建具有特殊性。本章综合收集已有的城镇化评价指标体系，基于赣闽粤原中央苏区自身特色，分别从人口、经济、社会、生态、城乡融合五个维度构建赣闽粤原中央苏区城镇化发展质量的综合评价体系，具体指标体系如表4-2所示。

表4-2 赣闽粤原中央苏区城镇化发展质量评价指标体系

维度	指标		单位	数据来源	正负
人口城镇化	人口结构	城镇人口占比	%	非农业人口/年末总人口	正
	人口集聚	人口密度	人/平方公里	年末总人口/行政区域土地面积	正
	人口就业	二三产业从业人员占总就业比重	%	二三产业从业人员/年末总从业人员	正
经济城镇化	经济水平	人均GDP	元/人	中国县域统计年鉴	正
	工业化水平	人均工业总产值	元/人	规模以上工业总产值/年末总人口	正
	服务业水平	人均第三产业产值	元/人	第三产业产值/年末总人口	正
	生活水平	城乡居民储蓄存款余额	万元	中国县域统计年鉴	正

第4章 赣闽粤原中央苏区城镇化发展质量评价指标体系构建与测度

续表

维度	指标		单位	数据来源	正负
社会城镇化	医疗保障	卫生机构床位数	床	中国县域统计年鉴	正
	教育状况	普通中小学在校生数	人	中国县域统计年鉴	正
	社会福利	各种社会福利收养性单位床位数	床	中国县域统计年鉴	正
	通信设施	固定电话用户数	户	中国县域统计年鉴	正
生态城镇化	环境	CO_2排放量	万吨	Chen等（2020）	负
	空气质量	PM2.5年平均浓度	微克/立方米	据美国哥伦比亚大学社会经济数据与应用中心提供的全球PM2.5的年均浓度数据整理计算而得	负
城乡融合	城乡发展差距	城乡居民人均可支配比	%	城镇居民人均可支配收入/农民居民人均可支配收入	负

资料来源：笔者自行整理。

4.1.4 指标体系说明

4.1.4.1 人口城镇化

城镇化过程是人口城镇化的过程，是非农人口在城镇的空间集聚。人口城镇化高质量发展是实现赣闽粤原中央苏区城镇化高质量发展的重要基础。在沃斯看来，定义城镇化离不开人口规模，人口密度等指标。此外，高质量的城镇化强调以人为本，就业是民生之本，人们只有在城镇找到了一份高收入的工作，并获得更好的生活才愿意留在城镇。因此，在考虑传统的城镇化衡量指标外，还应将人口就业考虑在内。本章用城镇人口占总人数的占比衡量人口规模数量，人口密度衡量人口集聚，第二产业、第三产业从业人员占总就业比重衡量人口就业。一般来说，城镇人口占总人数的占比越高，人口城镇化的水平越高，进而推进赣闽粤原中央苏区城镇化发展质量提升；人口密度越大，人口就越集聚，空间利用率就越高，越有助于促进赣闽粤原中央苏区城镇化高质量发展；第二产业、第三产业从业人员占总就业比重越高，非农就业人数就越多，农村向城镇的转移人口越多，赣闽粤原中央苏区城镇化质量越高。

4.1.4.2 经济城镇化

城镇化过程是经济城镇化的过程，是非农经济活动在城镇的空间集聚。经济城镇化高质量发展是实现赣闽粤原中央苏区城镇高质量发展的核心关键。经济城镇化高质量发展离不开经济增长、产业结构升级及人们的生活质量提高。首先，高质量发展的城镇化不再是过去只重视经济增长总量的城镇化，而是注重社会公平正义的城镇化，因此采用人均 GDP 反映一个地区经济发展水平，衡量经济增长的质量。一般而言，人均 GDP 越高，当地的经济发展水平越高，产业集聚水平越高、就业机会越多，越能吸引更多的农村人口向当地转移，进而刺激当地的消费，拉动内需促进经济高质量发展，进一步促进赣闽粤原中央苏区城镇化高质量发展。其次，经济城镇化是经济结构的非农化转变的过程，经济城镇化高质量发展是产业结构合理化、产业结构高级化的过程。初期城镇化的动力是工业化，随着城镇化进程的推进，服务业替代工业成为城镇化的新动力。采用人均工业总产值反映一个地区工业化水平，采用人均第三产业产值反映一个地区服务业水平，工业化水平与服务业水平越高，非农产业就业比重越高，非农产业就业人口向城市迁移并引起了城市人口比重越高，同时也说明了赣闽粤原中央苏区产业结构调整逐步优化，经济持续稳定增长。最后，评价经济城镇化高质量发展要考虑居民的生活水平，而城乡居民储蓄存款余额是反映城乡居民经济情况和消费水平的重要指标。城乡居民储蓄存款余额越大，城乡居民经济情况越好、生活水平越高，越说明经济城镇化处于高质量发展的状态。

4.1.4.3 社会城镇化

城镇化过程是社会城镇化的过程，是城镇化的社会保障和生活方式的转变过程。社会城镇化高质量发展是实现赣闽粤原中央苏区城镇高质量发展的重要支撑。社会城镇化离不开医疗、教育、养老等公共服务的提供与交通、水电等基础设施的建设。推动社会城镇化高质量发展，一方面要确保包括老少边穷地区、农民群体在内的全体居民能够均等化地享受教育、医疗、社会保障等民生福祉；另一方面要使全社会水电路网等基础设施水平得到全面提升。考虑县级数据的可得性，本章选用卫生机构床位数、普通中小学在校生数、各种社会福利收养性单位床位数衡量医疗水平、教育状况、社会保障水平、用固定电话用户数作为评价指标，该类指标越大，说明赣闽粤原中央苏区城镇提供的医疗、教育、社会保障等公共服务供给及基础设施建设越充分，越能满足农村向城镇转移人口日益增长的对公平、正义等的需求，进而提高赣闽粤原中央苏区城镇的承载能力，吸引更多的人口、产业往城镇集聚，进一步推进赣闽粤原中央苏区城镇化高质量发展。

4.1.4.4 生态城镇化

城镇化过程是生态城镇化的过程，是城镇化的建设理念向绿色生态的转变过程。生态城镇化高质量发展是实现赣闽粤原中央苏区城镇高质量发展的必然途径。生态城镇化高质量发展，要转变建设理念，充分践行生态文明理念，在城镇生态环境、城镇产业、城镇建设、城镇居民消费等多方面实现绿色低碳转型，促进赣闽粤原中央苏区城镇成为一个人与自然和谐共处、经济社会与环境和谐共生、宜居宜业的场所。考虑数据的可得性，本章用CO_2排放量与PM2.5年平均浓度衡量生态环境质量，CO_2排放量的增多会给人们带来严重的自然灾害，CO_2排放量越多，表明生态环境越恶劣。PM2.5年平均浓度是雾霾的主要原因，PM2.5平均浓度越高，空气质量越差。CO_2排放量与PM2.5年平均浓度与人类的经济活动密不可分，人们的生产、生活方式越绿色低碳、集约高效，CO_2排放量与PM2.5年平均浓度越低，越能促进赣闽粤原中央苏区生态城镇化高质量发展。

4.1.4.5 城乡融合

城镇化过程是城乡融合的过程，是城乡协调发展的过程。城乡融合高质量发展是实现赣闽粤原中央苏区城镇高质量发展的现实需求。高质量的城镇化是人人共享发展成果的城镇化，无论是城镇人口，还是农村人口，人人都有享受发展成果的权利。城乡区域发展不平衡是高质量发展的最大短板，促进赣闽粤原中央苏区城镇化高质量发展有必要推动城乡要素的自由流动，缩小城乡发展差距，实现城乡融合发展。一方面推动资本下乡、科技下乡，以城带乡，推进新型工农关系的建立，促进乡村振兴；另一方面实现劳动力的自由流动，既包括农村向城镇的自由转移，也包括城镇到农村的自由流动。考虑数据可得性，本章用城乡居民人均可支配比衡量城乡发展之间的差距，该指标越大，说明城乡收入差距越大，进而表明城乡发展水平不协调；指标越小，城乡收入差距在不断缩小，城乡发展在不断融合。

4.2 赣闽粤原中央苏区城镇化发展质量的测度分析

4.2.1 研究方法与数据来源

4.2.1.1 研究方法
（1）熵权法。

本章首先采用熵权法确定权重。由于指标体系当中各个指标的内涵与量纲不同，且有正负两种方向的指标，为使指标数据具有可比性，对指标数据通过极差标准化（为了避免出现0值，将计算后的值都加上0.0001），再通过熵权法计算权重。熵权法是一种客观的定权方法，能够立足数据本身所反映的信息，在消除人为因素的基础上计算出各个指标的权重大小。熵值法的原理是权重随指标的变化而变化，变化程度越大信息效用值越大，权重值越大；反之，权重值越小。熵权法计算过程如下：

设有 m 个样本，n 个评价指标，X_{ij} 表示第 i 个县（市）第 j 项指标（i=1, 2, 3, …, m; j=1, 2, 3, …, n）。首先构建待评估矩阵 R_X。

$$R_X = \begin{bmatrix} X_{11} & \cdots & X_{1n} \\ \vdots & \ddots & \vdots \\ X_{m1} & \cdots & X_{mn} \end{bmatrix}$$

其次将指标进行无量纲化处理：因为在拟评估指标中，有的是数值越大越好的正指标，有的是数值越小越好的负指标。这两类指标具有不同的量纲和计量属性，不能够直接进行比较，为解决由于量纲和计量单位导致的不可比问题，在计算指标熵权前应该先对评价指标进行无量纲化处理。对正指标和负指标无量纲化处理如式（4-1）和式（4-2）所示。

$$y_{ij} = \frac{X_{ij} - \min(X_{1j}, \cdots, X_{mj})}{\max(X_{1j}, \cdots, X_{mj}) - \min(X_{1j}, \cdots, X_{mj})} \tag{4-1}$$

$$y_{ij} = \frac{\max(X_{1j}, \cdots, X_{mj}) - X_{ij}}{\max(X_{1j}, \cdots, X_{mj}) - \min(X_{1j}, \cdots, X_{mj})} \tag{4-2}$$

经过以上无量纲化处理后，数据 y_{ij} 取值范围为 [0, 1]，y_{ij} 的数值越大说明该样本指标与其他样本差异性越大，越能反映数据的特性。

再次计算第 i 个样本第 j 项指标所占的比重，如式（4-3）所示。

$$P_{ij} = y_{ij} / \sum_{i=1}^{m} y_{ij} \tag{4-3}$$

最后计算第 j 项指标的熵值，如式（4-4）所示。

$$e_j = -\frac{1}{\ln(m)} \sum_{i=1}^{m} P_{ij} \ln(P_{ij}) \tag{4-4}$$

熵值是对信息量的测度，熵值越大说明不良信息越多，则系统稳定性越差。在此基础上定义差异性系数如式（4-5）所示，可见 g_j 越大不同指标间差异性越大，该指标在实证研究中对模型拟合结果的解释力度越大。在差异性系数基础上定义熵权，如式（4-6）所示，熵权的大小可以代表某个指标在评价时所起的作用。

$$g_j = 1 - e_j \tag{4-5}$$

$$w_j = g_j / \sum_{j=1}^{n} g_j \tag{4-6}$$

计算出各个指标的熵权，然后与各个样本无量纲化处理后的数据相乘即可得出各个样本的赣闽粤原中央苏区城镇化发展质量的综合评价得分，其计算公式为式（4-7），同时也可计算出"人口、经济、社会、生态、城乡"5个维度的得分，其计算公式如下所示：

$$U_i = \sum_{j=1}^{n} w_j \times y_{ij} \tag{4-7}$$

$$U1_i = \sum_{j=1}^{3} w_j \times y_{ij} \tag{4-8}$$

$$U2_i = \sum_{j=4}^{7} w_j \times y_{ij} \tag{4-9}$$

$$U3_i = \sum_{j=8}^{11} w_j \times y_{ij} \tag{4-10}$$

$$U4_i = \sum_{j=12}^{13} w_j \times y_{ij} \tag{4-11}$$

$$U5_i = w_{14} \times y_{i14} \tag{4-12}$$

其中，y_{ij} 表示各个指标标准化后的值，w_{ij} 表示熵权法确定的指标权重，i 表示样本个数，j 表示各项指标。

(2) 时空分析法。

本章主要通过 Kernel 密度估计探究地区差异和传统 Markov 链分析方法对赣闽粤原中央苏区县域城镇化发展质量进行空间分布及动态演进分析，进而可以更好地了解过去 20 年间赣闽粤原中央苏区县域城镇化发展质量的时空差异与动态演变特征。

Kernel 密度估计。核密度估计（Kernel Density Estimation）是由罗森布拉特和伊曼纽尔·帕尔逊提出的一种用来研究随机变量数据分布运动特征的重要非参数估计方法，现已成为刻画经济变量非均衡分布的常规方法。该方法利用连续的密度曲线勾画出随机变量的分布状态，并且能够较好地捕捉随机变量的分布特征。本章选择高斯核函数估计赣闽粤原中央苏区县域城镇化发展质量的空间分布及动态演进，Kernel 密度估计本质上反映的是城镇化发展质量的地区绝对差异变化。Kernel 曲线向右移动表明赣闽粤原中央苏区县域城镇化发展质量不断提高，"峰"越高表示此处数据越"密集"，右尾拉长表示赣闽粤原中央苏区县域城镇化发展质量区域差异逐步加大，双峰向单峰过渡，说明赣闽粤原中央苏区县域城镇化发展质量两极分化现象在减弱。

Markov 链方法。Markov 链是一种时间和状态都是离散的马尔科夫过程，通过构建马尔科夫转移概率矩阵刻画经济变量的内部动态特征。Markov 链是由俄国著名学者安德烈·马尔科夫提出的，用来指具备马尔科夫性质且离散时间随机过程的变量组合，具体的相关数学定义如下。设 $\{X_t\}$ 为一组随机变量序列，$\{i, j\}$ 表示状态空间类型，则其计算公式为式（4-13）。

$$P\{X_{(t+1)} = j \mid X_{(t)} = i, X_{(t-1)} = i_{(t-1)}, X_{(t-2)} = i_{(t-2)}, \cdots, X_{(0)} = i_{(0)}\}$$
$$= P\{X_{(t+1)} = j \mid X_{(t)} = i\} \quad (4-13)$$

其中，$\{X_t\}$ 序列称为马尔科夫链，并假设马尔科夫链 $\{X_t\}$ 具有"无记忆"性质，过去（当期之前）的历史状态对未来（当期之后）的将来状态是没有关联性的。即随机变量 X_t 在 t+1 时期的 j 状态与其在 t 时期所处的 i 状态密切相关，而与 t 时期之前所经历的任何状态均无关。据此，可将 t 时期处于状态 i 一步转移到达 t+1 时期处于状态 j 的转移概率记为 p_{ij}，并可通过式（4-14）计算得出，其中 n_{ij} 为由 t 时期处于状态 i 转移为 t+1 时期处于状态 j 的研究样本总个数，n_i 为 t 时期处于 i 状态的研究样本总个数，计算出所有 p_{ij} 从而组成马尔科夫转移概率矩阵 P，进一步研究分析赣闽粤原中央苏区

第4章 赣闽粤原中央苏区城镇化发展质量评价指标体系构建与测度

县域城镇化发展质量的变化概率与趋势走向。

$$p_{ij} = n_{ij}/n_i \tag{4-14}$$

（3）耦合协调模型。

耦合协调度模型主要涉及2个指标的计算，分别是耦合度C值和耦合协调度D值。一是耦合度C值，即赣闽粤原中央苏区城镇化内部协调度发展指数。新时期实现赣闽粤原中央苏区城镇化高质量发展在关注赣闽粤原中央苏区城镇化发展质量总体评分的同时，需要进一步考察城镇发展的内部结构，即对各子系统的协调性进行测评，为有效衡量赣闽粤原中央苏区城镇化内部系统的协调发展情况，本章在参考以往研究的基础上，引入赣闽粤原中央苏区城镇化内部协调度发展指数，其计算公式为式（4-15）。二是赣闽粤原中央苏区城镇化综合协调度发展指数。在外部整体层面对赣闽粤原中央苏区城镇发展质量水平进行测评分析，城镇化内部协调度发展指数在内部结构层面对子系统发展的均衡协调性进行评价。通过两者的评价结果构建综合协调度发展指数，全面衡量赣闽粤原中央苏区城镇化从内到外、从总量到结构的发展水平，具体公式如式（4-16）所示。

$$C = \left\{ \frac{U_1 \times U_2 \times U_3 \times U_4 \times U_5}{\left(\frac{U_1+U_2+U_3+U_4+U_5}{5}\right)^5} \right\}^{\frac{1}{5}} \tag{4-15}$$

$$D = \sqrt{C \times T} \tag{4-16}$$

在式（4-15）中，C表示赣闽粤原中央苏区城镇化内部各子系统之间的耦合度，U_1到U_5分别表示赣闽粤原中央苏区城镇化内部各子系统的质量水平，C范围为[0,1]，其值越大说明各子系统之间相互作用、相互影响越强烈，内部越协调。

在式（4-16）中，D表示赣闽粤原中央苏区城镇化综合协调度发展指数，U表示赣闽粤原中央苏区城镇化发展质量的得分，T=($U_1+U_2+U_3+U_4+U_5$)/5。D范围为[0,1]，其值越大说明越协调，其值越小越失调。

4.2.1.2 数据来源

本章以2000~2020年赣闽粤原中央苏区96个县（市、区）为研究对象。首先，闽粤原中央苏区是全国面积最大、人口最多的根据地，是革命的"摇篮"，苏区居民在革命中曾做出重大贡献，具有重要的历史作用。研究闽粤原中央苏区城镇化问题有利于推进该地区城镇化高质量发展，带动地区振兴发展，还可以给其他老区提供发展经验。因此，本章以闽粤原中央苏区为研究对象，评价赣闽粤原中央苏区城镇化发展质量的高低。其次，《国家新型城镇化规划（2014—2020年）》虽然在2014年发布，新型城镇化概念正式提出也是在2012年的中央经济工作会议文件中，但是自改革开放以来，城镇化进程进入新的发展阶段，尤其是进入21世纪以来，城镇化进程逐渐走向科学的发展道路。因此，本章以2000~2020年为研究时间段，以历史演进法分析近20年赣闽粤原中央苏区城镇化发展质量的走势。最后，在分析城镇化问题时，不少学者采用省域、市域数据进行分析，采用县域数据进行分析的寥寥无几。而县域作为城镇体系的重要一环、城乡融合发展的关键纽带，对促进城镇化高质量发展具有重要作用，因此选择以县域视角研究分析赣闽粤原中央苏区城镇化问题。本章以2000~2020年为研究时间段，考虑到指标选取的代表性及数据的可获取性，剔除数据缺失样本量，保留赣闽粤原中央苏区96个县（市）为本章的研究对象①。

本章的数据除了CO_2排放量、PM2.5年平均浓度数据，其余数据源于中国县域统计年鉴、各省份统计年鉴，部分缺失数据由笔者根据统计年鉴中的原始数据整理计算获得。其中，2000~2017年CO_2排放量数据源于Chen等（2020），2018~2020年数据是根据已有数据进行推算得出。PM2.5年平均浓度数据是根据美国哥伦比亚大学社会经济数据与应用中心提供的全球PM2.5的年均浓度数据整理计算而得。

4.2.2 赣闽粤原中央苏区城镇化发展质量的测度结果

由于对指标进行主观性赋权易受到非客观因素的影响，造成评价结果与实际具有较大偏差，所以本章采用能够克服人为主观性的熵权法来客观地确定指标的权重，运用STATA软件计算赣闽粤原中央苏区各地区城镇化发展质量的平均得分，具体结果如表4-3所示。

---

① 由于数据的可获得性，剔除掉中央规划范围内梅江区、新罗区、梅列区、三元区、延平区、芗城区、章贡区、渝水区、吉州区、青原区、袁州区、安源区12个研究对象。

第4章 赣闽粤原中央苏区城镇化发展质量评价指标体系构建与测度

表4-3 赣闽粤原中央苏区各地区城镇化发展质量的平均得分

年份\地区	2000	2001	2002	2003	2004	2005	2006	2007	2008	2009	2010	2011	2012	2013	2014	2015	2016	2017	2018	2019	2020	总计
总计	0.103	0.104	0.106	0.108	0.114	0.121	0.128	0.139	0.149	0.157	0.171	0.200	0.208	0.230	0.249	0.267	0.283	0.320	0.343	0.370	0.399	0.203
闽西	0.122	0.124	0.127	0.131	0.136	0.140	0.146	0.155	0.166	0.180	0.198	0.220	0.239	0.260	0.281	0.303	0.325	0.401	0.436	0.478	0.526	0.243
龙岩	0.117	0.116	0.118	0.124	0.128	0.130	0.135	0.145	0.154	0.170	0.190	0.213	0.218	0.236	0.250	0.261	0.284	0.396	0.440	0.492	0.545	0.232
南平	0.113	0.113	0.119	0.122	0.128	0.132	0.136	0.142	0.153	0.165	0.178	0.196	0.214	0.232	0.254	0.281	0.297	0.371	0.408	0.446	0.475	0.222
泉州	0.149	0.153	0.157	0.166	0.174	0.179	0.189	0.204	0.215	0.228	0.247	0.268	0.282	0.310	0.318	0.335	0.357	0.427	0.457	0.502	0.537	0.279
三明	0.114	0.118	0.121	0.125	0.130	0.136	0.143	0.155	0.169	0.186	0.207	0.234	0.260	0.284	0.310	0.330	0.355	0.436	0.471	0.508	0.571	0.255
漳州	0.137	0.139	0.139	0.139	0.141	0.140	0.147	0.155	0.163	0.174	0.191	0.210	0.233	0.254	0.279	0.309	0.335	0.376	0.407	0.450	0.506	0.239
粤北	0.110	0.111	0.114	0.115	0.118	0.122	0.125	0.129	0.135	0.139	0.149	0.159	0.166	0.178	0.192	0.204	0.209	0.218	0.225	0.235	0.240	0.162
潮州	0.138	0.141	0.139	0.143	0.146	0.148	0.151	0.158	0.168	0.174	0.176	0.185	0.191	0.200	0.228	0.218	0.211	0.215	0.231	0.228	0.236	0.182
河源	0.093	0.093	0.096	0.097	0.100	0.105	0.113	0.120	0.122	0.123	0.132	0.142	0.146	0.157	0.167	0.178	0.184	0.190	0.200	0.207	0.212	0.142
梅州	0.115	0.117	0.120	0.121	0.125	0.129	0.130	0.132	0.139	0.143	0.153	0.164	0.170	0.183	0.198	0.209	0.219	0.229	0.231	0.247	0.249	0.168
韶关	0.094	0.095	0.097	0.100	0.102	0.100	0.098	0.108	0.118	0.128	0.146	0.156	0.166	0.178	0.194	0.228	0.214	0.227	0.246	0.249	0.267	0.158
赣南	0.086	0.086	0.087	0.089	0.096	0.106	0.115	0.130	0.140	0.144	0.157	0.195	0.196	0.221	0.239	0.256	0.270	0.285	0.302	0.323	0.343	0.184
抚州	0.079	0.080	0.083	0.083	0.090	0.098	0.107	0.119	0.125	0.132	0.144	0.179	0.180	0.198	0.209	0.227	0.241	0.259	0.278	0.298	0.316	0.168
赣州	0.084	0.083	0.085	0.083	0.090	0.100	0.111	0.127	0.135	0.138	0.147	0.180	0.174	0.201	0.222	0.239	0.251	0.261	0.276	0.300	0.321	0.172
吉安	0.087	0.088	0.086	0.090	0.098	0.109	0.114	0.124	0.133	0.143	0.153	0.195	0.201	0.231	0.241	0.261	0.275	0.290	0.309	0.326	0.348	0.186
萍乡	0.080	0.084	0.086	0.088	0.102	0.114	0.122	0.144	0.161	0.153	0.185	0.213	0.243	0.263	0.271	0.279	0.298	0.308	0.317	0.326	0.336	0.199
上饶	0.085	0.090	0.091	0.094	0.095	0.108	0.113	0.134	0.153	0.143	0.158	0.194	0.193	0.221	0.250	0.264	0.280	0.299	0.321	0.345	0.369	0.190
新余	0.114	0.100	0.099	0.124	0.123	0.120	0.134	0.164	0.195	0.204	0.233	0.291	0.304	0.264	0.351	0.345	0.366	0.398	0.409	0.379	0.392	0.243
宜春	0.124	0.117	0.124	0.127	0.127	0.145	0.157	0.170	0.188	0.206	0.233	0.294	0.305	0.361	0.372	0.401	0.436	0.466	0.502	0.535	0.568	0.284
鹰潭	0.102	0.106	0.107	0.111	0.133	0.142	0.163	0.167	0.179	0.211	0.211	0.273	0.277	0.314	0.325	0.338	0.353	0.374	0.390	0.423	0.438	0.243

注：总计是96个县（市、区）平均值，闽西（36），赣南（48），粤北（12）平均值，各个市是该市包含的苏区县（市、区）平均值。

资料来源：笔者通过熵权法计算而得。

4.2.3 赣闽粤原中央苏区城镇化发展质量的时空分析

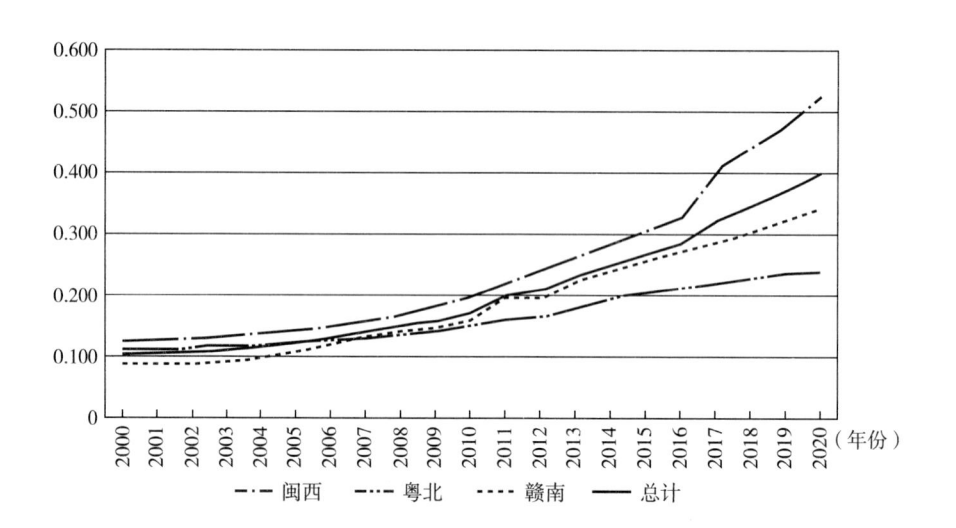

4.2.3.1 赣闽粤原中央苏区城镇化发展质量的简单分析

事实上，由于赣南苏区、闽西苏区、粤北苏区分处不同省份，各个省份在经济基础、产业结构、社会发展和生态条件等方面具有显著非均衡性，所以赣闽粤原中央苏区不同地区城镇化发展质量的高低必然存在地区差异。客观揭示城镇化发展质量的地区差异，并对其分布的时空演进规律进行深入探究，对制定和实施稳健均衡的新型城镇化政策具有重大意义。为了更直观地对比我国赣闽粤原中央苏区不同地区城镇化发展质量，本部分根据如表4-2所示的2000~2020年赣闽粤原中央苏区、赣南苏区、闽西苏区以及粤北苏区城镇化发展质量的平均得分，绘制了我国赣闽粤原中央苏区城镇化发展态势（见图4-1），并根据赣南苏区、闽西苏区、粤北苏区各区域的人均GDP均值绘制我国赣闽粤原中央苏区经济发展水平态势（见图4-2）。

图4-1 赣闽粤原中央苏区城镇化发展质量的平均得分情况

注：总计是96个县（市、区）平均值，赣南（48）、闽西（36）、粤北（12）是各个地区的县（市、区）平均值。

资料来源：根据笔者计算数据绘制而成。

由图4-1可知，我国赣闽粤原中央苏区城镇化发展质量在2000~2020年逐步提升，说明近年来我国赣闽粤原中央苏区在推进城镇化高质量发展方面

第4章 赣闽粤原中央苏区城镇化发展质量评价指标体系构建与测度

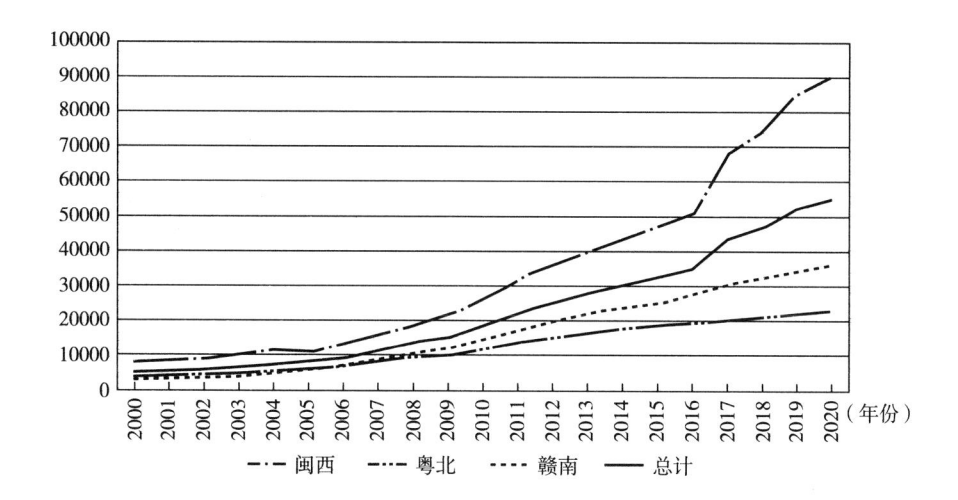

图 4-2 赣闽粤原中央苏区经济发展水平态势

注：总计是96个县（市、区）平均值，赣南（48）、闽西（36）、粤北（12）是各个地区的县（市、区）平均值。

资料来源：中国县域统计年鉴。

取得了一定成果，但就赣闽粤原中央苏区各地区平均得分来看，赣南苏区、闽西苏区、粤北苏区各区域的城镇化发展质量存在明显的差距，闽西苏区的城镇化发展质量平均水平远高于赣南苏区和粤北苏区，赣南苏区2007年之前低于闽西、粤北苏区，2007年之后高于粤北苏区，这与各区域间的经济社会发展状况大致吻合。

由图4-2可知，我国赣闽粤原中央苏区经济发展水平在2000~2020年逐步递增，这说明在国家快速发展的大背景下，历经20年的振兴发展，我国赣闽粤原中央苏区的经济得到了长足发展，但就赣闽粤原中央苏区各地区经济发展水平来看，赣南苏区、闽西苏区、粤北苏区各区域的经济发展水平存在较大的差距，闽西苏区的经济发展水平远高于赣南苏区和粤北苏区，赣南苏区2008年之前低于闽西苏区、粤北苏区，2008年之后高于粤北苏区。这在一定程度上说明近年来粤北苏区经济发展疲软，对赣闽粤原中央苏区整体的经济发展贡献较弱；而闽西苏区经济发展较快，对赣闽粤原中央苏区整体的经济发展贡献较强。

4.2.3.2 赣闽粤原中央苏区城镇化发展质量的时空差异

本部分以前文计算得到的赣闽粤原中央苏区县域城镇化发展质量分值为

基础数据，选择当前学术界广泛应用的高斯核函数，利用 STATA 软件，分别估计出 2000~2020 年赣闽粤原中央苏区、赣南苏区、闽西苏区、粤北苏区城镇化发展质量分布的密度函数。为了便于分析，选取 2000 年、2005 年、2010 年、2015 年与 2020 年的数据进行估计，通过比较不同时期区域间城镇化发展质量核密度曲线的变化情况，探寻我国赣闽粤原中央苏区城镇化发展质量的时空差异。

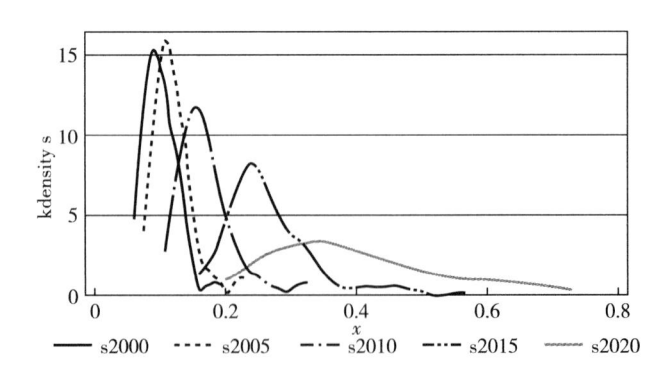

图 4-3 绘制的是赣闽粤原中央苏区城镇化发展质量的核密度图，图中从左至右分别呈现了 2000 年、2005 年、2010 年、2015 年与 2020 年的核密度函数曲线。随着时间的推移，赣闽粤原中央苏区城镇化发展质量处于不断提升的态势，但不同年份表现出的分布特征具有差异性。2000 年、2005 年的"峰"相对较高，表示此处数据相对较为"密集"，说明早期的城镇化发展质量普遍处于较低的水平。2010 年、2015 年峰值降低、宽度加大，表明区域内各县市城镇化发展质量的空间差异程度变大，赣闽粤原中央苏区城镇化发展质量总体发展水平在提升，空间分异现象在加大。2020 年曲线两端拖尾跨度进一步变大，空间分异现象在进一步加深，这与新冠疫情发生可能有密切联系。

图 4-3 赣闽粤原中央苏区城镇化发展质量的核密度

资料来源：根据笔者计算数据绘制而成。

图 4-4 绘制的是赣南苏区城镇化发展质量的核密度图，图中从左至右分别呈现了 2000 年、2005 年、2010 年、2015 年与 2020 年的核密度函数曲线。这表明，赣南苏区城镇化发展质量处于不断提升的过程。但可以发现，2000

第4章 赣闽粤原中央苏区城镇化发展质量评价指标体系构建与测度

年右移到2005年的幅度明显相对较小,说明21世纪早期赣南苏区城镇化建设处于探索科学发展道路的阶段,城镇化发展质量提升比较缓慢。2010年右移到2015年的幅度明显相对较大,说明历经十几年的实践以及国家不断出台的推进城镇化建设相关政策,该地区的城镇化发展速度得到了加快、发展质量得到提升。针对核密度函数曲线的"峰",考察期内五个年份曲线的波峰分布日趋扁平,2020年的右拖尾显著扩大,说明了赣南苏区城镇化发展质量空间分异现象在加深,2020年的城镇化发展质量的空间分异现象加重,如宜春市的樟树市虽也是原中央苏区县,但进入2021年发布的《第二十一届全国县域经济与县域综合发展》百强名单,排名第56位。而发展处于低位的县抗不住新冠疫情冲击,整体发展滞缓。

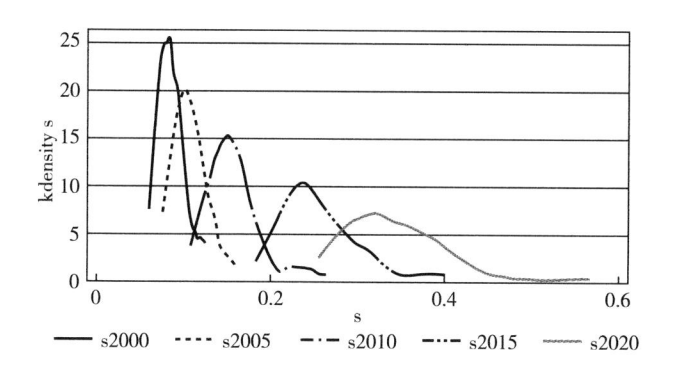

图4-4 赣南苏区城镇化发展质量的核密度

资料来源:根据笔者计算数据绘制而成。

图4-5绘制的是闽西苏区城镇化发展质量的核密度图,图中从左至右分别呈现了2000年、2005年、2010年、2015年与2020年的核密度函数曲线。与赣南苏区、粤北苏区相比,2000年闽西苏区城镇化发展质量处于高位。2005年曲线相对于2000年曲线而言,整体往右偏移、峰度有所下降、多峰形态更为明显、跨度有所扩大,说明城镇化发展质量有所上升,数据集中程度有所下降,两极分化情况在增加,各地区城镇化发展水平的差异在扩大。2010年曲线相对于2005年曲线而言,整体往右偏移、峰度进一步下降、跨度变大,说明随着城镇化的推进,城镇化发展质量有所提高,数据集中程度有所下降,各地区城镇化发展质量的差异在进一步扩大。2015年曲线相对于

2010年曲线而言,整体往右偏移、峰度有所下降,跨度有所加大,这表明区域内城镇化发展质量提高的同时各县市的发展差异在加大。2020年曲线向右偏移的幅度进一步加大,峰度有所下降的同时跨度有所减小,说明区域内城镇化发展质量提升的同时地区内部差异在不断减弱。这说明经济发展水平高的地区抗击新冠疫情冲击等外生冲击的能力往往相对更强。

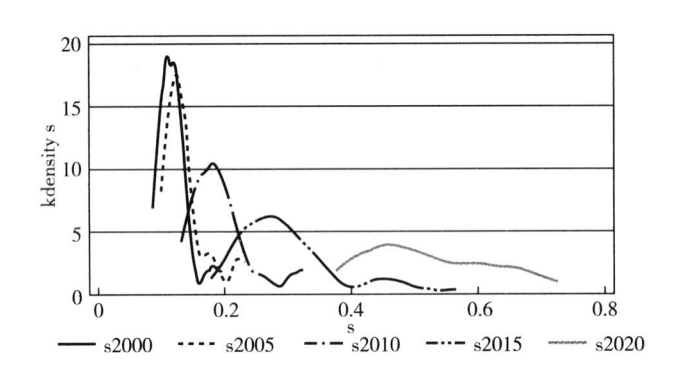

图4-5 闽西苏区城镇化发展质量的核密度

资料来源:根据笔者计算数据绘制而成。

图4-6绘制的是粤北苏区城镇化发展质量分布的核密度图,由图中5条核密度曲线的分布位置可知,2000~2020年粤北苏区城镇化发展质量有所提升,但增幅并不明显。从前文分析可知,粤北苏区是赣闽粤原中央苏区最小的一块区域,综合发展水平较弱,城镇化发展质量处于低位。2005年曲线相对于2000年曲线而言,整体往右偏移表明城镇化发展水平有所上升,峰度有所下降、跨度有所增大说明地区内部城镇化发展差异在不断增强。2010年曲线相对于2005年曲线而言,峰度进一步下降,呈现扁平化特征,表明城镇化发展空间差异进一步扩大。2015年曲线相对于2010年曲线,整体往右偏移、峰度进一步下降,同时跨度有所扩大,表明城镇化发展空间差异进一步扩大,极化现象日趋严重。2020年曲线向右偏移的幅度进一步加大,峰度有所升高,同时右拖尾显著扩大,这说明了粤北苏区城镇化发展质量空间分异现象在加深,新冠疫情冲击对该地区的影响也很大。

第4章 赣闽粤原中央苏区城镇化发展质量评价指标体系构建与测度

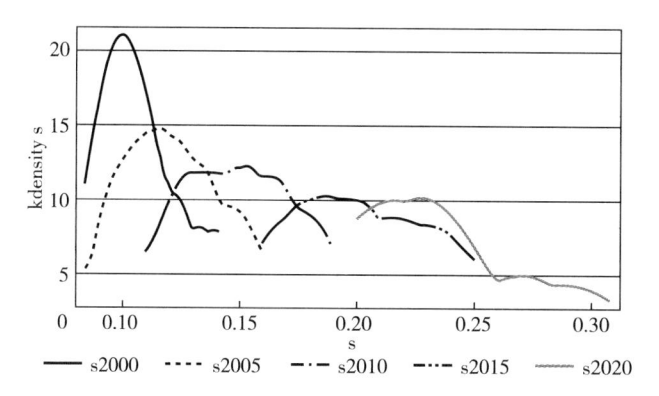

图 4-6 粤北苏区城镇化发展质量的核密度

资料来源:根据笔者计算数据绘制而成。

4.2.3.3 赣闽粤原中央苏区城镇化发展质量的动态演变

核密度曲线直观地反映了赣闽粤原中央苏区城镇化发展质量分布的区域差异,但无法更加具体地探究其内部状态的变化概率与趋势走向,故本部分引入马尔科夫链分析法进一步探究其动态的变化情况。

根据2000~2020年赣闽粤原中央苏区城镇化发展质量的相对大小,将赣闽粤原中央苏区城镇化发展质量划分为互不交叉且完备的四种状态类型:相对低水平(Ⅰ)、相对中低水平(Ⅱ)、相对中高水平(Ⅲ)与相对高水平(Ⅳ)状态,所对应的城镇化发展质量区间分别为:(0, 0.121]、(0.121, 0.171]、(0.171, 0.258]、(0.258, +∞],采用四分位法求得每组区间的观测值数在考察期内约各占总观测值的25%,并利用QGIS软件绘制2000年与2020年的赣闽粤原中央苏区城镇化发展质量分类图,更加清晰地展现了赣闽粤原中央苏区城镇化20年的发展变化。

2020年赣闽粤原中央苏区各县市城镇化发展质量明显高于2000年,2000年各县市城镇化发展质量最大值为0.197、最小值为0.061,2020年各县市城镇化发展质量最大值为0.730、最小值为0.200。其中,闽西苏区的龙岩市、三明市、南平市城镇化发展质量的提升值远高于赣南苏区的赣州市、粤北苏区的梅州市,这进一步动态验证了赣南苏区、闽西苏区、粤北苏区各区域的城镇化发展质量存在明显的空间差异。

基于马尔科夫链原理,利用Matlab软件分别计算得出赣闽粤原中央苏区的城镇化发展质量的马尔科夫链转移矩阵,表4-4为2000~2020年赣闽粤原中央苏区城镇化发展质量相对状态的变化情况。

表 4-4 赣闽粤原中央苏区城镇化发展质量相对状态的变化情况

地区	Ⅰ	Ⅱ	Ⅲ	Ⅳ	地区	Ⅰ	Ⅱ	Ⅲ	Ⅳ
闽西	107	210	181	258	赣南	330	211	234	233
龙岩市	17	42	31	36	抚州市	70	36	51	32
南平市	35	55	42	57	赣州市	124	81	90	62
泉州市	0	18	29	37	吉安市	77	44	50	60
三明市	46	40	46	78	萍乡市	12	9	8	13
漳州市	9	55	33	50	上饶市	33	22	22	28
粤北	68	82	89	13	新余市	4	4	3	10
潮州市	0	9	12	0	宜春市	1	7	3	10
河源市	24	19	20	0	鹰潭市	9	8	7	18
梅州市	35	50	50	12	总计	505	503	504	504
韶关市	9	4	7	1					

注：总计是 96 个县（市、区）各年份处于该状态的加总值，赣南（48）、闽西（36）、粤北（12）是各个地区的县（市、区）各年份处于该状态的加总值，各个市是该市包含的苏区县（市、区）各年份处于该状态的加总值。

资料来源：笔者计算而得。

由表 4-4 可知，随着时间的推移，在考察期内赣闽粤原中央苏区城镇化发展质量均在向相对中高水平（Ⅲ）、相对高水平（Ⅳ）状态演进；从空间横向分布来看，赣闽粤原中央苏区城镇化发展质量与当地的经济发展水平、社会进步程度、资源环境状况以及人口情况具有明显的相关性，存在明显的空间分异特征。

闽西苏区城镇化发展质量多数时期处于相对高水平（Ⅳ）状态，如三明市、泉州市在经济、政策、文化、科技、教育等方面具有比较优势，产业结构优先升级，集聚了大量的教育人才，科研水平高，城市基础设施完善，促使其城镇化发展质量较高，不仅能够带动本地区的经济、人口、社会、生态等全面、协调、可持续发展，而且能够辐射周边地区，提升周边地区的城镇化发展质量，最终达到区域协调发展、缩小地区发展差距的目的。而粤北苏区城镇化发展质量多数处于相对中低水平（Ⅱ）、相对中高水平（Ⅲ）状态，这是由于早在 20 世纪六七十年代也曾处于快速发展当中，当时的韶关市可谓是广东第二大城市，是仅次于广州的重工业城市。但 2011 年 11 月，经国务院批准，韶关市成为中国第三批资源枯竭型城市，开始走上一条艰辛的转型

第4章 赣闽粤原中央苏区城镇化发展质量评价指标体系构建与测度

之路。当下,粤北老区是以山区为主、交通较为不便、支柱产业多为过时的重工业、资源产业或以小农业为主、落后轻工业为辅的地区,存在产业岗位不多、剩余岗位不精、发展空间不大等问题。据统计局公开数据,广东省潮州市饶平县、梅州市蕉岭县2000年人均GDP分别为6590元/人、6601元/人,2020年人均GDP才分别上涨到34467元/人、54050元/人,与之相对应的福建省龙岩市连城县、上杭县2000年人均GDP为5937元/人、5233元/人,2020年人均GDP分别上涨到110399元/人、115164元/人。并且在经过近几十年的交通发展后,不仅使粤北许多地区出现了大量的产业空白,也把年轻人从土地上吸走,流入珠三角地区,2020年各市人口流动中,梅州就净流出人口超过150万人。因此,粤北苏区城镇化仅有少数地区部分年份处于相对高水平(Ⅳ)状态。而赣南苏区城镇化发展质量多数处于相对低水平(Ⅰ)状态,其中赣州贡献了近一半。这是由于,随着国家政策的支持、特色产业的助推,赣南苏区主要经济指标增速持续高于全国、全省平均水平,解决了教育、医疗、住房、出行等长期存在的民生痛点,但由于经济社会发展基础差,城镇基础设施建设落后,与发达地区相比仍有较大的进步空间。

基于马尔科夫链原理利用,Matlab软件分别计算得出2000~2010年、2011~2020年赣闽粤原中央苏区及各地区的城镇化发展质量的马尔科夫链转移概率矩阵,如表4-5所示,进一步反映了我国赣闽粤原中央苏区城镇化的内部动态演变特征。

表4-5 马尔科夫链转移概率矩阵

地区	分类	2000~2010年				2011~2020年			
		Ⅰ	Ⅱ	Ⅲ	Ⅳ	Ⅰ	Ⅱ	Ⅲ	Ⅳ
赣闽粤原中央苏区	Ⅰ	0.846	0.154	0.000	0.000	0.000	1.000	0.000	0.000
	Ⅱ	0.024	0.879	0.097	0.000	0.000	0.565	0.435	0.000
	Ⅲ	0.000	0.014	0.918	0.068	0.000	0.010	0.784	0.206
	Ⅳ	0.000	0.000	0.000	1.000	0.000	0.000	0.002	0.998
闽西苏区	Ⅰ	0.804	0.196	0.000	0.000	0.000	0.000	0.000	0.000
	Ⅱ	0.011	0.872	0.118	0.000	0.000	0.455	0.545	0.000
	Ⅲ	0.000	0.000	0.932	0.068	0.000	0.000	0.696	0.304
	Ⅳ	0.000	0.000	0.000	1.000	0.000	0.000	0.000	1.000

续表

地区	分类	2000~2010年				2011~2020年			
		Ⅰ	Ⅱ	Ⅲ	Ⅳ	Ⅰ	Ⅱ	Ⅲ	Ⅳ
粤北苏区	Ⅰ	0.892	0.108	0.000	0.000	0.000	1.000	0.000	0.000
	Ⅱ	0.000	0.942	0.058	0.000	0.000	0.696	0.304	0.000
	Ⅲ	0.000	0.000	1.000	0.000	0.000	0.000	0.933	0.067
	Ⅳ	0.000	0.000	0.000	0.000	0.000	0.000	0.111	0.889
赣南苏区	Ⅰ	0.850	0.150	0.000	0.000	0.000	0.000	0.000	0.000
	Ⅱ	0.049	0.866	0.085	0.000	0.000	0.514	0.486	0.000
	Ⅲ	0.000	0.091	0.818	0.091	0.000	0.019	0.774	0.208
	Ⅳ	0.000	0.000	0.000	0.000	0.000	0.000	0.000	1.000

资料来源：笔者计算而得。

分析2000~2010年赣闽粤原中央苏区及各地区的情况可知，处于主对角线位置的各个数据均大于非对角线上的各个数据，表明赣闽粤原中央苏区各县市城镇化发展质量保持原有发展水平的可能性要大于发生状态转移的可能性，在状态分布上具有一定的固态性，使状态转移的可能性减弱。赣闽粤原中央苏区及各区县市城镇化发展质量均存在相对低水平（Ⅰ）状态向上转移的可能，不存在跨水平向上转移的可能性。这说明各个地区早期的城镇化发展质量都相对比较低，这可能是由于当地经济社会发展水平总体相对缓慢，使得城镇化发展质量提升受到一定的限制。赣闽粤原中央苏区城镇化发展质量既存在从相对中低水平（Ⅱ）状态向上转移的可能（9.7%）又存在从相对中低水平（Ⅱ）状态向下转移的概率（2.4%），其中闽西苏区与赣南苏区呈现出相同的变化规律，但粤北苏区仅存在从相对中低水平（Ⅱ）状态向上转移的可能（5.8%），不存在从相对中低水平（Ⅱ）状态向下转移的概率。赣闽粤原中央苏区城镇化发展质量既存在从相对中高水平（Ⅲ）状态向上转移的可能（6.8%），又存在从相对中高水平（Ⅲ）状态向下转移的概率（1.4%），赣南苏区呈现出相同的变化规律，闽西苏区仅存在从相对中高水平（Ⅲ）状态向上转移的可能（6.8%），不存在从相对中高水平（Ⅲ）状态向下转移的概率，粤北苏区既不存在从相对中高水平（Ⅲ）状态向上转移的可能又不存在从相对中高水平（Ⅲ）状态向下转移的可能。粤北、赣南苏区各县市城镇化发展质量第四行数据全部为零，是由于粤北、赣南苏区各县市截

第4章 赣闽粤原中央苏区城镇化发展质量评价指标体系构建与测度

至2010年还未有县市达到相对高水平（Ⅳ）状态。

分析2011~2020年赣闽粤原中央苏区及各地区的情况可知：与2000~2010年考察期相比，2011~2020年赣闽粤原中央苏区各地区水平状态向上转移的概率明显更大，向下转移的概率明显更小。处于主对角线位置的各个数据部分未大于非对角线上的各个数据，表明赣闽粤原中央苏区部分县市城镇化发展质量保持原有发展水平的可能性要小于发生状态转移的可能性。赣闽粤原中央苏区各县市城镇化发展质量中相对低水平（Ⅰ）状态向上转移的可能性达到100%，粤北苏区呈现同样变化规律，说明，随着城镇化的推进，城镇化水平处于不断提升的过程。闽西、赣南苏区各县市城镇化发展质量第一行数据全部为零，是由于2010年之前闽西、赣南苏区各县市脱离了相对低水平（Ⅰ）状态。赣闽粤原中央苏区及各个地区城镇化发展质量仅存在从相对中低水平（Ⅱ）状态向上转移的可能，不存在从相对中低水平（Ⅱ）状态向下转移的概率。赣闽粤原中央苏区及闽西、粤北、赣南各个地区城镇化发展质量从相对中低水平（Ⅱ）状态向相对中高水平（Ⅲ）状态转移的概率分别为43.5%、54.4%、30.4%、48.6%，向上转移的可能明显比2000~2010年大，这可能跟近年来各地区响应落实城镇化政策密切相关。而赣闽粤原中央苏区城镇化发展质量既存在从相对中高水平（Ⅲ）状态向上转移的可能（20.6%），又存在从相对中高水平（Ⅲ）状态向下转移的概率（1.0%），同2000~2010年一样，赣南苏区呈现出类似的变化规律。而闽西、粤北苏区仅存在从相对中高水平（Ⅲ）状态向上转移的可能，不存在从相对中高水平（Ⅲ）状态向下转移的概率。此外，闽西苏区不存在向下转移与跨状态转移的可能，这可能是由于闽西地区近十年来经济持续发展、产业升级优化、基础设施与公共服务配套完善、城乡融合发展、注重生态环境等一系列措施的实施，城镇化质量处于不断提升的状态。

基于马尔科夫链原理，利用Matlab软件计算出赣闽粤原中央苏区城镇化发展质量的初始分布与稳态分布情况，进一步预测未来一段时期我国赣闽粤原中央苏区各县市的城镇化发展状况。

表4-6给出的信息表明我国赣闽粤原中央苏区城镇化发展质量将长期处于相对高水平（Ⅳ）状态，赣闽粤原中央苏区城镇化发展质量初始分布中处于相对低水平（Ⅰ）相对中低水平（Ⅱ）、相对中高水平（Ⅲ）状态在稳态分布中显著下降，相对高水平（Ⅳ）状态在稳态分布中有所提升，由初始分

布中的低占比提升到高占比。但各地区的城镇化发展质量的初始分布与稳态分布具有差异性。闽西苏区城镇化发展质量存在于初始分布中的相对低水平（Ⅰ）、相对中低水平（Ⅱ）、相对中高水平（Ⅲ）状态消失于稳态分布中，而相对高水平（Ⅳ）状态由初始分布中的低占比提升到独占地位。闽西苏区在整个中央苏区当中，经济发展、科技创新、产业结构优化、基础设施建设提速居于首位，故闽西苏区城镇化水平无论是提升速度还是提升量相较于粤北苏区与赣南苏区都要高。粤北苏区城镇化发展质量存在于初始分布中的相对低水平（Ⅰ）、相对中低水平（Ⅱ）状态消失于稳态分布中，相对中高水平（Ⅲ）状态、相对高水平（Ⅳ）状态由初始分布中的低占比分别提升到64.3%、35.7%，这可能是由于粤北苏区拥有大量的山地和丘陵，经济社会发展滞后，基础设施提升速度缓慢，省内政策资源等多向珠三角地区倾斜，资金、人才资源又被珠三角地区吸引走，在没有外力干预情况下，"虹吸效应"只会造成富者愈富，穷者愈穷，长此以往，粤北苏区城镇化水平提升相对较为缓慢。赣南苏区城镇化发展质量初始存在于分布中的相对低水平（Ⅰ）、相对中低水平（Ⅱ）状态在稳态分布中显著下降，消失于稳态分布中，相对中高水平（Ⅲ）未出现于初始分布与稳态分布，相对高水平（Ⅳ）状态与闽西苏区一样由初始分布中的低占比提升到独占地位。这是由于随着赣南等原中央苏区振兴发展战略的实施，国家相关部委对赣南苏区的对点帮扶，赣南苏区实现跨越式发展，补齐产业短板，挺起工业脊梁，建设生态宜居城市，推动城镇化高质量发展。因此可以预期，随着我国城镇化建设的进一步推进，未来一段时期我国赣闽粤原中央苏区各县市的城镇化发展质量将普遍达到相对高水平（Ⅳ）状态，从而进入高质量城镇化发展阶段。

表4-6 赣闽粤原中央苏区城镇化发展质量的初始分布与稳态分布

地区	t/t+1	相对低水平（Ⅰ）	相对中低水平（Ⅱ）	相对中高水平（Ⅲ）	相对高水平（Ⅳ）
赣闽粤原中央苏区	初始分布	0.760	0.219	0.021	0.000
	稳态分布	0.000	0.001	0.013	0.986
闽西苏区	初始分布	0.528	0.417	0.056	0.000
	稳态分布	0.000	0.000	0.000	1.000
粤北苏区	初始分布	0.750	0.250	0.000	0.000
	稳态分布	0.000	0.000	0.643	0.357

第4章 赣闽粤原中央苏区城镇化发展质量评价指标体系构建与测度

续表

地区	t/t+1	相对低水平（Ⅰ）	相对中低水平（Ⅱ）	相对中高水平（Ⅲ）	相对高水平（Ⅳ）
赣南苏区	初始分布	0.938	0.063	0.000	0.000
	稳态分布	0.000	0.000	0.000	1.000

资料来源：笔者计算而得。

4.2.4 赣闽粤原中央苏区城镇化协调性分析

在进行赣闽粤原中央苏区城镇化发展质量的协调性分析之前，首先要计算出赣闽粤原中央苏区城镇化发展质量各维度的平均得分，并算出赣闽粤原中央苏区各地区城镇化发展质量各维度的平均得分的增长率，如图4-7所示。

表4-7 赣闽粤原中央苏区各地区城镇化发展质量各维度的平均得分

年份	U1	U2	U3	U4	U5	S
2000	0.040	0.011	0.029	0.014	0.008	0.103
2001	0.040	0.013	0.030	0.013	0.008	0.104
2002	0.041	0.015	0.031	0.012	0.007	0.106
2003	0.041	0.017	0.032	0.011	0.007	0.108
2004	0.041	0.021	0.034	0.010	0.007	0.114
2005	0.041	0.025	0.037	0.011	0.007	0.121
2006	0.042	0.030	0.039	0.009	0.007	0.128
2007	0.043	0.036	0.043	0.010	0.007	0.139
2008	0.044	0.045	0.044	0.008	0.009	0.149
2009	0.044	0.053	0.042	0.010	0.009	0.157
2010	0.044	0.065	0.043	0.011	0.008	0.171
2011	0.057	0.081	0.044	0.010	0.008	0.200
2012	0.053	0.092	0.046	0.009	0.008	0.208
2013	0.059	0.105	0.049	0.010	0.008	0.230
2014	0.061	0.118	0.052	0.010	0.009	0.249
2015	0.063	0.129	0.054	0.012	0.009	0.267
2016	0.063	0.144	0.055	0.013	0.009	0.283
2017	0.062	0.176	0.060	0.012	0.009	0.320

续表

年份	U1	U2	U3	U4	U5	S
2018	0.061	0.196	0.063	0.014	0.009	0.343
2019	0.062	0.219	0.065	0.015	0.009	0.370
2020	0.062	0.241	0.070	0.017	0.009	0.399

注：U1、U2、U3、U4、U5指的是赣闽粤原中央苏区人口、经济、社会、生态、城乡融合五个维度的城镇化96个县（市、区）平均得分。S指的是前文的96个县（市、区）城镇化总得分。

资料来源：笔者通过熵权法计算而得。

由表4-7可知，总体而言，在20年的发展过程中，赣闽粤原中央苏区人口、经济、社会、生态、城乡融合五个维度的城镇化得分呈现出不同程度的上升态势。

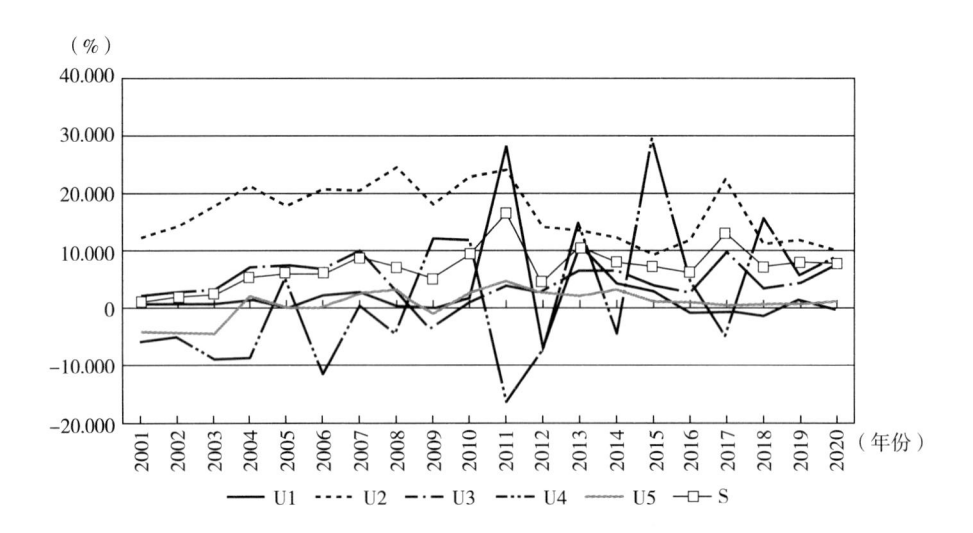

图4-7 赣闽粤原中央苏区城镇化发展质量各维度的平均得分的增长率

资料来源：根据笔者计算数据绘制而成。

其中，赣闽粤原中央苏区经济城镇化得分上升得最为快速，从2000年的0.011上升到2020年的0.241，上涨了20倍，经济城镇化得分变化趋势与经济周期密切相关，在2008年、2012年、2015年，受经济危机的影响，赣闽粤原中央苏区经济城镇化增速处于较低位。赣闽粤原中央苏区社会城镇化得分上升速度居于其次，尤其是2014年之后，随着《国家新型城镇化规划

（2014—2020年）》的出台，各地区不断加深对城镇社会基础设施建设、公共服务配套的重视，社会城镇化得分上升较快。赣闽粤原中央苏区社会城镇化得分在2009年下降而后上涨的缘由与2008年金融危机后我国的应对措施也有密切关系，自从2008年全球金融危机爆发后，我国采用积极的财政政策和宽松的货币政策，投资总额达到4万亿元，重点投入民生、基础设施建设等领域，促进了社会城镇化的发展。赣闽粤原中央苏区人口城镇化得分上升速度居于第三，城镇化的过程就是人口的聚集过程，随着经济社会的快速发展，大量就业岗位被创造出来，交通等基础设施的完善，越来越多的人背井离乡来到城镇寻求更多的机会，并经过努力奋斗落地生根。赣闽粤原中央苏区生态城镇化得分在21世纪初期表现出下降的态势，这是由于早期我国大规模推进工业化进程，赣闽粤原中央苏区也不在例外，工业化推进城镇化，带动经济快速增长的同时导致生态环境的恶化。赣闽粤原中央苏区是赣江等河流的源头地区，是我国南方的重要生态屏障，具有重要的生态地位。近年来，该地区严格践行生态文明的要求，加强生态保护和环境整治力度，更加保护好利用好既有的生态资源。赣闽粤原中央苏区城乡融合得分总体也是波动上升的态势，这是由于"入世"以来部分地区抓住机会，形成了产业集聚、人口集聚、资源集聚，促进了当地经济的发展，使得城镇居民收入得到了快速提升，同时国家近年来注重农业现代化发展，脱贫攻坚战的打赢、乡村振兴战略的提出，刺激了农村居民收入的提高，城乡收入差距不断缩小，城乡融合不断加深。

为了更好地分析赣闽粤原中央苏区城镇化发展的协调性，本章参考陈昱等（2020）、李豫新和欧国刚（2022）采用耦合协调度模型测度了赣闽粤原中央苏区96个县（市、区）2000~2020年城镇化协调发展水平，赣闽粤原中央苏区各地区城镇化协调发展水平的平均得分如表4-8所示。

表4-8 赣闽粤原中央苏区各地区城镇化协调发展水平的平均得分

年份 地区	2000	2002	2004	2006	2008	2010	2012	2014	2016	2018	2020
总计	0.127	0.128	0.131	0.138	0.146	0.156	0.163	0.174	0.185	0.195	0.205
闽南	0.142	0.145	0.148	0.151	0.157	0.167	0.173	0.182	0.193	0.206	0.218
龙岩	0.140	0.141	0.145	0.149	0.155	0.168	0.171	0.179	0.188	0.207	0.223

续表

年份 地区	2000	2002	2004	2006	2008	2010	2012	2014	2016	2018	2020
南平	0.138	0.141	0.145	0.148	0.153	0.163	0.169	0.178	0.189	0.204	0.211
泉州	0.152	0.156	0.162	0.166	0.170	0.179	0.184	0.189	0.199	0.211	0.221
三明	0.140	0.143	0.145	0.151	0.157	0.168	0.174	0.185	0.194	0.207	0.219
漳州	0.148	0.149	0.148	0.149	0.155	0.164	0.173	0.181	0.195	0.206	0.219
粤北	0.128	0.131	0.134	0.137	0.142	0.151	0.153	0.163	0.171	0.174	0.180
潮州	0.138	0.139	0.142	0.142	0.148	0.155	0.157	0.170	0.160	0.161	0.164
河源	0.119	0.124	0.127	0.134	0.138	0.145	0.146	0.155	0.165	0.169	0.174
梅州	0.132	0.135	0.137	0.140	0.143	0.153	0.155	0.166	0.175	0.178	0.184
韶关	0.117	0.121	0.126	0.124	0.135	0.152	0.152	0.162	0.173	0.180	0.189
赣南	0.115	0.115	0.119	0.128	0.140	0.149	0.157	0.171	0.184	0.192	0.201
抚州	0.114	0.115	0.118	0.128	0.139	0.149	0.159	0.168	0.180	0.189	0.197
赣州	0.113	0.113	0.114	0.125	0.136	0.145	0.150	0.169	0.182	0.187	0.199
吉安	0.117	0.115	0.118	0.126	0.137	0.146	0.156	0.169	0.184	0.193	0.201
萍乡	0.111	0.113	0.121	0.133	0.147	0.158	0.169	0.178	0.190	0.197	0.202
上饶	0.112	0.115	0.119	0.128	0.145	0.150	0.160	0.174	0.187	0.198	0.206
新余	0.131	0.127	0.136	0.142	0.160	0.171	0.178	0.184	0.192	0.204	0.206
宜春	0.134	0.133	0.132	0.141	0.149	0.163	0.172	0.178	0.203	0.216	0.227
鹰潭	0.127	0.129	0.140	0.148	0.155	0.163	0.176	0.184	0.196	0.206	0.212

注：总计是96个县（市、区）平均值，赣南（48）、闽西（36）、粤北（12）是各个地区的县（市、区）平均值。

资料来源：笔者根据耦合协调模型计算而得。

由表4-8可知，赣闽粤原中央苏区城镇化平均协调发展水平存在大范围的低水平协调现象，并且时空分异明显。2000~2020年赣闽粤原中央苏区多数县市级城镇化内部五大系统间协调发展水平呈现出上升的态势，但是协调性水平比较低。分区域来看，2000~2020年闽西、赣南、粤北苏区城镇化协调发展水平与赣闽粤原中央苏区城镇化平均协调发展水平的趋势具有相似性，均是处于不断上升的态势，其中闽西苏区城镇化的协调发展水平总是高于赣闽粤原中央苏区城镇化平均协调发展水平，2000~2006年粤北苏区城镇化的协调发展水平与赣闽粤原中央苏区城镇化平均协调发展水平相近，2014~

2020年赣南苏区城镇化的协调发展水平与赣闽粤原中央苏区城镇化平均协调发展水平相近。2007~2015年粤北、赣南苏区城镇化的协调发展水平均低于赣闽粤原中央苏区城镇化平均协调发展水平。并且在2011年之前赣南苏区城镇化的协调发展水平低于粤北城镇化的协调发展水平，在2011年后赣南苏区城镇化的协调发展水平高于粤北城镇化的协调发展水平。这是由于赣闽粤原中央苏区分别处于三省，经济社会发展水平、政策实施具有差异性，所以在空间上具有差异性。此外，2014年《国家城镇化规划（2014—2020年）》的提出，各地区的落实推动了各个地区城镇化的建设，提高了赣闽粤原中央苏区各个县（市、区）城镇化协调发展水平。

4.3 本章小结

本章首先基于城镇化高质量发展的丰富内涵，遵循客观性和可行性原则、层次性和可操作性原则、动态性和可比性原则、综合性和系统性原则、"以人为本"原则、可持续发展原则、城乡融合发展原则、时代性原则，参考既有评价体系，创新性地从人口、经济、社会、生态、城乡五个维度选取14个指标构建赣闽粤原中央苏区城镇化水平评价体系。其次选取2000~2020年赣闽粤原中央苏区96个县（市、区）利用客观的评价方法——熵权法进行实证测度，并对测度结果利用核密度和马尔科夫链模型进行时空演变分析、协调耦合模型进行协调性分析。

通过核密度分析可得，随着时间的推移，我国赣闽粤原中央苏区城镇化发展质量不断提升，空间分异现象在加深。分区来看，各个地区城镇化发展质量均处于不断提升的过程，提升的幅度存在差异性，但近年来赣南、闽西、粤北苏区均出现了空间分异加深的现象。

通过马尔科夫链模型进行动态演化分析可得，第一，在考察期内我国赣闽粤原中央苏区城镇化发展质量均在向相对中高水平（Ⅲ）状态演进、相对高水平（Ⅳ）状态演进。分区来看，闽西苏区城镇化发展质量多数时期处于相对中高水平（Ⅲ）状态；赣南苏区城镇化发展质量多数处于相对低水平（Ⅰ）状态；而粤北苏区城镇化发展质量多数处于相对中低水平（Ⅱ）、相对中高水平（Ⅲ）状态，缺乏城镇化发展质量处于相对高水平（Ⅳ）的地区。第二，分析2000~2010年、2010~2020年的情况可知：处于主对角线位置的各个数据均大于非对角线上的各个数据，表明赣闽粤原中央苏区各县市城镇化发展质量保持原有发展水平的可能性要大于发生状态转移的可能性，在状态分布上具有一定的固态性，使状态转移的可能性减弱。与2000~2010年考察期相比，2010~2020年各地区水平状态向上转移的概率明显更大，向下转移的概率明显更小。第三，我国赣闽粤原中央苏区城镇化发展质量将长期处于相对中高水平（Ⅲ）状态，赣闽粤原中央苏区城镇化发展质量存在于初始分布中的相对低水平（Ⅰ）状态消失在稳态分布中，相对中低水平（Ⅱ）、相对中高水平（Ⅲ）状态在稳态分布中显著下降，但各地区的城镇化发展质量的初始分布与稳态分布具有差异性。

在这20年的发展过程中，赣闽粤原中央苏区人口、经济、社会、生态、城乡融合五个维度的城镇化发展质量得分呈现出不同程度的上升态势。通过协调耦合模型进行协调性分析可得，赣闽粤原中央苏区城镇化协调发展水平存在大范围的低水平协调现象，并且时空分异明显。2000~2020年闽西、赣南、粤北苏区城镇化协调发展水平与总体平均水平的波动趋势具有相似性，均是处于不断上升的态势。

第5章 赣闽粤原中央苏区城镇化发展质量驱动因素的识别与影响效应

在前人研究的基础上，本章结合赣闽粤原中央苏区特色及特殊地理位置，从产业综合发展力、现代农业推动力、市场环境推动力、政府服务推动力、社会综合发展力、自然资源禀赋力、区位交通发展力七个"力"出发，尝试利用机器学习的方法，利用自适应 Lasso 模型选取赣闽粤原中央苏区城镇化发展质量的驱动因素并结合逐步回归与普通最小二乘法的参数估计结果进行比较，随后在总样本及分地区样本视角下识别赣闽粤原中央苏区城镇化发展质量的驱动因素及其影响效应的时空动态差异，分析赣闽粤原中央苏区各维度城镇化发展质量的驱动机制，最后进行稳健性检验，进而为今后出台相关政策措施以进一步推动我国赣闽粤原中央苏区城镇化高质量发展提供决策依据。

5.1 机理分析与研究假说

赣闽粤原中央苏区城镇化道路不是由单个因素决定，既有政府作用又有市场参与，既有外部力量也有内部力量，是一项涉及经济社会生态多方面的复杂性系统工程。新时代，在推进城镇化高质量发展的过程中，赣闽粤原中央苏区应该通过转变政府职能，尊重市场规律，强化市场在资源配置中的作用，正确处理政府与市场的关系，形成多力结合的城镇化高质量发展道路。

图 5-1 展示了城镇化多元驱动机理。

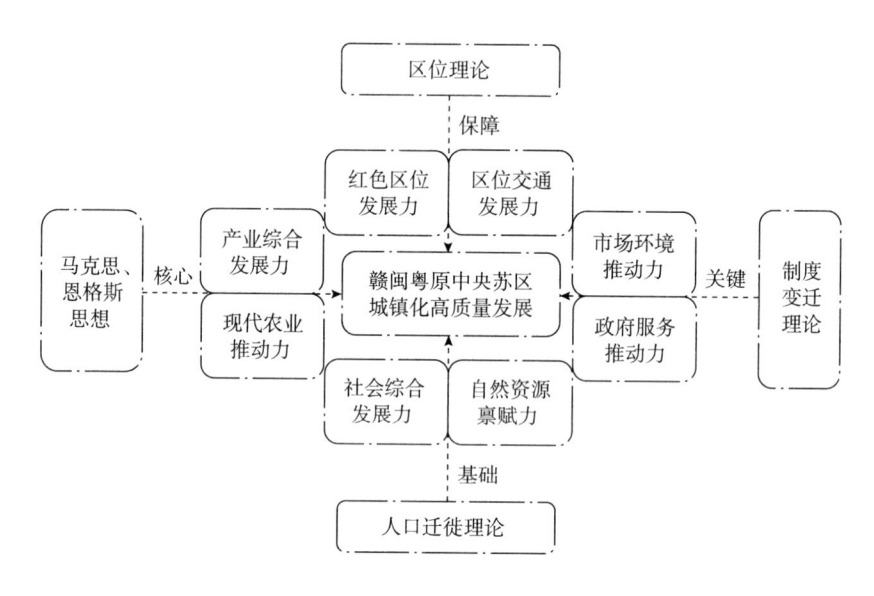

图 5-1　作用机理

（1）新时代，产业综合发展力与现代农业推动力是赣闽粤原中央苏区城镇化高质量发展的核心。

新时代，经济社会发展离不开产业发展，城镇化高质量发展离不开产业发展的带动。产业是兴城之邦，推动产业发展可以提高就业率，进而容纳更多城镇人口，产业发展规模决定城市发展水平。基于马克思、恩格斯关于城镇化发展的认识，可知工业化是推进现代城市的重要动力。工业化发展带动人口、产业的集聚，促进城镇的建设。同时马克思、恩格斯指出资本主义的大工业会带来资源无节制使用以及环境恶化、工人的"过劳死"。因此考虑工业化推动城镇化发展的同时，要优化产业结构，延长产业价值链。赣闽粤原中央苏区地处内陆山区，红色资源、生态资源丰富，要实现"红色+""绿色+"，通过产业升级促进城镇化高质量发展。产业发展对城镇化建设具有先导和支撑作用，通过改变产城分离和城乡分裂的现象，实现城镇化与产业布局融合发展，进而推动赣闽粤原中央苏区城镇化高质量发展（宋周莺和祝巧玲，2020）。基于上述分析，提出如下研究假说：

H1：产业综合发展力对赣闽粤原中央苏区城镇化发展质量产生显著

影响。

城镇的发展离不开乡村，农业农村现代化发展为城镇的高质量发展提供人力与物质基础。马克思、恩格斯认为，随着生产力的不断发展，私有制被废除，城乡对立关系会被城乡融合关系所取代，人将得到自由和全面的发展。随着乡村人口的增加、人均土地资源的缩小、农业生产技术的进步等多方面作用下，农村就业岗位的减少，推动农村剩余劳动人口向城镇转移，农业生产剩余向非农业转移，促进了人口、产业在城镇的集聚，推动了城镇化发展。新时代，农业农村现代化发展，一方面，减少了农业生产的劳动力投入，为城镇的高质量发展提供人力支持；另一方面，在提高粮食保障能力的基础上提升农产品供给品质，为城镇的高质量发展提供物力支持。农业农村现代化发展，也对促进生态环境的保护、推动城乡融合发展发挥重要作用（杨强，2018）。基于上述分析，提出如下研究假说：

H2：现代农业推动力可以对赣闽粤原中央苏区城镇化产生显著影响。

（2）新时代，市场环境推动力与政府服务推动力是赣闽粤原中央苏区城镇化高质量发展的关键。

赣闽粤原中央苏区城镇化高质量发展，要发挥市场在资源配置当中起决定性作用，不能完全依靠政府干预的行政手段，走传统的城镇化老路。交易费用理论中，市场机制在公共利益增进和交易信息传递等方面具有显著作用，同时市场这只无形的手可以降低市场交易成本，有利于资源配置效率的提高。生产要素和生产活动等通过市场这只无形的手进行引导，能更好地促进资源在城镇化过程中实现最优配置和动态均衡。通过转变政府职能，完善市场环境，可以减少政府与民争利、公益缺位的问题，进而有助于维护社会稳定、经济健康高质量发展（丛茂昆和张明斗，2016）。基于上述分析，提出如下研究假说：

H3：市场环境动力可以对赣闽粤原中央苏区城镇化产生显著影响。

值得注意的是，目前赣闽粤原中央苏区属于相对欠发达地区，市场力量比较薄弱，为使人口、土地、资本等生产要素达到帕累托最优配置，需要借助政府的行政动力，推动经济高质量跨越式发展，从而带动赣闽粤原中央苏区城镇化高质量发展。但制度变迁理论告诉我们，制度供给必须与制度环境相容才能产生制度效率。在推动城镇化过程中，政府应由全能型政府向服务型政府转变，由全面行政主导城镇化发展转变为有限行政主导，发挥法律手段和经济手段，逐步减少对行政手段的依赖，降低市场在城镇化中的抑制作用。同时在尊重市场规律的前提下，强化政府的设计、调控功能，弥补和纠正市场失灵，提高政府在公共服务、公共政策等公共产品供给中的主导作用（马国勇和王颖，2021）。基于上述分析，提出如下研究假说：

H4：政府服务推动力可以对赣闽粤原中央苏区城镇化产生显著影响。

（3）新时代，社会综合发展力和自然资源禀赋力是赣闽粤原中央苏区城镇化高质量发展的基础。

社会综合发展力指的是教育、医疗等公共服务设施配置，是赣闽粤原中央苏区城镇化高质量发展的基础条件。人口迁徙理论中介绍道，城镇吸引人前往的不仅是高收入的工作，还有优质的教育资源、医疗服务、社会管理服务等。城镇化高质量发展，既要城镇产业经济高质量发展，又要教育、医疗等公共服务的完善。区域间公共服务设施配置的差异性与人口的流向密切相关，沿海发达地区拥有优质的高等教育资源、技术先进的医疗设施，吸引着人口不断流入，而赣闽粤原中央苏区等欠发达地区的基础教育水平、县级医疗服务促使有能力的人口不断外流（刘彦随等，2022）。基于上述分析，提出如下研究假说：

H5：社会综合发展力可以对赣闽粤原中央苏区城镇化产生显著影响。

自然资源禀赋力指的是城镇发展的自然资源禀赋，自然资源禀赋是赣闽粤原中央苏区县域城镇化发展的基础保障。赣闽粤原中央苏区地处三省交界处，位于内陆山区和传统农区。地处山区，地形起伏大，城镇建设成本大，城镇化发展空间受限；传统农区，受到自然环境的约束，产业发展滞后，城镇的吸引力和容纳力较弱，不利于城镇人口、产业的聚集，限制城镇空间外扩（刘海龙等，2023；刘彦随等，2022）。基于上述分析，提出如下研究假说：

H6：自然资源禀赋力可以对赣闽粤原中央苏区城镇化产生显著影响。

（4）新时代，红色区位发展力与区位交通发展力是赣闽粤原中央苏区城镇化高质量发展的保障。

赣闽粤原中央苏区是土改时期全国运动的中心，全域都是"红土地"，深度挖掘红色资源，开展红色旅游、教育、研学等活动，催生餐饮、住宿、交通业等第三产业的发展，带动城镇基础设施建设，促进城镇化高质量发展。由于本书仅就赣闽粤原中央苏区展开分析，故不进行实证验证。

地理区位条件对赣闽粤原中央苏区城镇化的扩散方向及强度起着关键性

作用,一个地区的市辖区往往是最先发展起来的,集聚着大部分的劳动力、资本、技术等要素,辖区内基础设施、公共服务相较其他县区更为完善,城乡要素融合程度更高,城镇化水平相对更高(李玉文等,2021)。交通便利度是本地与外地资源、资金、技术、知识等要素互联互通的基本条件,是城镇化高质量发展的重要依托。要想富,先修路。国道、省道、县道的建设,为沿途的乡镇带来了活力,促进了农村人口向城镇的转移,促进了非农产业的发展,完善了城镇化基础设施建设,促进城乡融合发展。城镇的连通性决定了城镇的经济竞争力与产业集聚力。未来,建立枢纽性城镇是赣闽粤原中央苏区城镇化的发展方向。基于上述分析,提出如下研究假说:

H7:区位交通发展力可以对赣闽粤原中央苏区城镇化产生显著影响。

5.2 实证方法与变量设计

5.2.1 实证方法

赣闽粤原中央苏区城镇化驱动因素错综复杂,建模过程中如何有效剔除无关变量或较少遗漏有用信息以提高模型估计及预测的准确度值得深入关注(张恒硕等,2022)。Robert(1996)提出的Lasso(Least Absolute Shrinkage and Selection Operator)方法是一种收缩估计,即在传统最小二乘估计的基础上施加约束条件,即对系数添加约束条件以消除多重共线性的影响,从而达到筛选有效驱动因素和构建最优模型的目的。基于赣闽粤原中央苏区城镇化驱动因素的初始选择,本节构建自适应Lasso模型选取赣闽粤原中央苏区城镇化发展质量的驱动因素,具体构造的数学形式及步骤如下。

以标准化处理后的面板数据为基础,设N为样本量个数,解释变量为$X=(x_1, x_2, \cdots x_i, \cdots x_N)^T$,i为第i个样本(i=1, 2, ⋯, N)。被解释变量为$Y=(y_1, y_2, \cdots y_i, \cdots y_N)^T$。记$\beta=(\beta_1, \beta_2, \cdots, \beta_Z)^T$,Z为解释变量维度。假设y与$x_1, x_2, \cdots x_i, \cdots x_Z$满足如下函数关系:$Y=\beta X+\varepsilon$($\varepsilon$为随机扰动项),则β的Lasso估计定义为式(5-1):

$$\hat{\beta}_{Lasso} \text{argmin}_\beta \sum_{i=1}^{N}(y_i-\beta x_i)^2 + \lambda \sum_{q=1}^{Z}|\beta_q| \tag{5-1}$$

式中，q∈Z，λ为约束参数。$\hat{\beta}$的估计值与约束参数λ有关，令λ=Σ$\hat{\beta}$，调节约束条件（即λ在0~1变化）对回归系数$\hat{\beta}$施加不同程度的压缩。如果变量x_i的估计系数被压缩为0，则该解释变量将被模型所剔除，即该变量x_i不视为赣闽粤原中央苏区城镇化发展质量的驱动因素。在λ约束下构造广义交叉验证统计量GCV，如式（5-2）所示：

$$GCV(\lambda) = \frac{|Y-X\beta_\lambda|^2}{(1-e(\lambda)/N)^2} \tag{5-2}$$

则交叉验证统计量取值最小的λ即为最优选择的λ（吴翌琳和李宪，2018）。Zou（2006）在传统Lasso模型基础上提出自适应Lasso（Adaptive Lasso）模型，将不同$\hat{\beta}$的约束参数赋予相应权重，且使$\hat{\beta}$估计具有渐进正态性，其定义形式如式（5-3）所示。

$$\hat{\beta}_{Lasso} \text{argmin}_\beta \sum_{i=1}^{N}(y_i - \beta x_i)^2 + \lambda \sum_{q=1}^{Z} \omega_q |\beta_q| \tag{5-3}$$

式中，ω_q为权重，且在$\omega_q = (|\beta_{q(OLS)}|)^{-\gamma} \omega_q$中，$\beta_{q(OLS)}$为$\beta_q$的最小二乘估计量，γ为可调整参数。在运用自适应Lasso模型选取驱动因素的过程中结合拓展的贝叶斯信息准则（EBIC）及赤池信息准则（AIC）等准则，进而得到最优的模型。

5.2.2 变量选取

5.2.2.1 被解释变量

前文基于熵权法测算出来的赣闽粤原中央苏区城镇化发展质量可视为被解释变量。

5.2.2.2 解释变量的选取

在运用自适应Lasso模型选取驱动因素之前，本章参考相关学者的研究及前文驱动机制理论分析，由于外商投资、出口额等指标数据缺失值较为严重，故未将外向力纳入赣闽粤原中央苏区城镇化发展质量的驱动因素动态识别过程中。因此，本章从产业综合发展力、现代农业推动力、市场环境推动力、政府服务推动力、社会综合发展力、自然资源禀赋力、区位交通发展力七个方面出发，具体从产业规模、工业化、产业升级、农机水平、设施农业、市场水平、金融支持、政府干预能力、政府经济能力、政策帮扶、医疗水平、教育水平、地形条件、耕地面积、市辖区、港口距离、省会城市距离方面进行驱动因素指标体系的初始选择。表5-1与表5-2展示了城镇化发展质量的驱动因素指标最新研究进展。表5-3展示了本章构建的驱动因素指标体系。

表5-1 相关驱动因素指标最新研究进展 I

学者	观点	具体指标
刘海龙等（2023）	县域城镇化空间格局主导因素：地形要素、区位交通、经济发展、社会投资、公共服务和政府主导	人均GDP、二三产业增加值占GDP比重、年末金融机构贷款余额、人均财政支出、人均全社会固定资产投资、每千人拥有卫生技术人员数、每万人在校中小学生拥有专任教师数、路网密度（国道、省道、铁路、高速公路）、邻近高速公路出口距离、地形起伏度、平均坡度
刘涛等（2022）	自然地理、经济社会和政策环境等因素是当前中国城镇化的重要驱动因素	地形位指数、多年平均气温、降水量、人均GDP增幅和二三产业增加值占比变动量、每万人医生数、中小学专任教师数增幅、是否位于特定地区城市群以及中心城市规模等级
刘彦随等（2022）	中国县域城镇化格局演化影响因素：经济发展水平、自然环境条件、基础设施建设、地理区位条件、公共资源供给等	人均GDP、二三产业产值占比、年降水量、坡度、道路里程、电话及宽带数、中小学数量及每万人床位数等指标
马国勇和王颖（2021）	从动力影响机制出发，归纳识别了政府政策、市场化程度、对外开放和区域内生性四个影响因素	选取国有全社会固定资产投资、地方财政一般预算支出；社会消费品零售总额、私营企业和个体就业人员比重；进出口额、外资、全社会固定资产投资；农业土地生产效率为第一产业生产总值与耕地面积的比值、规模以上工业企业总产值
宋周莺和祝巧玲（2020）	将边境地区的城镇化驱动力归纳为自然力、行政力、市场力、产业力、交通力和社会力	年均降水、年均气温、平均海拔、耕地面积、地方财政支出、全社会固定资产投资、政策优惠指数、社会消费品零售总额、双边贸易额、双边经济融合水平、市场机会、规模以上工业总产值、旅游收入、地区生产总值、运输线密度、交通水平、航空建设水平、少数民族人口比重、教育水平、医疗水平

资料来源：笔者自行整理。

表5-2 相关驱动因素指标最新研究进展 II

学者	观点	核心解释变量	控制变量
戴一鑫等（2022）	服务业集聚水平的提升能够有效推动长江经济带新型城镇化建设的进程，并且产生空间溢出效应	选用区位熵指数作为衡量服务业集聚的指标	选择政府干预水平（人均政府公共预算财政支出）、对外开放水平（进出口总额占GDP比重）、外商直接投资水平（人均外商直接投资）等作为控制变量

续表

学者	观点	核心解释变量	控制变量
樊十德和柏若云（2022）	FDI对新型城镇化的影响呈现"先下降后上升"的特征	以外商直接投资的对数及其平方项作为衡量外资进入的指标	从产业结构（工业增加值与GDP之比）、城乡收入差距（城乡居民人均可支配收入之比）、市场化水平（市场化指数）及政府支持力度（地方财政一般公共服务支出）等作为协同控制变量
戴一鑫和卢泓宇（2022）	高技术产业集聚能够有效推动本地区和邻近地区的新型城镇化发展	利用区位熵指数作为衡量高技术产业集聚的指标	选取基础设施水平（固定资产投资占GDP比重）、政府干预水平（财政开支占GDP比重）和对外开放水平（进出口总额占GDP比重）等作为控制变量
周滔和林汉玉（2022）	信息化发展对新型城镇化有显著的正向影响，而空间溢出效应不明显	采用主成分分析法测算了信息化发展综合指数	物质资本投入水平（人均全社会固定资产投资额）、地区消费水平（人均社会消费品零售额）和对外开放程度（人均当年实际使用外资金额）等作为控制变量
王滨（2022）	金融科技对本地区城镇化高质量发展的影响呈现显著的U形非线性特征，但空间溢出效应尚不明显	以数字普惠金融指数作为金融科技发展水平的代理变量	选择实际资本存量（永续盘存法进行测算）、人力资源水平（普通高等学校每十万人平均在校生数）、产业结构（二三产业总值占GDP比重）、市场化程度（市场化指数作为代理变量）、固定资产投资（人均固定资产投资额）、工业化水平（当年工业增加值占GDP比重）和经济开放度（当年进出口总额占GDP比重）等作为控制变量
向书坚等（2022）	城乡居民收入差距对本地区与相邻地区常住人口城镇化和户籍人口城镇化产生了方向相反的效应	用泰尔指数表示城乡居民收入差距	选择经济增长水平（人均GDP）、工业化水平（第三产业增加值占国内生产总值的比重）、知识水平（每十万人高等学校在校生数）、交通基础设施（公路、铁路里程之和与国土面积的比值）等作为控制变量
杨瑞等（2022）	数字经济对新型城镇化具有显著的促进作用，且这一影响具有区域异质性	选取互联网普及率、互联网相关从业人员数等5个方面构建数字经济发展水平的评价体系	外商直接投资（实际利用外资与地区生产总值之比）；金融发展（金融机构存贷款余额与地区生产总值的比值）；教育科技投入（教育科技投入与地区生产总值的比重）；产业结构（第三产业增加值与第二产业增加值之比）等作为控制变量

续表

学者	观点	核心解释变量	控制变量
赵永平和熊帅（2022）	市场化水平越高，产业集聚对新型城镇化的促进作用越明显	以二三产业的就业人数作为衡量产业集聚的指标	选择城镇发展规模（城镇人口比重和城镇失业）、基础设施（每万人拥有公交车辆）、城镇绿化（人均绿地面积）以及经济发展（地区人均生产总值和第三产业比重）作为控制变量
谢守红等（2022）	城镇化发展不仅受到本地区金融集聚的影响，还受到邻近地区金融集聚的影响	以金融业区位商来衡量金融集聚程度	人均城市道路面积、人均固定资产投资、人均实际使用外资、人均财政支出、工业增加值占GDP比重、第三产业增加值占GDP比重

资料来源：笔者自行整理。

表5-3　驱动因素指标体系

驱动力	驱动因素	指标衡量	来源
产业综合发展力	产业规模	地区生产总值	中国县域统计年鉴
	工业化	规模以上工业总产值与GDP之比	笔者计算而得
	产业升级	第三产业增加值与第二产业增加值之比	笔者计算而得
现代农业推动力	农机水平	农业机械总动力	中国县域统计年鉴
	设施农业	设施农业占地面积	中国县域统计年鉴
市场环境推动力	市场水平	人均社会消费品零售总额	笔者计算而得
	金融支持	人均年末金融机构各项贷款余额	笔者计算而得
政府服务推动力	政府干预能力	人均财政支出	笔者计算而得
	政府经济能力	人均固定资产投资	笔者计算而得
	政策帮扶	受援地为1，否则为0	笔者赋值而得
社会综合发展力	医疗水平	人均卫生技术人员数	中国县域统计年鉴
	教育水平	普通中小学数	中国县域统计年鉴
自然资源禀赋力	地形条件	海拔高度极差值	地理空间数据云
	耕地面积	农作物总播种面积	中国县域统计年鉴
区位交通发展力	市辖区	市辖区赋值1，否则为0	笔者赋值而得
	港口距离	距离港口的距离	地理空间数据云
	省会城市距离	距离省会城市的距离	地理空间数据云

资料来源：笔者自行整理。

5.2.2.3 数据来源

本章的数据类型为 2000~2020 年赣闽粤原中央苏区 96 个县（市、区）的面板数据①。数据取自 2001~2021 年的《中国县域统计年鉴》以及各省统计年鉴。因部分数据存在缺失，在进行模型计算前利用插补法对缺失部分进行补充。中心城市距离、地形起伏度源于地理空间数据云。

5.2.3 变量解释

5.2.3.1 产业综合发展力

产业综合发展力是赣闽粤原中央苏区县域城镇化发展质量的重要驱动力。第一，产业规模是推动赣闽粤原中央苏区县域城镇化发展的根本动力。产业规模大的地区，经济发展水平往往比较高，具有吸引资本、技术、人才等生产要素的优势，对人口的集聚能力越强，越能带动城镇化建设，以地区生产总值衡量产业规模，一般来说，地区生产总值越大，经济发展水平越高，产业总体规模越大，进而对城镇化的促进作用越大（宋周莺和祝巧玲，2020）。第二，工业化是赣闽粤原中央苏区县域城镇化发展的内生动力。工业化带动农业劳动力大规模从农村转移至城市，所带来的产业集聚与分工，促进了城镇化的快速推进（魏后凯和王颂吉，2019）。规模以上工业总产值越高，工业化率越大，说明工业在该区域经济发展中占有更佳主导地位，对城镇化发展的推动力量更大。第三，产业结构可以促进人口城镇化，推动城镇化水平的提升。用第三产业增加值与第二产业增加值之比反映产业升级，其数值越大，表明产业结构越向高级化方向发展（杨瑞等，2022）。

5.2.3.2 现代农业推动力

现代农业推动力为赣闽粤原中央苏区县域城镇化的发展质量提供了人口和物质基础。农业生产水平越先进，农业生产效率越高，一方面解放了土地上的农民，为非农经济活动提供更多的劳动力，进而对农村劳动力向城镇集聚产生了"推力"，加快人口城镇化的进程；另一方面产生大量剩余农物品，为非农产业的发展提供了基础，进一步推进产业升级，形成产业集聚。用农业机械总动力、设施农业占地面积衡量农业现代化水平的提高（马国勇和王颖，2021）。农业现代化水平的提高，带动城镇化的发展。

---

① 由于数据的可得性，剔除掉中央规划范围内梅江区、新罗区、梅列区、三元区、延平区、芗城区、章贡区、渝水区、吉州区、青原区、袁州区、安源区 12 个研究对象。

5.2.3.3 市场环境推动力

市场环境推动力是驱动赣闽粤原中央苏区县域城镇化发展质量的重要动力。市场环境推动力具体可表现在两个方面：一是市场化程度越高，交易成本越低，资源配置效率越高，进而推动城镇化建设效率的提升。用人均社会消费品零售总额衡量该地区市场基础的发育完善程度，该指标越高说明该地区市场化水平越高（马国勇和王颖，2021）。二是市场化水平越高的地方，金融创新能力越强，而金融发展对于赣闽粤原中央苏区县域城镇化发展是不可或缺的。金融发展水平越高，越能满足城镇化建设的资金缺口（陈雨露，2013）。用人均年末金融机构各项贷款余额来衡量金融发展水平，不断提升金融发展水平，有利于更好地满足赣闽粤原中央苏区县域城镇化建设过程中各个经济主体的信贷资金需求，推动赣闽粤原中央苏区城镇化建设，进而促进城镇化高质量发展。

5.2.3.4 政府服务推动力

政府服务推动力是赣闽粤原中央苏区县域城镇化发展质量的关键驱动力。政府是赣闽粤原中央苏区县域城镇化的主要推动主体。政府的宏观调控行为为城镇化发展提供强有力的保障，地方政府运用地方财政支出用于民生建设，为城镇化建设创造了物质基础，用财政支出占 GDP 水平衡量政府干预能力（戴一鑫等，2022）。社会投资对赣闽粤原中央苏区县域城镇化起到了至关重要的作用，固定资产投资的增加可加速完善城镇基础设施，为县域城镇化建设提供支持和保障，用社会投资作为政府经济能力的代理变量，用人均固定资产投资衡量社会投资水平，全社会投资水平越高，政府经济能力越强，越能推进城镇化水平提升（谢守红等，2022）。一般认为，在欠发达地区，政府行为会加快城镇化建设，政府帮扶有利于当地的城镇化建设。2013 年 8 月国务院办公厅发布了《中央国家机关及有关单位对口支援赣南等原中央苏区实施方案》，中央国家机关及有关单位对口支援赣南等原中央苏区合计 31 个县（市、区）[①]。对口支援工作期限初步确定为 2013~2020 年。以受援地虚拟变量衡量政策帮扶力度，若区县为受援地赋值 1，否则为 0。

[①] 受援地：江西省赣州市所辖 18 个县（市、区），以及吉安市吉州区、青原区、吉安县、吉水县、新干县、永丰县、泰和县、万安县和抚州市黎川县、南丰县、乐安县、宜黄县、广昌县等 13 个县（区），共计 31 个县（市、区）。

5.2.3.5 社会综合发展力

社会综合发展力是赣闽粤原中央苏区县域城镇化发展质量的基础条件。社会综合发展力的高低主要是体现在教育、医疗等公共服务设施配套。城镇化的发展不仅是土地城镇化、人口城镇化，更是教育、医疗等公共服务设施配套合理化的城镇化。教育、医疗等公共服务设施的配套是地区能否吸引人来并留得住人的关键要素，对赣闽粤原苏区县域城镇化的内聚力产生重要影响。提高赣闽粤原苏区城市尤其是县城在医疗、教育等领域的公共服务供给品质，满足农民到县城安家就业的生活需要，有利于加快赣闽粤原苏区就地城镇化的发展（李国平和孙瑀，2022）。一般用人均卫生技术人员数衡量医疗水平（刘海龙等，2023），用普通中小学数衡量教育水平（刘彦随等，2022）。

5.2.3.6 自然资源禀赋力

自然资源禀赋是赣闽粤原中央苏区县域城镇化发展质量的必要前提。地处山区、资源禀赋较差的老区苏区等欠发达地区，受到自然环境的约束，普遍存在城镇化发展空间不足、农业生产受限等问题，由于资源不足、产业发展滞后，导致劳动力大幅度外流，使得部分区域人口流失严重。用地形起伏度、耕地面积来反映自然条件状况（刘海龙等，2023；宋周莺和祝巧玲，2020）。

5.2.3.7 区位交通发展力

区位交通发展力对赣闽粤原中央苏区县域城镇化的扩散方向和渗透强度起着关键性作用。市辖区一般位于地级市的中心位置，具有良好的区位优势。相比于一般的区县，市辖区财政资源投入更多，经济规模更大，人口的集聚能力更强，城镇化发展质量更高。以市辖区虚拟变量衡量区位条件，若区县为市辖区赋值1，否则为0（李玉文等，2021）。距离省会城市越近的地方，交通越便利，越能受到省会城市的辐射带动作用，越能促进农村资源向城市转移。距离港口越近的地方，对外交流越方便，能够促进资源、人才、技术等要素的流通，促进当地的城镇经济的发展、人口的集聚、基础设施的完善，进而推动赣闽粤原中央苏区城镇化高质量发展（宋周莺和祝巧玲，2020）。

第5章 赣闽粤原中央苏区城镇化发展质量驱动因素的识别与影响效应

5.3 实证过程

5.3.1 驱动因素筛选

首先,使用普通的 OLS 模型进行回归,然后采取方差膨胀因子(VIF)方法进行多重共线性检验,结果显示,解释变量产业规模、政府干预能力、金融支持、政府经济能力的 VIF 大于 10,说明存在共线性问题。此时,我们需要筛选自变量。然后,利用逐步 OLS 模型进行回归,逐步 OLS 模型可以筛选出显著的自变量,来抵消共线性问题的影响。虽然逐步 OLS 模型筛选的所有自变量的系数都具有显著性,但采取方差膨胀因子方法进行多重共线性检验,部分自变量如产业规模、金融支持的 VIF 仍然大于 10,说明共线性问题的影响并未消除。这说明,逐步 OLS 模型可以筛选显著的自变量,但不能解决多重共线性问题。为了更好地解决共线性问题,采用自适应 Lasso 模型识别出赣闽粤原中央苏区城镇化发展质量的驱动因素。运用 STATA.17 软件对标准化后的自变量和前文测算出来的赣闽粤原中央苏区城镇化发展质量进行分析,可以得出 Lasso 方法求解的路径,如图 5-2 所示。

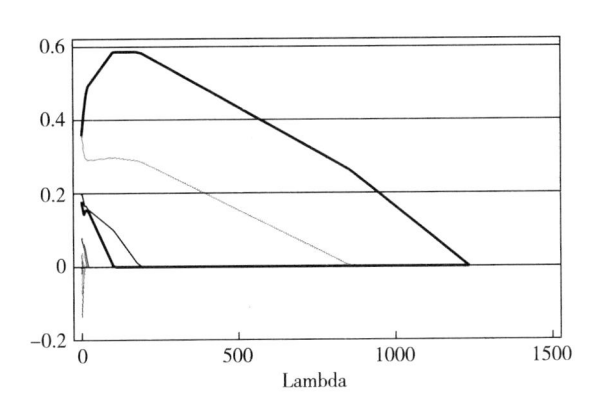

图 5-2 Lasso 方法求解的路径

其中,当 Lambda 等于零时,位于图左边,此时不存在惩罚项,此时的 Lasso 模型等价于 OLS 模型。当 Lambda 很大时,位于图的右边,由于惩罚力度过大，所有变量系数均归于 0。随着 Lambda 的减小，Lasso 模型越来越接近 OLS 模型，越来越多的系数为非 0，而先变为非 0 的变量的元素意味着其对赣闽粤原中央苏区城镇化发展质量有较强的解释能力。据此，本节结合拓展的贝叶斯信息准则（EBIC）及赤池信息准则（AIC），选出了解释能力最强的变量，按照解释能力排序分别为：政府经济能力、工业化水平、产业规模、金融支持、医疗水平、市场水平、农机水平、产业结构、政策支持、地形条件、教育水平、市辖区、耕地面积。运用经自适应 Lasso 模型选择出的解释变量对前文测算出来的赣闽粤原中央苏区城镇化发展质量做回归，并结合逐步回归与普通最小二乘法的参数估计结果进行比较，回归结果如表 5-4 所示。同时采取方差膨胀因子方法进行多重共线性检验，结果显示，经自适应 Lasso 模型选择的所有变量的方差膨胀系数（Variance Inflation Factor）最大值均小于 10，Mean VIF 等于 3.89，不存在共线性问题。这也验证了 Lasso 模型能很好消除多重共线性的影响，有效筛选驱动因素和构建最优模型的作用。

表 5-4　自适应 Lasso、逐步回归及普通 OLS 估计结果的比较

变量		（1）Lasso	（2）逐步 OLS	（3）OLS
产业综合发展力	产业规模	0.303*** (26.11)	0.431*** (27.73)	0.427*** (26.02)
	工业化水平	0.344*** (34.86)	0.352*** (36.95)	0.353*** (36.81)
	产业升级	0.143* (2.79)	0.135** (2.52)	0.129** (2.40)
现代农业推动力	农机水平	0.050*** (4.72)	0.072*** (6.90)	0.074*** (7.08)
	机施面积	—	—	0.004 (1.52)
市场环境推动力	市场水平	0.036** (2.98)	0.061*** (5.11)	0.060*** (4.97)
	金融支持	0.219*** (18.35)	0.173*** (14.19)	0.171*** (13.72)

续表

变量		（1）Lasso	（2）逐步OLS	（3）OLS
政府服务推动力	政府干预能力	—	—	0.014 (1.06)
	政府经济能力	0.148*** (19.61)	0.105*** (13.46)	0.099*** (11.43)
	政策帮扶	0.083*** (4.68)	0.117*** (6.72)	0.120*** (6.74)
社会综合发展力	医疗水平	0.183*** (12.02)	0.211*** (14.54)	0.208*** (14.06)
	教育水平	0.004 (0.35)	—	-0.010 (-0.86)
自然资源禀赋力	地形条件	-0.033*** (-3.54)	-0.035*** (-3.82)	-0.032*** (-3.42)
	耕地资源	-0.156*** (-12.31)	-0.234*** (-16.67)	-0.224*** (-14.71)
区位交通发展力	市辖区	0.047*** (3.88)	0.056*** (4.89)	0.052*** (4.23)
	港口距离	—	0.144*** (11.81)	0.139*** (10.36)
	省会城市距离	—	-0.028*** (-3.34)	-0.028*** (-3.20)
N		2016	2016	2016
R^2		0.964	0.967	0.967
Adj. R^2		0.964	0.967	0.967

注：***、**和*分别表示1%、5%和10%的显著性水平。

由表5-4可知，自适应Lasso模型调整后的R^2为0.964，说明经自适应Lasso模型选择出的变量对赣闽粤原中央苏区城镇化发展质量解释能力强，模型拟合程度比较好。经自适应Lasso模型选择出的变量当中，可以发现产业综合发展力是赣闽粤原中央苏区城镇化发展质量的第一正向驱动力，是所有驱动力中最为有效的一个，产业规模、工业化水平、产业升级都是赣闽粤原中央苏区城镇化发展质量的显著正向驱动指标，驱动系数均是大于0.1。城镇化可谓产业演化的自然结果，城镇化的发展过程是由简单手工业或低层次服务业的诞生促成了集镇的出现，到工业化推进产业、人口、资源的集聚，再到医疗、餐饮、旅游等第三产业凭借为第二产业提供配套设施的同时广泛吸纳大量剩余劳动人口，推进城镇公共服务、基础设施的完善，提高城镇化发展质量（曹宗平，2009）。在赣闽粤原中央苏区城镇化建设过程中，需要产业发展作为重要支撑，第三产业门槛低、种类多，具有较强的人口集聚、产业集聚功能，并且能够为城市发展带来活力。尤其是赣闽粤原中央苏区具有丰富的红色资源，红色教育培训、红色旅游业的发展，一方面，促进了当地城镇基础设施升级，尤其是交通基础设施的完善，提高城镇化质量；另一方面，形成产业集聚，带动一系列相关产业的发展，如餐饮、住宿、交通、娱乐业的发展，形成一大批就业岗位，解决苏区、老区劳动就业难的问题，提高了城乡居民收入，促进城乡协调发展（林莉和梅燕，2014）。

首先，市场环境推动力是赣闽粤原中央苏区城镇化发展质量的第二正向驱动力，市场化水平、金融支持也是显著正向驱动赣闽粤原中央苏区城镇化发展质量，但是市场化水平的驱动系数相对较小。市场化水平的提升，有利于降低交易费用，推进资源要素的利用效率，吸引社会资本参与城镇化建设当中，如采用PPP模式进行城市更新建设，盘活旧城区国有资产，提升项目效益，促进经济城镇化高质量发展的同时有利于推进社会城镇化高质量发展。但是市场化水平的驱动系数相对较小，这可能是由于赣闽粤原中央苏区整体市场化水平不高，其作用并没有完全发挥出来。金融发展在城镇化建设过程中起到了重要作用，一方面能够通过为城市基础设施建设提供资金支持，另一方面能够促进人口、资源要素的聚集、产业升级。随着金融发展水平的提高，金融体系日趋完备，金融制度日趋规范，能够有效解决城镇化进程中各类经济主体的金融需求问题，可以优化资源配置、降低交易费用，提高投资的有效性，能够促进赣闽粤原中央苏区城镇化可持续发展（马德功等，2021）。

其次，社会综合发展力是赣闽粤原中央苏区城镇化发展质量的第三正向驱动力，医疗水平对赣闽粤原中央苏区城镇化发展质量具有显著的正向效应。医疗等公共服务供给越充分的地区相对越吸引劳动人口的集聚，随着生活水平的提升，越来越多人关注人的健康，对医疗的服务需求增多，城镇的医疗服务设施、医生治疗经验高于村医务室和乡卫生所，人们为了更好的公共服务供给，选择去城镇定居。当前随着城乡融合发展战略的落实，公共服务的下沉,如江西省芦溪县,作为城镇化试点示范地区,下沉优质医疗资源到镇、乡,进而促进城乡医疗资源协调发展。

再次,政府服务推动力是赣闽粤原中央苏区城镇化发展质量的第四正向驱动力,政府经济能力、政府帮扶也对赣闽粤原中央苏区城镇化发展质量具有显著的正向效应。政府经济能力越强的地区,社会公共投资越多,城镇基础设施建设越完善,越促进该地区社会城镇化的发展,吸引人口、产业的集聚,进一步促进城镇化发展质量的提高。近年来,各地区政府帮扶的地方,获得来自中央人才、项目、产业的对口支援,有利于赣闽粤当地充分挖掘比较优势,增强内生动力,促进城镇化高质量发展。

最后,自然资源禀赋力是赣闽粤原中央苏区城镇化发展质量的重要负向驱动因素。地形条件、耕地资源对赣闽粤原中央苏区城镇化发展质量的驱动效应显著为负,这是由于原中央苏区属于内陆山区、传统农区,地形起伏大的地区城镇发展规模受限,耕地资源丰富的地区,农业人口占比大,继而对城镇化建设是负向影响。现代农业推动力中农机水平对赣闽粤原中央苏区城镇化发展质量具有显著的正向效应,这可能是因为农业现代化的发展,能够解放农村劳动力、提升农业生产效率,为城镇化的发展提供劳动剩余与生产剩余,促进城镇化的发展。但是驱动效应比较小,是由于赣闽粤原中央苏区整体处于各省欠发达地区,农业现代化水平不足。

5.3.2 纵向对比:驱动因素时间演变分析

分年份采用自适应 Lasso 模型客观选取赣闽粤原中央苏区城镇化发展质量的驱动因素,并根据其系数的时间进一步分析闽粤原中央苏区城镇化发展质量驱动因素的时间演进趋势(见表 5-5)。

表 5-5 赣闽粤原中央苏区城镇化发展质量驱动因素时间演变

变量		(1) 2000 年	(2) 2005 年	(3) 2010 年	(4) 2015 年	(5) 2020 年
政府服务 推动力	政府干预能力	0.404*** (5.52)	—	0.438*** (5.82)	0.627*** (6.57)	0.761*** (6.79)
	政府经济能力	0.014 (0.65)	0.110** (2.45)	0.128*** (4.17)	0.221*** (6.33)	0.220*** (5.84)

续表

变量		(1) 2000年	(2) 2005年	(3) 2010年	(4) 2015年	(5) 2020年
产业综合 发展力	产业规模	0.290*** (6.04)	0.124*** (3.68)	0.267*** (7.59)	0.310*** (8.55)	0.331*** (6.13)
	工业化水平	0.122*** (3.98)	0.283*** (7.54)	0.466*** (12.70)	0.489*** (13.35)	0.517*** (14.34)
	产业升级	0.189 (1.25)	—	—	—	—
市场环境 推动力	市场化水平	-0.019 (-0.97)	0.163*** (2.68)	—	—	0.095** (2.23)
	金融支持	0.272*** (6.50)	0.222*** (4.65)	0.161*** (4.17)	0.166*** (3.44)	0.161*** (2.67)
区位交通 发展力	港口距离	-0.079** (-2.47)	—	—	—	-0.104** (-2.39)
	省会城市距离	—	—	-0.128* (-8.50)	—	—
社会综合 发展力	医疗水平	—	—	0.149*** (2.91)	0.051 (1.08)	—
自然资源 禀赋力	地形条件	-0.132 (-3.51)	—	—	—	-0.092*** (-2.65)
现代农业 推动力	农机水平	0.016 (0.77)	—	—	—	0.079* (1.98)
N		96	96	96	96	96
R^2		0.881	0.835	0.929	0.935	0.929
Adj. R^2		0.868	0.826	0.923	0.930	0.923

注：***、**和*分别表示1%、5%和10%的显著性水平。

由表5-5可知，政府服务推动力、产业综合发展力、市场环境推动力是赣闽粤原中央苏区城发展质量的重要正向驱动力，且驱动效应逐年加强。

政府服务推动力：样本考察期，政府干预能力与政府经济能力在2000年、2005年、2010年、2015年、2020年对赣闽粤原中央苏区城镇化发展质量具有显著的正向效应，后期影响效应逐渐增强。赣闽粤原中央苏区属于欠发达地区，政府的行为对当地城镇化发展具有重要的作用，政府支出的增加、社会投资规模的扩大会促进当地基础设施建设、公共服务供给，促进当地城镇化进程的加速提质。

产业综合发展力：产业规模、工业化水平在2000年、2005年、2010年、2015年、2020年对赣闽粤原中央苏区城镇化发展质量具有显著的正向效应，且随着时间的推移，两者对城镇化的影响效应越来越大。这可能是由于20年间我国整个经济社会得到了巨大的发展，赣闽粤原中央苏区地处珠三角腹地，具有产业优先转移的区位优势，工业集聚带动了人口、服务业的集聚，经济社会得到了巨大的发展，城镇化发展质量得到了提升。而产业升级在2000年之后的年份未被选上，可能是赣闽粤原中央苏区整体发展滞后于其他地区，第三产业发展水平低，产业结构不够优化，城镇化建设过程中产业升级的驱动力并不明显。

市场环境推动力：金融支持在2000年、2005年、2010年、2015年、2020年对赣闽粤原中央苏区城镇化发展质量具有显著的正向效应，金融支持对赣闽粤原中央苏区城镇化发展质量的影响系数在2010年较于2000年有明显的下降，这是由于2008年金融危机的冲击，抑制了经济社会的发展，市场信心下降，公众减少了融资需求，金融支持对城镇化的助推力有所下降。而随后影响系数在2015年达到最大值，这可能与城镇化战略的实施密切相关，城镇化是"以人为本"的城镇化，城镇化建设过程不再仅仅追求速度，更多地注重质量、效率，同时伴随着金融的发展，银行机构不断创新金融服务，满足社会各个群体融资需求，如为企业、农业合作组织提供贷款等措施，为城镇化建设增添活力，促进城镇化高质量发展。影响系数在2020年有下降的态势，这在一定程度上抑制了当地的消费、投资行为。

其他驱动力：区位交通发展力当中市辖区变量未被识别出，港口距离2000年对城镇化发展质量产生负的驱动效应，而后未被识别，于2020年再次被识别出来，影响效应明显增大，这可能是21世纪初期，距离港口越近的地方，对外交流越多，越容易吸引外部投资，进而促进当地的城镇经济的发展。而后随着赣闽粤原中央苏区各个地区营商环境改善，公共设施完善，港口区位优势不再明显，而2020年可能是受到新冠疫情冲击的影响，沿海城市港口区位优势又凸显出来。社会综合发展力当中医疗水平指标在2010年、2015年选入，其他年份可能是由于驱动效应不明显而未被识别出来。自然资源禀赋力当中地形条件因素在2000年对城镇化发展质量产生负的驱动效应，而后未被识别,于 2020 年再次被识别出来,影响效应明显减弱,这可能是由于随着经济的发展,技术的进步,城镇化的建设当中地形条件不再是抑制因素。现代农业推动力当中农机水平 2000 年对城镇化发展质量产生正的驱动效应,而后未被识别,于 2020 年再次被识别出来,影响效应明显增大,这可能是因为近年来乡村振兴战略的提出,农业农村现代化发展,就地非农化促进了农村人口向城镇人口演变、农业经济活动向非农经济活动转变、农业生活方式向城镇生活方式转变,进而推动了城镇化高质量发展。

5.3.3　横向对比:驱动因素空间差异分析

分地区采用自适应 Lasso 模型客观选取赣闽粤原中央苏区城镇化发展质量的驱动因素,根据其系数的空间变化进一步分析闽粤原中央苏区城镇化发展质量驱动因素的空间差异(见表 5-6)。

表 5-6　赣闽粤原中央苏区城镇化发展质量驱动因素的空间差异

变量		(1) 闽西	(2) 赣南	(3) 粤北
政府服务推动力	政府干预能力	0.195*** (8.21)	0.231*** (11.23)	0.121*** (4.90)
	政府经济能力	0.028* (1.96)	0.037*** (2.91)	—
	政府帮扶	—	0.092*** (5.10)	—
产业综合发展力	产业规模	0.338*** (11.45)	0.467*** (22.86)	0.467*** (16.06)
	工业化水平	0.394*** (23.64)	0.312*** (27.18)	0.381*** (22.04)
	产业升级	0.190** (2.49)	0.092 (1.09)	0.150 (1.18)
市场环境推动力	市场化水平	0.144*** (5.96)	—	0.108*** (4.61)
	金融支持	0.070*** (3.13)	0.100*** (5.76)	—

续表

变量		(1) 闽西	(2) 赣南	(3) 粤北
区位交通发展力	市辖区	0.004 (0.19)	—	—
	港口距离	-0.024 (-0.88)	—	—
	省会城市距离	—	-0.211*** (-9.02)	—
社会综合发展力	医疗水平	0.265*** (8.22)	0.043** (2.01)	0.464*** (14.77)
	教育水平	0.065** (2.32)	0.168*** (11.09)	—
自然资源禀赋力	地形条件	-0.027 (-1.30)	-0.039*** (-3.04)	—
	耕地资源	-0.216*** (-9.49)	—	—
现代农业推动力	农机水平	0.107*** (5.89)	0.115*** (9.11)	—
	机施面积	0.035* (1.69)	—	0.207*** (6.78)
N		756	1008	252
R^2		0.978	0.973	0.977
Adj. R^2		0.978	0.972	0.976

注：***、**和*分别表示1%、5%和10%的显著性水平。

由表5-6可知，分析各地区城镇化发展质量的驱动力，发现赣闽粤原中央苏区各地区城镇化发展质量的驱动力既有共性也有显著的空间异质性。

政府服务推动力：政府干预能力对闽西苏区、赣南苏区、粤北苏区各个地区城镇化发展质量具有显著的正向效应，政府经济力正向驱动了闽西苏区与赣南苏区城镇化的发展质量，而在粤北苏区不明显。

产业综合发展力：工业化水平、产业规模显著正向驱动了闽西苏区、赣南苏区、粤北苏区各个地区城镇化发展质量，但产业升级仅对闽西苏区城镇化发展质量产生显著正向驱动效应,而对赣南苏区、粤北苏区各个地区城镇化的高质量发展的正向驱动作用不显著。

市场环境推动力:市场化水平对闽西苏区、粤北苏区各个地区城镇化发展质量具有显著的正向效应,而在赣南苏区不明显。金融支持正向驱动了闽西苏区、赣南苏区城镇化发展质量,而在粤北苏区不明显。这可能是由于闽西苏区经济社会发展发展水平高于赣南苏区、粤北苏区。

区位交通发展力:省会城市距离对赣南苏区有显著的抑制作用,这是由于赣南苏区距离省会城市南昌越远的地方,受到中心城市辐射带动作用越弱,交通便利度不足,抑制城镇化的发展。

社会综合发展力:医疗水平对闽西苏区、赣南苏区、粤北苏区各个地区城镇化发展质量具有显著的正向效应,对于粤北苏区尤为明显,影响系数为0.464;教育水平对城镇化发展质量的影响效应在赣南苏区是较为显著的。

自然资源禀赋力:地形条件对赣南苏区有显著的抑制作用,这是由于赣南苏区整体发展水平低,难以脱离地形起伏度对其的影响。耕地资源对闽西苏区城镇化有显著的抑制作用,这是由于闽西苏区农业耕地丰富的地方,农业人口占比大。

现代农业推动力:农机水平对闽西苏区、赣南苏区城镇化发展质量具有显著的正向效应,而在粤北苏区不明显。机施面积正向驱动了闽西苏区、粤北苏区城镇化的高质量发展,而在赣南苏区不明显。

以上分析结果表明,赣闽粤原中央苏区各个地区城镇化发展质量的驱动因素及作用效果存在较大差异,产业综合发展力是三个地区的第一驱动力,产业兴城是一个共性问题,但是闽西、粤北苏区城镇化发展质量的第二驱动力是社会综合发展力,而赣南苏区的第二驱动力是政府服务推动力。这是由于三个地区处于不同省份,省情不同,闽西苏区走山海协调发展之路,粤北苏区拥抱大湾区,而赣南苏区地处欠发达省份,中央有关单位对口支援,虽然有《赣闽粤原中央苏区振兴发展规划》政策的出台,但是赣闽粤三省协同发展仍存在难度。

5.3.4 机制检验:赣闽粤原中央苏区各维度城镇化发展质量驱动机制的分化特征

赣闽粤原中央苏区城镇化可分为五个维度:人口城镇化、经济城镇化、

social 城镇化、生态城镇化、城乡融合发展。本节基于 2000~2020 年及原中央苏区、闽西、赣南、粤北苏区上述五个维度的基础数据,根据自适应 Lasso 模型对驱动因素的客观选择结果从人口、经济、社会、生态、城乡五个维度来分析赣闽粤原中央苏区城镇化发展质量的驱动机制。

5.3.4.1 赣闽粤原中央苏区人口城镇化发展质量驱动因素分析

赣闽粤原中央苏区及闽西、赣南、粤北各地区人口城镇化发展质量的驱动因素空间差异如表 5-7 所示。

表 5-7 赣闽粤原中央苏区人口城镇化发展质量驱动因素空间差异

变量		(1) 原中央苏区	(2) 闽西	(3) 赣南	(4) 粤北
政府服务推动力	政府干预能力	0.082*** (6.69)	—	0.068*** (3.49)	0.047 (1.48)
	政府经济能力	-0.099*** (-11.45)	-0.096*** (-12.39)	-0.052*** (-3.34)	0.020 (1.50)
产业综合发展力	产业规模	0.202*** (17.06)	0.230*** (14.92)	0.290*** (16.87)	—
	工业化水平	—	0.059*** (4.74)	—	-0.166*** (-10.42)
	产业升级	0.718*** (13.41)	0.341*** (6.09)	0.721*** (7.25)	0.881*** (8.88)
市场环境推动力	市场化水平	0.013 (1.07)	—	-0.024 (-1.48)	—
	金融支持	—	—	—	0.078*** (4.59)
区位交通发展力	市辖区	0.047*** (3.62)	0.086*** (6.48)	0.130*** (6.30)	0.186*** (6.46)
	港口距离	-0.188*** (-16.19)	-0.080*** (-5.02)	—	-0.508*** (-18.71)
	省会城市距离	0.031*** (3.50)	-0.100*** (-7.88)	0.090*** (2.64)	0.195*** (7.57)

续表

变量		（1）原中央苏区	（2）闽西	（3）赣南	（4）粤北
社会综合发展力	教育水平	0.028** (2.20)	0.101*** (4.80)	—	0.299*** (11.27)
	医疗水平	0.192*** (12.71)	0.137*** (6.71)	0.107*** (4.35)	0.140*** (6.17)
自然资源禀赋力	地形条件	−0.161*** (−18.00)	−0.252*** (−17.06)	−0.142*** (−10.30)	−0.305*** (−10.81)
现代农业推动力	农机水平	—	0.017 (1.28)	0.139*** (9.66)	0.209*** (10.26)
	机施面积	—	0.037** (2.46)		0.042 (0.75)
N		2016	756	1008	252
R^2		0.703	0.898	0.719	0.917
Adj. R^2		0.702	0.896	0.717	0.913

注：***、**和*分别表示1%、5%和10%的显著性水平。

由表5-7可知，总样本分析，产业综合发展力中产业升级指标对赣闽粤原中央苏区人口城镇化发展质量的驱动作用最为明显，自然资源禀赋力中，地形起伏度对赣闽粤原中央苏区人口城镇化发展质量具有显著的抑制作用。这是由于随着产业升级换代，二三产业得到了快速发展，而二三产业当中多集聚在劳动力密集型领域，吸收大量第一产业剩余劳动力，使得进城农民工在城镇能够得到就业机会，促进人口城镇化高质量发展。而地形起伏度越大的地区，城镇建设成本就越大，城镇发展规模受限，随着交通等基础设施的完善，常年外出务工人员增多，人口外流较为严重，抑制了人口城镇化高质量发展。

分区来看，闽西苏区除了产业升级与地形起伏度，产业规模、医疗水平对人口城镇化发展质量产生显著的正效应（影响系数在0.1以上且在1%水平显著），而距离省会城市对人口城镇化发展质量产生显著的负效应（影响系数在−0.1以下且在1%水平显著）。这可能是由于闽西苏区在过去几十年发展中，以非农经济活动为主的经济发展模式取代了以传统农业为主的经济发

第5章 赣闽粤原中央苏区城镇化发展质量驱动因素的识别与影响效应

展模式，经济发展水平不断提高，产业规模日趋扩大，产业结构也在优化升级，并随着医疗等公共服务水平的提高，吸引了资本、劳动、产业的集聚，使城镇人口数量增加、人口素质提高，促进人口城镇化高质量发展。赣南苏区的产业规模、产业升级、区位条件对人口城镇化发展质量具有显著的正向驱动效应，产业综合发展力可视为人口城镇化发展质量的第一驱动力，地形起伏度对人口城镇化发展质量的负效应更为突出。粤北苏区人口城镇化发展质量的驱动因素以产业升级最为突出，其次是与港口的距离，说明了非农经济活动如旅游业等第三产业的发展带动了人口的集聚，促进了二三产业的就业，进而推进了产业结构的优化升级，最终助力粤北苏区人口城镇化高质量发展。总的来看，虽然各地区人口城镇化发展质量的驱动力中的驱动效应存在差异，但都是以产业综合发展力为核心驱动力、以社会综合发展力、以自然资源禀赋力为基础条件，以区位交通发展力为保障，政府服务推动力也发挥了一定的作用，但市场环境推动力对人口城镇化发展质量的驱动效应不明显。

5.3.4.2 赣闽粤原中央苏区经济城镇化发展质量驱动因素分析

赣闽粤原中央苏区及闽西、赣南、粤北各地区经济城镇化发展质量的驱动因素空间差异如表5-8所示。

表5-8 赣闽粤原中央苏区经济城镇化发展质量驱动因素空间差异

变量		（1）原中央苏区	（2）闽西	（3）赣南	（4）粤北
政府服务推动力	政府经济能力	0.165*** (21.76)	0.067*** (4.81)	0.106*** (8.90)	—
	政府干预能力	—	0.181*** (7.81)	0.286*** (16.32)	0.200*** (7.71)
	政府帮扶	0.067*** (3.84)	—	0.082*** (4.75)	—
产业综合发展力	产业规模	0.282*** (25.47)	0.299*** (10.34)	0.371*** (21.79)	0.460*** (15.05)
	工业化水平	0.457*** (46.11)	0.470*** (28.74)	0.426*** (38.95)	0.528*** (29.04)
	产业升级	0.304*** (5.75)	0.358*** (4.78)	0.288*** (3.56)	0.390*** (2.91)

续表

变量		（1）原中央苏区	（2）闽西	（3）赣南	（4）粤北
市场环境推动力	市场化	0.130*** (10.72)	0.155*** (6.54)	—	0.165*** (6.70)
	金融支持	0.223*** (18.86)	0.103*** (4.69)	0.115*** (6.95)	—
区位交通发展力	市辖区	—	-0.001 (-0.04)	—	—
	港口距离	—	0.012 (0.46)	—	—
	省会城市距离	—	—	-0.293*** (-12.00)	—
社会综合发展力	医疗水平	0.151*** (10.02)	0.222*** (7.02)	0.121*** (5.97)	0.447*** (13.56)
	教育水平	-0.062*** (-5.41)	0.056** (2.02)	—	—
自然资源禀赋力	地形条件	0.056*** (6.31)	-0.004 (-0.19)	0.049*** (3.98)	—
	耕地资源	—	-0.223*** (-9.96)	—	—
现代农业推动力	农机水平	0.089*** (8.60)	0.086*** (4.80)	0.116*** (9.57)	—
	机施面积	—	0.039* (1.90)	0.014* (1.71)	0.278*** (8.65)
N		2016	756	1008	252
R^2		0.974	0.983	0.983	0.983
Adj. R^2		0.974	0.983	0.983	0.983

注：***、**和*分别表示1%、5%和10%的显著性水平。

由表5-8可知，总样本分析，产业综合发展力、现代农业推动力、政府服务推动力、社会综合发展力对赣闽粤原中央苏区经济城镇化发展质量具有显著正向驱动作用，具体是在产业规模、工业化水平、产业升级、金融支持、市场化、政府经济能力、医疗水平方面表现明显（影响系数在 0.1 以上且在 1%水平显著）。这说明了产业规模的扩大、二三产业的发展促进了经济结构的合理化发展，以产兴城，产城融合，助推城镇经济水平不断提升；金融支持的加大降低了融资成本，市场化水平的提高降低了市场交易成本，助推城镇经济效率不断提升；医疗等配套公共服务的完善，使得人人共享发展成果，助推城镇经济质量不断提升。

分区来看，产业力对经济城镇化发展质量的影响在闽西、赣南、粤北各地区具有同质性，均产生显著的驱动作用。其他驱动力具有空间异质性。闽西苏区产业规模、市场化水平、金融支持、工业化水平、医疗服务、政府干预能力对经济城镇化发展质量产生显著的正效应，而耕地资源对经济城镇化发展质量产生显著的负效应。这说明随着当前耕地保护制度的落实，由于农业现代化发展的缓慢，抑制了人口城镇化发展的同时抑制了经济城镇化的发展。赣南苏区的产业规模、工业化水平、产业升级、金融支持、政府经济能力、政府干预能力、医疗服务对经济城镇化发展质量具有显著的正向驱动效应（影响系数在 0.1 以上且在 1%水平显著），而省会城市距离、农村现代化水平对经济城镇化发展质量的负效应更为突出（影响系数在-0.1 以下且在 1%水平显著）。粤北苏区经济城镇化发展质量的驱动因素指标中以工业化水平最为突出，其次产业规模、产业升级、医疗水平、市场化水平、政府干预能力、机施面积等方面对经济城镇化发展质量产生显著的正效应（影响系数在 0.1 以上且在 1%水平显著）。

总的来看，虽然各地区经济城镇化发展质量的驱动力中的驱动效应存在差异，但是产业综合发展力、现代农业推动力、政府服务推动力、社会综合发展力是赣闽粤原中央苏区经济城镇化发展质量的重要驱动力，不同于人口城镇化发展质量的是，市场环境推动力是经济城镇化发展质量的重要驱动力，而自然资源禀赋力与区位交通发展力对经济城镇化发展质量的驱动效应不明显。

5.3.4.3 赣闽粤原中央苏区社会城镇化驱动因素分析

赣闽粤原中央苏区及闽西、赣南、粤北各地区社会城镇化发展质量的驱动因素空间差异如表 5-9 所示。

表5-9 赣闽粤原中央苏区社会城镇化发展质量驱动因素空间差异

变量		（1）原中央苏区	（2）闽西	（3）赣南	（4）粤北
政府服务推动力	政府干预能力	0.168*** (10.22)	0.164*** (6.52)	0.146*** (12.28)	—
	政府经济能力	0.017* (0.64)	—	—	0.044* (1.42)
产业综合发展力	产业规模	—	0.098*** (4.17)	—	0.392*** (6.42)
	工业化水平	—	0.011 (0.49)	—	0.111*** (2.88)
	产业升级	—	—	—	1.451*** (4.69)
市场环境推动力	市场化水平	—	0.198*** (5.94)	—	0.164*** (2.92)
	金融支持	—	—	—	0.200*** (4.94)
区位交通发展力	市辖区	0.035* (1.91)	0.022 (0.82)	0.074*** (2.71)	0.259*** (3.75)
区位交通发展力	港口距离	−0.279*** (−21.61)	−0.070** (−2.32)	−0.246*** (−4.42)	−0.114** (−2.11)
	省会城市距离	−0.194*** (−14.41)	−0.113*** (−4.76)	−0.250*** (−6.01)	—
社会综合发展力	医疗水平	0.219*** (10.51)	0.268*** (5.93)	0.130*** (3.34)	0.063* (1.00)
	教育水平	—	—	0.129*** (5.36)	0.005 (0.07)
自然资源禀赋力	耕地资源	−0.143*** (−7.55)	—	—	—
现代农业推动力	农机水平	0.135*** (8.70)	—	0.106*** (6.12)	—
	机施面积	—	0.094*** (3.51)	—	—

续表

变量	（1）原中央苏区	（2）闽西	（3）赣南	（4）粤北
N	2016	756	1008	252
R^2	0.585	0.752	0.601	0.633
Adj. R^2	0.583	0.749	0.597	0.618

注：***、**和*分别表示1%、5%和10%的显著性水平。

由表5-9可知，总样本分析，政府干预能力、省会城市距离、医疗水平、农机水平是赣闽粤原中央苏区社会城镇化发展质量的显著正向驱动因素（影响系数在0.1以上且在1%水平显著）。而产业规模、产业升级、市场化水平等指标对社会城镇化发展发展质量的影响效应在闽西、赣南、粤北各地区具有异质性。一般而言，经济发展水平高的地区，产业规模越大的地方，城镇建设更成熟，城镇基础设施建设、教育、医疗、社会保障等公共服务更完善。

分区来看，对于闽西苏区而言，政府干预能力、医疗服务、市场化水平对社会城镇化发展质量具有显著的正向驱动作用，港口距离对社会城镇化发展质量具有显著的负向驱动作用。在赣南苏区，政府干预能力、医疗服务、教育服务、农机水平对社会城镇化发展质量具有显著的正效应，港口距离、省会城市距离对社会城镇化高质量发展的负效应更为突出。这是由于赣南苏区地处中部内陆地区，靠港口较近的城镇受到沿海城市的辐射，带动当地基础设施建设、公共服务供给的完善，靠近省会城市的城镇受到南昌市的辐射，促进当地城镇体系的建设。在粤北苏区，产业规模、产业升级、工业化水平、金融支持、市场化、市辖区对社会城镇化发展质量具有显著的正效应，港口距离对社会城镇化发展质量的负效应更为突出。一般认为，交通便利的地方，如港口城市，人口的集聚程度更高，城镇的基础设施、公共服务更完善，城镇化发展质量高于周围地区。

5.3.4.4 赣闽粤原中央苏区生态城镇化发展质量的驱动因素分析

赣闽粤原中央苏区及闽西、赣南、粤北各地区生态城镇化发展质量的驱动因素空间差异如表5-10所示。

表 5-10　赣闽粤原中央苏区生态城镇化发展质量驱动因素空间差异

变量		（1）原中央苏区	（2）闽西	（3）赣南	（4）粤北
政府服务推动力	政府干预能力	0.059*** (5.88)	0.131*** (7.22)	—	—
	政府经济能力	0.016** (2.43)	—	0.019** (2.43)	—
	政策帮扶力度	-0.072*** (-5.31)	—	-0.048*** (-3.95)	—
产业综合发展力	产业规模	0.105*** (8.26)	0.146*** (6.85)	0.117*** (7.51)	—
	工业化水平	0.050*** (6.58)	0.084*** (5.69)	—	—
	产业升级	0.395*** (9.31)	0.072 (1.05)	0.164*** (2.89)	0.863*** (7.90)
市场环境推动力	市场化水平	-0.090*** (-10.18)	-0.111*** (-5.26)	-0.034*** (-3.87)	0.120*** (4.56)
	金融支持	—	0.192*** (9.17)	-0.120*** (-11.53)	-0.213*** (-9.26)
区位交通发展力	市辖区	0.078*** (8.31)	0.071*** (4.06)	0.147*** (13.22)	0.331*** (9.15)
	省会城市距离	0.056*** (8.12)	0.103*** (6.57)	0.031* (1.78)	-0.098*** (-3.88)
社会综合发展力	医疗水平	—	-0.302*** (-11.24)	0.081*** (5.70)	-0.070** (-2.02)
	教育水平	-0.007 (-0.72)	0.013 (0.52)	-0.015 (-1.54)	-0.090** (-2.50)
自然资源禀赋力	耕地资源	-0.045*** (-3.85)	—	-0.079*** (-6.17)	—
	地形条件	-0.150*** (-20.25)	-0.150*** (-8.43)	-0.111*** (-12.58)	-0.006 (-0.16)

续表

变量		（1）原中央苏区	（2）闽西	（3）赣南	（4）粤北
现代农业推动力	农机水平	0.070*** (8.58)	0.004 (0.27)	0.079*** (8.78)	—
	机施面积	0.006* (1.03)	0.103*** (5.36)	0.027*** (4.74)	0.198*** (3.11)
N		2016	756	1008	252
R^2		0.645	0.796	0.676	0.655
Adj. R^2		0.642	0.792	0.671	0.640

注：***、**和*分别表示1%、5%和10%的显著性水平。

由表5-10可知，总样本分析，产业规模、产业升级是赣闽粤原中央苏区生态城镇化发展质量的显著正向驱动因素；地形条件是赣闽粤原中央苏区生态城镇化发展质量的显著负向驱动因素。其中，产业规模、产业升级对生态城镇化发展质量的驱动作用最为突出，利用当地红色资源、生态资源，开展红色游学、绿色观光活动，发展康养产业，实现"红色+""绿色+"，在实现城镇化建设的过程中保护文物古迹、保护生态环境，实现人和自然的和谐相处。但是赣闽粤原中央苏区地处三省连接处，多为山区，生态保护区，地形起伏大的地区城镇建设成本大，城镇空间外扩受阻，不合理的人类活动还会不利于生态环境的保护。

分区来看，对于闽西苏区而言，产业规模、政府干预能力、机施面积、金融支持对生态城镇化发展质量具有显著的正向驱动作用，市场化水平、地形起伏度、医疗服务对生态城镇化发展质量具有显著的负向驱动作用。在赣南苏区，产业规模、产业升级、区位条件对生态城镇化发展质量具有显著的正效应，地形条件、金融支持对生态城镇化发展质量的负效应更为突出。对于粤北苏区而言，产业升级、市场化水平、区位条件、机施面积等对生态城镇化发展质量具有显著的正向驱动效应，金融支持对生态城镇化发展质量的负效应更为突出。

5.3.4.5 赣闽粤原中央苏区城乡融合发展质量的驱动因素分析

赣闽粤原中央苏区及闽西、赣南、粤北各地区城乡融合发展质量驱动因素空间差异如表5-11所示。

表 5-11 赣闽粤原中央苏区城乡融合发展质量驱动因素空间差异

变量		（1）原中央苏区	（2）闽西	（3）赣南	（4）粤北
政府服务推动力	政府干预能力	0.025* (1.75)	—	-0.016 (-1.02)	—
	政府经济能力	0.090*** (-9.80)	0.035*** (6.33)	—	—
	政府帮扶	-0.083*** (-3.86)	—	-0.090*** (-4.04)	—
产业综合发展力	产业规模	—	0.091*** (6.08)	0.208*** (9.21)	0.121** (2.03)
	产业升级	0.153*** (2.66)	0.150*** (2.68)	0.516*** (4.98)	0.211* (1.15)
市场环境推动力	市场化水平	—	—	—	-0.059 (-1.40)
	金融支持	—	—	—	-0.131*** (-3.91)
社会综合发展力	医疗水平	—	—	—	0.147** (2.45)
	教育资源	0.016 (1.14)	—	—	0.055 (1.08)
区位交通发展力	市辖区	0.232*** (5.67)	0.102*** (5.49)	0.653*** (9.01)	0.515*** (5.42)
	港口距离	-0.206*** (-20.50)	-0.061*** (-4.78)	—	—
	省会城市距离	-0.102*** (-9.56)	—	-0.526*** (-18.26)	-0.098*** (-2.78)
自然资源禀赋力	地形条件	-0.053*** (-4.79)	-0.006 (-0.44)	—	-0.222*** (-4.06)
	耕地资源	-0.104*** (-7.64)	—	-0.086*** (-3.92)	-0.386 (-0.94)

续表

变量		(1)原中央苏区	(2)闽西	(3)赣南	(4)粤北
现代农业推动力	农机水平	0.089**	0.010	—	0.228***
		(2.38)	(0.80)		(4.85)
	机施面积	—	—	—	0.061
					(0.79)
N		2016	756	1008	252
R^2		0.663	0.602	0.687	0.627
Adj. R^2		0.660	0.596	0.684	0.605

注：***、**和*分别表示1%、5%和10%的显著性水平。

由表5-11可知，总样本分析，产业升级、市辖区是赣闽粤原中央苏区城乡融合发展质量的显著正向驱动因素，而耕地资源对赣闽粤原中央苏区城乡融合发展质量具有显著的抑制作用。新时代，赣闽粤原中央苏区充分挖掘当地比较优势，利用当地资源，发展特色农业、红色旅游业，推动农村居民就地就近城镇化，提高农村生活水平，助力城乡融合发展，促进城镇化高质量发展。市辖区相对于非市辖区经济发展水平较高，人口城镇化率较高，农村人口占比较低，无论是城镇居民还是农村居民，收入水平普遍较高，城乡收入差距较小，城乡公共服务、基础设施差距相对较小，城乡之间资本、劳动等要素能够充分自由流动，城乡融合度比较高。

分区来看，对于闽西苏区而言，产业升级、产业规模、市辖区对城乡融合发展质量具有显著的正向驱动作用，而地形条件对城乡融合发展质量的负效应更为突出。在赣南苏区产业升级、产业规模、市辖区同样对城乡融合发展质量产生显著正向的驱动作用最为明显，港口距离对城乡融合发展质量的负效应更为突出。在粤北苏区，社会投资、市辖区、农机水平对城乡融合发展质量具有显著的正效应，金融支持、地形条件、耕地资源对城乡融合发展质量有显著的负向驱动作用。

5.4 稳健性分析

一般来说，稳健性检验主要有替换变量与改变样本（缩小或放大样本量）两种形式。接下来对这两个方法进行详细分析。

5.4.1 基于变量替换的稳健性检验

本章利用因子分析法重新计算赣闽粤原中央苏区城镇化发展质量的综合评价得分，替换被解释变量。数据是否适合因子分析，要进行巴特利特球形检验和KMO检验，一般认为巴特利特球形检验的p值小于0.05就可以继续做KMO检验，KMO值>0.6适合做因子分析。应用STATA软件进行因子分析检验，检验结果得出p值等于0.00，KMO值等于0.78，因此，研究数据适合用因子分析法来计算赣闽粤原中央苏区城镇化综合评价得分。

利用因子分析法重新计算出赣闽粤原中央苏区城镇化发展质量综合评价得分后，首先基于前文采用自适应Lasso模型对标准化后的自变量和熵权法测算出来的赣闽粤原中央苏区城镇化发展质量进行分析而选取的解释变量进行回归以验证模型的稳健性，如表5-12中（1）列模型Lasso1所示；其次采用自适应Lasso模型对标准化后的自变量和重新测算出来的赣闽粤原中央苏区城镇化发展质量进行分析，以验证自适应Lasso模型选取变量的稳健性，如表5-12中（2）列模型Lasso2所示。整体来说，模型的系数没有很大的变化说明模型具有稳定性，模型的变量筛选也没有很大的变化，也说明了自适应Lasso模型选取模型变量的稳健性。

表5-12 稳定性检验——替换被解释变量

变量		(1) Lasso1	(2) Lasso2
政府服务推动力	政府干预能力	—	0.059*** (3.84)
	政府经济能力	0.173*** (17.37)	0.140*** (13.14)

续表

变量		(1) Lasso1	(2) Lasso2
政府服务推动力	政府帮扶	0.125*** (5.33)	0.134*** (5.96)
产业综合发展力	工业化水平	0.019 (1.48)	0.026** (1.98)
	产业规模	0.093*** (6.11)	0.054*** (4.37)
	产业升级	0.386*** (5.43)	0.367*** (5.13)
市场环境推动力	市场化水平	0.078*** (4.86)	—
	金融支持	0.034** (2.18)	—
社会综合发展力	医疗水平	0.095*** (4.72)	0.071*** (3.86)
	教育水平	0.006 (0.40)	0.014 (0.89)
现代农业推动力	农机水平	0.070*** (4.98)	0.077*** (5.71)
自然资源禀赋力	地形条件	-0.191*** (-15.31)	-0.176*** (-13.93)
	耕地资源	-0.182*** (-10.90)	-0.158*** (-9.55)
区位交通发展力	市辖区	0.029* (1.81)	0.053*** (3.29)
N		2016	2016
R^2		0.729	0.728
Adj. R^2		0.728	0.727

注：***、**和*分别表示1%、5%和10%的显著性水平。

5.4.2 基于样本调整的稳健性检验

本章应用STATA软件利用Winsor2命令进行缩尾或截尾处理以缩小样本

量。10%、90%缩尾是将小于10%百分位数和大于90%百分位数的数值分别替换为10%、90%分位数数值。10%、90%截尾是将小于10%百分位数和大于90%百分位数的数值剔除。

与前文一样，首先基于前文采用自适应 Lasso 模型对标准化后的自变量和熵权法测算出来的赣闽粤原中央苏区城镇化发展质量进行分析而选取的解释变量进行回归以验证模型的稳健性。如表5-13所示，（1）列是10%、90%缩尾后的数据进行回归，（2）列是10%、90%截尾的数据进行回归。其次采用自适应 Lasso 模型对缩减后的数据进行分析，以验证自适应 Lasso 模型选取变量的稳健性。由表5-13可知，模型的系数没有很大的变化说明模型具有稳定性，模型的变量筛选也没有很大的变化，也说明了自适应 Lasso 模型选取模型变量的稳健性。

表5-13 稳定性检验——改变样本

变量		(1) 10%、90% 缩尾	(2) 10%、90% 截尾	(3) 10%、90% 缩尾 Lasso	(4) 10%、90% 截尾 Lasso
政府服务推动力	政府经济能力	0.137*** (17.68)	0.157*** (17.91)	0.154*** (21.08)	0.165*** (19.43)
	政府帮扶	0.092*** (5.06)	0.070*** (3.64)	0.103*** (5.58)	0.075*** (3.89)
产业综合发展力	工业化水平	0.344*** (33.99)	0.359*** (32.71)	0.338*** (32.64)	0.353*** (32.39)
	产业规模	0.300*** (25.24)	0.281*** (21.38)	0.268*** (25.99)	0.307*** (27.96)
	产业升级	0.078 (1.41)	0.088 (1.53)	0.170*** (3.07)	0.083 (1.43)
产业综合发展力	市场化	0.018 (1.46)	0.060*** (3.65)	—	—
	金融支持	0.216*** (17.66)	0.204*** (15.27)	0.244*** (20.51)	0.219*** (17.00)
社会综合发展力	医疗水平	0.198*** (12.69)	0.168*** (9.88)	0.180*** (11.73)	0.182*** (10.91)
	教育水平	0.004 (0.30)	0.006 (0.49)	—	-0.003 (-0.22)

续表

变量		（1）10%、90%缩尾	（2）10%、90%截尾	（3）10%、90%缩尾 Lasso	（4）10%、90%截尾 Lasso
现代农业推动力	农机水平	-0.054*** (-4.94)	-0.042*** (-3.75)	-0.099*** (-9.35)	-0.049*** (-4.41)
自然资源禀赋力	地形条件	-0.027*** (-2.80)	-0.039*** (-3.92)	0.017* (1.88)	-0.042*** (-4.20)
	耕地资源	-0.144*** (-11.10)	-0.149*** (-11.07)	—	-0.158*** (-11.87)
区位交通发展力	市辖区	0.039*** (3.10)	0.044*** (3.45)	—	0.050*** (3.90)
N		2016	1632	2016	1632
R^2		0.960	0.959	0.957	0.959
Adj. R^2		0.960	0.957	0.957	0.958

注：***、**和*分别表示1%、5%和10%的显著性水平。

5.5 本章小结

本章在前人研究的基础上，结合赣闽粤原中央苏区特色及特殊地理位置，尝试利用机器学习的方法，利用自适应 Lasso 模型选取赣闽粤原中央苏区城镇化发展质量驱动因素并结合逐步回归与普通最小二乘法的参数估计结果进行比较，随后在总样本及分地区样本视角下识别赣闽粤原中央苏区城镇化发展质量驱动因素及时空动态差异，最后分析赣闽粤原中央苏区各维度城镇化发展质量的驱动机制。

本章结合拓展的贝叶斯信息准则（EBIC）及赤池信息准则（AIC）等准则，选出了解释能力最强的变量，按照解释能力排序分别为：政府经济能力、工业化水平、产业规模、金融支持、医疗水平、市场水平、农机水平、产业结构、政策帮扶、地形条件、教育水平、市辖区、耕地面积。经自适应 Lasso 模型选择出的变量当中，首先，可以发现产业综合发展力是赣闽粤原中央苏区城镇化发展质量的第一正向驱动力,是所有驱动力中最为有效的一个,产业规模、工业化水平、产业升级都是赣闽粤原中央苏区城镇化发展质量的显著正向驱动指标,驱动系数均是大于0.1。市场环境推动力是赣闽粤原中央苏区城镇化发展质量的第二正向驱动力,市场化水平、金融支持也是赣闽粤原中央苏区发展质量的显著正向驱动指标,但是市场化水平的驱动系数相对较小。其次,社会综合发展力是赣闽粤原中央苏区城镇化发展质量的第三正向驱动力,医疗水平对赣闽粤原中央苏区城镇化发展质量具有显著的正向效应。再次,政府服务推动力是赣闽粤原中央苏区城镇化发展质量的第四正向驱动力,政府经济能力、政府帮扶也是赣闽粤原中央苏区城镇化发展质量的显著正向指标。最后,自然资源禀赋力是赣闽粤原中央苏区城镇化发展质量的重要负向驱动因素。

分年份基于自适应Lasso模型客观选取赣闽粤原中央苏区城镇化发展质量的驱动因素,根据其系数的时间进一步分析赣闽粤原中央苏区城镇化发展质量驱动因素的时间演进趋势,政府服务推动力、产业综合发展力、市场环境推动力是赣闽粤原中央苏区城镇化发展质量的重要正向驱动力,且驱动效应逐年加强,其他驱动力在不同年份对赣闽粤原中央苏区城镇化发展质量的驱动效果具有差异性。

分地区基于自适应Lasso模型客观选取闽西、赣南、粤北苏区的城镇化发展质量的驱动因素,分析各地区驱动力,发现赣闽粤原中央苏区各地区城镇化发展质量的驱动力既有共性也有显著的异质性。产业综合发展力是三个地区城镇化发展质量的第一驱动力,这说明产业兴城是一个共性问题,但是闽西、粤北苏区城镇化质量的第二驱动力是社会综合发展力,而赣南苏区城镇化发展质量的第二驱动力是政府服务推动力。

由机制检验可得,赣闽粤原中央苏区不同维度城镇化发展质量的驱动机制存在分化特征。全域视角下,对于人口城镇化维度而言,产业综合发展力中产业升级指标对赣闽粤原中央苏区人口城镇化发展质量的驱动作用最为明显,自然资源禀赋力中,地形起伏度对赣闽粤原中央苏区人口城镇化发展质量具有显著的抑制作用。对于经济城镇化维度而言,产业综合发展力、现代农业推动力、政府服务推动力、社会综合发展力对赣闽粤原中央苏区经济城镇化发展质量具有显著的正向驱动作用,具体是在产业规模、工业化水平、产业升级、金融支持、市场化、政府经济能力、医疗水平方面表现明显(影响系数在 0.1 以上且在 1%水平显著)。对于社会城镇化维度而言,政府干预能力、省会城市距离、医疗水平、农机水平是赣闽粤原中央苏区社会城镇化发展质量的显著正向驱动因素(影响系数在 0.1 以上且在 1%水平显著)。对于生态城镇化维度而言,产业规模、产业升级是赣闽粤原中央苏区生态城镇化发展质量的显著正向驱动因素;地形条件是赣闽粤原中央苏区生态城镇化发展质量的显著负向驱动因素。其中,产业规模、产业升级对生态城镇化发展质量的作用最为突出。对于城乡融合维度而言,产业升级、市辖区是对赣闽粤原中央苏区城乡融合发展质量的显著正向驱动因素(影响系数在 0.1 以上且在 1%水平显著),而耕地资源对赣闽粤原中央苏区城乡融合发展质量具有显著的抑制作用。地区视角下,城镇化"人口、经济、社会、生态、城乡"五个维度的驱动因素的作用机制及影响程度表现出"因区而异、因类而异"的特点。

通过上述分析,能对赣闽粤原中央苏区城镇化发展质量驱动因素的作用效果有一个较为清晰的认识,帮助厘清赣闽粤原中央苏区的城镇化发展质量驱动因素在不同地区不同维度的差异,为今后出台相关政策措施以进一步推动我国赣闽粤原中央苏区城镇化高质量发展提供决策依据。

第6章 赣闽粤原中央苏区城镇化高质量发展模式与案例剖析

第5章识别出赣闽粤原中央苏区城镇化发展质量的驱动因素。本章将进行赣闽粤原中央苏区城镇化模式探究与实践案例分析。由于赣闽粤原中央苏区地跨三个不同省份，各个地区推进城镇化过程中既有共性也存在差异，因此在分别分析各个地区的城镇化高质量发展模式的基础上进行总结，并选取典型地区实地调研进行案例分析，进而总结经验启示。

6.1 赣闽粤原中央苏区城镇化高质量发展模式

6.1.1 赣南苏区城镇化高质量发展模式

相比于省内其他地区，赣南苏区由于资源禀赋、交通条件以及产业结构等因素，经济发展很长一段时间都落后于周边地区。自党的十八大以来出台了一系列支持赣南等原中央苏区发展的扶持政策，使得赣南苏区由以前的"经济洼地"转变为"政策高地"。在这些政策红利的激励下，赣南苏区也涌现出不少推进城镇化高质量发展的新思路、新模式、新实践。

6.1.1.1 "政府+市场"，双向驱动旧城改造模式

旧城基础设施的改造需要投入大量资金，不少地区因财力限制项目推进缓慢。合理运用PPP模式（政府投资与社会资本合作）可以实现"1（政府）+1（社会资本）>2"的效果，同时在项目实施过程中，风险共担的原

则也有利于减少政府投资风险。赣南苏区不少项目便是采用PPP模式实现城镇基础设施的更新换代，如赣州市新赣南路传统风貌街区改造项目、南康区环卫基础设施建设及运营PPP项目、章贡区社区（村）居家养老服务中心项目、石城县城区道路"白改黑"项目、寻乌县县城城镇化补短板PPP项目、崇义县城乡污水处理厂网一体化PPP项目、吉安市安福县老旧小区改造暨老城更新项目、萍乡五陂海绵小镇建设项目、芦溪县生态新城基础设施建设项目、抚州市黎川县城市基础设施补短板PPP项目等一大批项目，都是"政府+市场"双向驱动旧城改造模式的实践，通过撬动社会资本，节约了政府投资，缓解了当地财政压力，强化了城市功能，便利了百姓生活。其中江西省赣州市章贡区社区（村）居家养老服务中心项目入选2018年国家发展改革委存量PPP项目典型案例，通过引进龙头企业——江西鹭溪农业发展有限公司，撬动社会资本建设养老服务基础设施、改善养老服务水平，实现社区养老，同时带动区域现代农业发展。此外，南康区公共服务（一期）工程PPP项目体育公园（二期）工程荣获2018~2020年江西省优质建设工程杜鹃花奖。

表6-1展示了江西省及各市的PPP项目相关情况，通过江西省PPP项目信息监测服务平台可知，截至2023年3月全省总项目数有1240个，总投资额合计8393.89亿元，上饶市的PPP项目最多，有224个，含有苏区的市PPP总项目数占全省83.47%；其中全域苏区的赣州市总投资额最大，有1703.09亿元，含有苏区的市PPP总投资额占全省71.52%。从所属行业来看，城建行业共有280个项目、城市轨道交通行业共有8个项目、教育行业有35个项目、卫生行业有9个项目。表6-2展示了典型PPP项目的相关信息，一般采用的运作模式为BOT模式或ROT模式，合作期在10年以上，最终在合作期满项目公司均无偿移交给政府相关负责机构。这对于财政紧张的政府而言，可以缓解财政支出压力，在"花小钱"的情况下办民生工程大事，进行旧城改造，完善城镇服务设施供给体系，提高城镇宜居度，进而推进城镇化高质量发展。

表6-1 江西省及各市PPP项目汇总　　单位：个，亿元,%

地区	总项目数	占比	总投资额	占比
江西省	1240	100.00	8393.89	100.00
新余市	36	2.90	363.44	4.33

续表

地区	总项目数	占比	总投资额	占比
赣州市	220	17.74	1703.09	20.29
吉安市	177	14.27	713.25	8.50
抚州市	104	8.39	655.12	7.80
上饶市	224	18.06	778.27	9.27
宜春市	121	9.76	718.61	8.56
萍乡市	95	7.66	770.65	9.18
鹰潭市	58	4.68	300.47	3.58

资料来源：江西省PPP项目信息监测服务平台。

表6-2 典型PPP项目的相关信息

项目名称	投资规模	运作模式	合作期	建设成效
赣州市新赣南路传统风貌街区改造项目	总投资估算额4.5亿元	根据不同的建设内容分别采用ROT和BOT运作模式实施	建设期2年，运营期最高为21年	对赣州市新赣南路传统风貌街区改造，提高城市质量
南康区环卫基础设施建设及运营PPP项目	总投资约2.0亿元	采用BOT（建设—运营—移交）+ROT（改建—运营—移交）	项目合作期为24年	11座新建提升改造转运站以及15座存量转运站
章贡区社区（村）居家养老服务中心项目	总投资约1.6亿元	项目采用"BOT+D&M"（建设—运营—移交+委托运营）的方式	项目建设、运营期为15年	建立了一个范围广、功能多的社区养老服务网络
石城县城区道路"白改黑"（含西华路整体改造一期工程）PPP项目	总投资约3.92亿元	BOT合作运作形式	建设期小于或等于2年，运营期为8年	对破损道路进行修补，改善了城区交通环境，提升了城市品质
赣州市石城县污水处理建设PPP项目	5.7亿元	BOT合作运作形式	合作期限为25年，其中建设期3年，运营期22年	新建污水管网1公里、污水处理站1座，提升当地污水处理能力

资料来源：江西省PPP项目信息监测服务平台。

6.1.1.2 "地方特色+产业+城镇建设"，打造特色小镇模式

特色小镇是城镇化战略的重要抓手，对于改善农村面貌、弥合城乡差距有着重要作用。赣南苏区不少地方将自然风光、红色遗迹、休闲农业、文旅项目作为特色小镇的切入点，构建"地方特色+产业+城镇建设"，通过引入

客流改善当地居民收入，完善城镇基础设施建设，在一定程度上实现就地城镇化。具体案例分析，如入选江西省第一批传统村落名单的赣州市寻乌周田、赣县白鹭等村落，通过对传统村落的保护性开发，一方面实现对传统村落的继承和保护，另一方面也提高了当地居民的人均可支配收入，改善了人居环境。也有采用非传统模式发展特色小镇的案例，如赣州大余的丫山通过森林公园、登山基地、灵岩古寺等特色吸引自驾游客，积极打造国家五星级汽车自驾营地。又如赣州南康家居小镇以家居产业链条为主线，依托千亿家具产业集群打造的产业类特色小镇，坚持"产城人文"四位一体，开辟传统产业转型升级新路径。还有赣州市信丰县依据当地特色农业打造赣南脐橙小镇、上饶市铅山县依托武夷山生态环境创建康养小镇、新余市分宜县以麻文化为特色创建全国首个"麻纺+"特色小镇等。

赣南苏区特色小镇创建工作开局良好，取得一些成绩：国家公布的第一批和第二批特色小镇名单中，江西省有12个，其中赣州市全南县南迳镇、吉安市吉安县永和镇、抚州市广昌县驿前镇、赣州市宁都县小布镇、鹰潭市龙虎山风景名胜区上清镇、宜春市明月山温泉风景名胜区温汤镇、宜春市樟树市阁山镇合计7个镇均为苏区。赣州市大余县丫山运动休闲特色小镇入选国家首批体育小镇名单，赣州南康家居小镇、上犹县陡水镇等12个特色小镇入选江西省级特色小镇创建名单。特色小镇建设阶段新增大量就业人口，提高当地居民收入水平，同时配套基础设施建设与公共服务供给逐步完善，利用当地特色打造特色小镇有利于促进城镇化高质量发展。

6.1.1.3 "互联网+"，引入新兴技术建设智慧城市模式

城镇化除了处理好城乡统筹、文化传承、生态保护等问题，还有一个重要方面是引入科技元素，打造宜居宜业、安全有序、便捷高效的智慧型城市。在政务服务领域，促进"互联网+"融入政务服务，提高城镇管理水平，推进城市各类数据的整合、开放、共享，增加便民应用的开发供给，提高办事效率。例如，鹰潭市通过与腾讯公司合作，推动"互联网+政务服务"全域一体化平台上线运行，全市261个服务事项入驻市民服务中心，即来即办项目占总业务量的80%，大大节省了办事时间，提高了政务处理的效率，提升地方政府服务水平。在公共安全领域，建立全市视频监控系统，智慧市场监督网格化100%全覆盖，智慧交通、智慧护路、智慧消防等在日常生活中发挥积极作用，提升事故处理效率，有利于建设智能宜居的生活环境。在产业

转型方面，借助物联网技术，实现数字产业化和产业数字化，带动传统产业向智能制造产业转变，延长产品产业链、增强产品附加值，同时实现生产、安全、环保等信息实时共享，提升企业管控能力，降低产品不良率。上饶市广丰区积极推进新型基础设施建设，大力推进创新平台建设，深入实施"上云用数赋智"工程，赋能制造业、服务业、农业转型升级，打造现代化产业体系，推动城镇经济高质量发展。例如，芦林纸业、台鑫钢铁等龙头企业已经建成数字化车间或智能制造示范工厂，推进工业现代化发展。广丰马家柚等农产品达到从生产到消费全链条可追溯的智慧农业，提升农产品价值，推进农业现代化发展。

6.1.2 闽西苏区城镇化高质量发展模式

闽西苏区是我国著名的革命老区，是原中央苏区核心区域之一。长期以来，由于区位条件、资源禀赋、产业基础、政策条件、传统文化等因素的差异，福建山区与福建沿海地区存在发展不平衡的问题，而闽西苏区地处福建省较为落后的内陆山区，与省内沿海地区相比，其经济发展速度和发展水平明显滞后，农村贫困现象较为突出。自党的十八大以来，闽西苏区重点从生态资源和山海协同等方面发力，探索城镇化的突破口，取得了不少经验。

6.1.2.1 "现代骨+传统魂+自然衣"，培育镇级"小城市"模式

小城镇作为城乡交汇的融合剂，小城镇在宜居环境建设上比大城市更具优势，小城镇的"小"可以让其变得更精致。在推进城镇化建设中，闽西苏区政府着力培育一批镇级"小城市"（见表6-3）。培育镇级"小城市"，不是对县级市的削弱，没有打破镇与县之间的行政架构，仍是县级市和谐共生的一部分。将乡镇作为县域次中心、卫星城重新进行规划，优化城镇布局，体现产城融合的思路，完善城镇建设发展规划。以"现代骨、传统魂、自然衣"的理念打造"小城市"，其布局形态既有对山水田园的留魂，也有对生活便利的追求。福建省在2015年提出开展小城市培育试点工作，培育试点镇的名单中有15个试点镇，其中处于苏区的有8个镇。试点镇通过优化城镇治理体系，降低行政成本，提升小城市综合承载能力，促进小城市常住人口同享发展成果，统筹城乡发展，推进美丽乡村建设等一系列措施促进城镇人口集聚与产业集聚、城镇财政收入增加、城镇公共服务健全。全域是苏区的龙岩市在2015年就提出培育镇级"小城市"的工作方案，提出8个试点镇，以

人口集聚扩大城镇规模，以产业发展支撑城镇繁荣，打造出闽西城镇新体系。泉州市在2016年将22个乡镇列为市级小城市培育试点，其中11个乡镇位于苏区，2020年度小城市培育试点建设考评结果中有9个镇为优秀单位，苏区占4个，分别是龙门镇、湖头镇、水口镇、罗东镇，综合评分第一的是位于苏区的安溪县[①]。从2016年开始，各个试点镇对照政策发展要求、自身资源禀赋，寻求适宜的发展道路，取得了不少成果。例如，在推动产业转型升级、建立城镇产业发展特色方面，"福建省100强乡镇"、上榜2021年全国千强镇名单且排名第203位的安溪县湖头镇，致力于打造LED全生产基地，依靠晶安光电、信达光电、天电光电、珈伟等上中下游龙头企业集聚效应，打造涵盖"衬底芯片—封装—应用"的光电产业链。安溪县龙门镇则大力发展信息技术产业，提前布局5G、构建区块链数字经济生态圈，积极推进数字产业化，引进盘古数据中心等一大批项目进驻EC产业园，打造华东南规模最大、等级最高的数据中心。永春县东平镇推进九牧等传统制造企业与西门子、华为、电信等国内外知名企业跨界合作，规划建设智慧工厂、智慧物流，打造高端、智能的智慧产业园。在体制机制改革、城镇服务品质提升等方面，南安市水头镇在镇服务中心推行"一站式"服务，提高城镇服务效率、增强城镇治理能力，推进城镇治理现代化。

表6-3 镇级"小城市"名单汇总

年份	发文机构	文件名称	地处苏区的镇
2015	福建省政府办公厅	《关于开展小城市培育试点的指导意见》	南平市：浦城县仙阳镇；龙岩市：永定区高陂镇；三明市：尤溪县洋中镇；漳州市：龙海市角美镇、漳浦县杜浔镇（古雷）；泉州：南安市水头镇、安溪县湖头镇和龙门镇
2015	龙岩市人民政府	《龙岩市新型城镇化"小城市"培育试点工作方案》	新罗区雁石镇、永定区高陂镇、下洋镇、上杭县古田镇、武平县十方镇、长汀县河田镇、连城县朋口镇、漳平市永福镇
2016	泉州市人民政府	《泉州市人民政府办公室关于加快推进小城市改革发展培育小城市的指导意见》	南安市水头镇、仑苍镇、罗东镇、梅山镇、洪濑镇、安溪县湖头镇、龙门镇、永春县蓬壶镇、东平镇、德化县三班镇、水口镇

资料来源：笔者根据政府公布资料整理而得。

---

① 资料来源：泉州市人民政府。

6.1.2.2 "宜居+宜业+宜游",打好本地"生态牌"模式

把良好的生态环境作为最公平的公共产品、最普惠的民生福祉。闽西苏区多地依托生态优势,坚持因村制宜,积极探索"串点连线成片"的美丽乡村建设路径,塑造出一个宜居宜业宜游的生态福地。例如,福建龙岩武平县拥有多张国家级生态名片,全县森林覆盖率为79.7%,在发展策略上瞄准生态旅游、乡村旅游,带动群众在发展民宿、家庭农场、红色研学、旅游产品销售等经营项目中实现增收,已形成了"天然氧吧·生态之旅""醉美骑行·运动之旅""悠然乐氧·乡村之旅"等多条旅游精品线路。福建龙岩长汀秉承"绿水青山就是金山银山"的理念,经过长期的经验探索与总结,得出"以人为本,持之以恒"的水土流失治理与生态保护的"长汀经验",还作为世界生态修复实践成功范例向全球公开推广。自2012年以来,水土流失面积从2011年的47.69万亩下降到2020年的31.52万亩,10年下降了16.17万亩,水土流失区植被覆盖率由2011年的10%~30%提高到2020年的77%~91%[①]。当下的长汀森林覆盖率高、生物多样性得到恢复,昔日的水土流失重地变为全国生态文明示范县。此外,近年来长汀引导农民大力发展生态农业、生态旅游,将生态优势转化为发展后劲,带动当地的经济发展。

6.1.2.3 "总部+制造基地",奏出山海"协奏曲"模式

福建山区与沿海发展不平衡,福建一直推进山海协作,突破行政界限约束,努力把山区城市的资源、劳动力、生态等优势,与沿海城市的资金、技术、人才、理念等优势结合起来,带动苏区高质量发展,推动区域协调发展。为促进山区城镇化经济高质量发展,福建省级层面积极推动"区内注册、区外经营""总部+制造基地"等模式,政府鼓励企业在闽西地区建设对接闽东沿海的协作基地,推动闽西苏区产业发展,使得闽西的工业园区在实现自我积聚和持续成长的同时,促进城镇人口的集中以及城镇消费市场的集聚,带动城镇经济活动的兴起。以食品制造业为例,晋安盼盼公司积极响应山海协作的号召,筹建长汀盼盼公司,开展村企联建结对,成立盼盼职业培训学校,免费指导村民种植技术,提高农产品生产效率,并以订单、合同的方式提前进行收购,保证农民收入,带动了周边农民共同致富。以汽车产业为例,厦门金龙汽车集团新建的新能源产业基地分散布局到漳州龙海市,通过产业合

---

① 资料来源:龙岩市人民政府。

作帮助欠发达地区实现产业兴城。对于龙海市而言，金龙汽车集团这一龙头企业的到来带动了当地汽车产业的升级换代，龙头企业的科技创新能力吸引了新加坡丰树集团等国际名企入驻，集聚了十几家汽车智能制造企业，吸引大批人才在此扎根，促进产业、人才的集聚，推进城镇产业升级，促进龙海市城镇化高质量发展。为解决山区人才难题，福建省建立了山海之间的干部双向交流制度，沿海城市的干部去往山区带去先进理念，山区城市的干部也去往沿海城市进修取经，如集美和清流两地互派干部挂职、石狮市与政和县组织两地企业家互相访谈交流。同时加大教育、医疗资源等领域的人才交流力度，如福州台江区教育局与三明市建宁县教育局签订对口协作协议，建宁县两万多名师生在一定程度上享受到省会城市的教育资源。

6.1.3 粤北苏区城镇化高质量发展模式

基于全省城镇化视角，广东已逐步形成珠三角率先发展、东西两翼稳步发展、粤北地区加快发展的区域格局。珠三角地区城镇化水平早已超过70%，进入相对稳定阶段，而粤东、粤西和粤北城镇群仍处于快速城镇化阶段，整体城镇化水平存在差异。粤北山区的河源、梅州、潮州等地一方面重视生态环境的保护和修复，发展与生态功能相适应的生态型产业，增强对珠三角地区和周边地区的服务能力，实现粤北山区绿色崛起；另一方面凭借毗邻珠三角的区位优势，粤北苏区积极承接"大湾区"的产业转移，加强对商贸、现代物流等产业的培育，将粤北苏区打造成为粤港澳地区面向中南地区的"北大门"。

6.1.3.1 "红+绿"，协同推进"农文旅"模式

粤北苏区地区有着丰富的旅游资源，一直坚持生态优先的发展策略，不断探索"绿水青山"转化为"金山银山"的实现路径，以红色文化育人，以乡村美色引人，统筹旅游资源开发，加强全域旅游公共服务，推动红色苏区绿色发展，带动区域经济社会高质量发展。例如，地处粤北苏区的梅州不断通过"红+绿"融合发展盘活红色文化资源，建成粤港澳大湾区旅游休闲目的地。不少旅游线路串联美丽乡村、旅游景点、文化产业、休闲农业、红色资源等元素，促进了红色旅游与经济社会融合发展，使当地居民参与红色旅游的积极性和获得感明显提升。在梅县区南口镇，通过整合红色文化、客家文化，利用地域优势与自然资源，规范建设文化产业园，同时大力发展特色

农业，以科技引领农业生产模式转变，延长农产品产业链，提高农产品附加值，以"农文旅"为发展模式，形成"采摘体验+果苗种植+技术服务"的现代农业产业园。在大埔县西河镇，可采摘乡村百果、可体验传统文化、可欣赏自然风光，同时有星级住宿、餐饮配套设施，实现农村景区化、农业产业化，提高农村居民收入水平、生活质量水平，促进城乡融合发展。在蕉岭县长寿乡，打好"红色牌"念好"山水经"，依托红色文化、寿乡文化、美丽田园和生态山水等优势资源，以精品线路做串联线，带动周边地区民宿产业、农家乐业蓬勃发展。

梅州市从"十二五"期间文旅明星城市逐渐发展成文旅大市，"十三五"期间，梅州市旅游相关指标排在粤东西北地区首位[①]。接待过夜旅游者人数从 2016 年的 1750.59 万人次增长到 2019 年的 2395.69 万人次，宾馆（酒店）数量从 2016 年的 708 个增加到 2019 年的 900 个，旅游总收入由 2016 年的 376.76 亿元增长至 2019 年的 550.02 亿元，2020 年，文化及相关产业增加值达 27.24 亿元[②]。同时梅州市也是农业大市，生态资源丰富，因地制宜发展特色农业，带动农业现代化发展，同时提升特色农产品品牌知名度，促进苏区农产品融湾入海，提高农产品收益。

6.1.3.2 "内生动力+外部助力"，内外合力促发展模式

近些年，潮州市饶平县充分发挥"原中央苏区县"等平台优势，以优化营商环境为突破口推进深化改革，以潮州港湾为主战场，大力发展清洁能源、装备制造、滨海旅游，统筹海陆产业链布局，形成邻海产业集聚，推动港产城融合发展，通过产业发展带动城镇化发展水平，提升城镇化发展质量。潮州饶平以大项目与大招商带动产业集聚，龙头企业或知名企业的入驻能带动上下游企业的集聚发展，好项目的落地给潮州海湾振兴发展带来"乘数效应"。并通过加速高速、通用机场、港口码头的建设，实现综合立体交通网络的构建，完善交通基础设施等硬件配备。同时优化潮州海湾的软件服务，落实"工作专班"机制，坚持问题导向，改善营商环境，压缩项目审批办理时间，提高办事效率。并且饶平县作为粤北苏区唯一的邻海苏区县，具有独

---

① 粤东西北地区包括东翼、西翼和粤北山区共 12 市，东翼地区包括汕头、汕尾、潮州、揭阳 4 个地级市，西翼地区包括阳江、湛江、茂名 3 个地级市，粤北山区包括河源、梅州、韶关、清远、云浮 5 个地级市。

② 资料来源：《梅州统计年鉴 2021》。

特的自然景观，同时有丰富的人文景观资源，可以发展滨海旅游业。同时粤北苏区充分利用省内对口帮扶的政策优势，积极承接粤港澳大湾区的产业延伸和功能拓展，推进本地区产业集聚升级，带动城镇设施体系的完善，促进城镇经济社会高质量发展。例如，地处粤东的潮州市饶平县也是粤北苏区中唯一拥有海岸线的地区，在经济社会发展中着重发展蓝色经济，通过潮州港湾对接粤港澳大湾区，实现"小湾对大湾"。潮州距离广深等地只有400公里路程，也是"21世纪海上丝绸之路"的重要节点城市，是粤港澳大湾区的重要拓展区。

6.1.3.3 "交通枢纽+"，打造交通枢纽综合体模式

粤北苏区的内陆地区在区域上有着显著优势，自古就有着"东江水陆要冲，千载交通枢纽"的概括。随着粤港澳大湾区的快速发展，作为粤北门户的河源、韶关等地将迎接新的发展机遇，河源、韶关作为连接湖南、江西等省份的主要陆路通道，打造区域性交通枢纽和道路骨干网络重要节点具有显著优势。例如，河源的东源县积极承接粤港澳大湾区供应链分拨功能，以现代物流园建设项目推进城市基础设施和公共服务建设，努力打造粤北地区宜居宜业的发展环节，推进城镇化建设。连平县主动接受大湾区辐射带动，积极推进深圳南山区与河源国家高新区、连平县共建"飞地"产业园动工建设，着力完善产业链条，系统优化产业结构，构建现代产业体系，促进经济高质量发展。龙川县坚持实施"工业立县"战略，积极参与粤港澳大湾区新兴产业链分工，致力打造"国家级现代建筑工业化产业基地"。韶关作为区域枢纽城市，十年来不断推进交通基础设施建设，截至2021年底，全市高速公路通车总里程达773公里，位列全省第四，实现了县县通高速。

6.1.4 赣闽粤原中央苏区城镇化高质量发展模式总结

综观整个赣闽粤原中央苏区推进城镇化高质量发展的模式可以发现，虽然赣南苏区、闽西苏区以及粤北苏区在推进城镇化高质量发展的具体做法存在一定差异，但最终仍然可以归结为八大推动力量。打造特色小镇、打好本地"生态牌"以及协同推进"农文旅"体现出红色区位发展力、自然资源禀赋力以及现代农业推动力的合力效果。奏出山海"协奏曲"以及积极对接"大湾区"体现出产业综合发展力和区位交通发展力的合力效果。培育镇级"小城市"以及引入新兴技术建设智慧城市体现出政府服务推动力和社会综

合发展力的合力效果。引入社会资本参与旧城改造体现出市场环境推动力与政府驱动力的合力效果。

但在梳理过程中也发现部分推动力或发展力在赣闽粤原中央苏区城镇化高质量发展过程中需要改善和加强,主要有以下三个方面:

6.1.4.1 重视对红色资源的协调开发

苏区最大的资源便是红色资源,这些红色资源也是推进城镇化高质量发展的重要资源。赣闽粤原中央苏区不少地区的经验表明在城镇化高质量发展过程中要避免"千镇一面""千村一面",红色遗址遗迹的保护与开发要与所在的村镇实现和谐共生。赣闽粤原中央苏区在提升村镇面貌和品质的时候,注重凸显红色主题,营造红色氛围。通过对丰富红色资源的开发和利用,完善周边基础设施,利用红色培训、红色旅游、红色文化带动当地产业和人口的集聚,推进城镇化高质量发展。同时,本书也指出红色旅游业的发展是一项系统工程,需要多级政府共同努力、合力推进。赣闽粤原中央苏区不少红色资源分布较为分散、不少遗址遗迹知名度低、不少景点缺乏具有吸引力的项目,如何对这些红色资源连片开发,设计出串联线路将是未来需要重点解决的问题。

6.1.4.2 重视对绿色资源的保护利用

新时代,我国的社会主要矛盾已经发生了转变,人民日益增长的美好生活需要必然要求更多生态产品和服务的供给。赣闽粤原中央苏区的生态资源丰富,应当在保护的基础上实现生态资源的合理开发利用,有利于提升农村生态资源的利用效率,也是农民增收的有效渠道,对于推进城镇化高质量发展有着重大意义。赣闽粤原中央苏区森林覆盖率高,自然风光秀丽,也毗邻沿海发达的人口聚集区,有广泛的市场前景,随着交通基础设施建设,适合开发旅游项目。不少地方也在积极推进"旅游+"项目,从原始的旅游观光逐步扩展到"农业+旅游""旅游+康养""旅游+地产"等二级开发模式,实现一二三产业融合发展,延长产业链,增加产品附加值,提升居民收入。但赣闽粤原中央苏区在联动开发过程中也暴露出不少问题,部分地区存在短视行为,没有将本地特色与文旅项目紧密结合,不但没有产生理想的经济收益,还对生态环境造成严重破坏,没有实现"绿水青山"到"金山银山"的有效转化。

6.1.4.3 重视与区域中心的产业承接

产业是一个地区经济的核心承载力和人口的重要吸引力。产业发展为区域城镇化高质量发展提供内在驱动力。一方面，产业活动聚集人口、资金以及现代服务，这些要素也是城镇化进程中的必备要素，产业的扩张也会对这些要素产生"虹吸效应"，对于推进城镇化高质量发展意义重大。另一方面，产业升级与城镇化发展互为依托，产业升级以第二产业与第三产业的比重上升为主要特征，该特征与城镇化中农业部分向非农部分转化存在相似之处。闽西苏区紧邻福建沿海发达地区，在城镇化发展过程中也十分注重对接海西经济带，通过承接相关产业带动本地区各类要素的集聚，推进城镇化高质量发展。粤北苏区紧靠粤港澳大湾区，利用区位优势主动承接相关产业，同时也在积极打造与江西、湖南的陆路通道，建设节点性交通枢纽，带动物流、运输产业发展，实现人口和经济的城镇化。赣南苏区近年来也提出要主动对接粤港澳大湾区，尤其是在赣深高铁贯通以后，通过文旅休闲、特色产业、优惠政策吸引粤港澳大湾区的产业、人才、资金、技术的聚集，推动赣南苏区的城镇化高质量发展。作为欠发达地区，赣闽粤原中央苏区在招商引资方面也暴露出不少短板，特别是营商环境方面，如何做好承接产业的各类配套服务也是赣闽粤原中央苏区当地政府亟待解决的首要问题。

6.2 赣闽粤原中央苏区城镇化高质量发展实践案例

纵观国内外的城镇化发展模式，有异地城镇化，有就地城镇化；有依托特色农业和乡村度假的农业城镇化，有依托区位优势和产业转型契机的工业城镇化，还有依托生态资源或红色资源的旅游城镇化。但不论何种模式，城镇化建设的一条重要的启示和经验都是需要结合本地优势，因地制宜推进城镇化建设。相较于国内外其他区域，赣闽粤原中央苏区城镇化建设也需要考虑到自身特殊条件，苏区因自身区位和自然环境的制约，社会经济发展相对较慢，但这些区域蕴藏着大量的红色资源可以挖掘开发。红色资源既是苏区最大的发展资源，也能够成为推动城镇化建设的重要抓手，因而通过就地开发红色资源是苏区推进城镇化中高质量发展普遍采用且成效较好的方式。

本章将以吉安市遂川县的红圩特色小镇为案例，分析推进赣闽粤原中央苏区城镇化高质量发展的经验和启示。红圩特色小镇具有一定典型性和代表性，其一般性经验也可以提炼总结，然后推广到赣闽粤原中央苏区其他区域。红圩特色小镇项目是江西省、吉安市、遂川县三级政府的重点工程建设项目，也是吉安市第一批特色小镇，并被纳入江西省第二批传统基础设施领域PPP示范推介项目。红圩特色小镇案例对于如何用好红色区位发展力、自然资源禀赋力、产业综合发展力、市场环境推动力等力量推进城镇化高质量发展具有借鉴意义。

6.2.1 红圩特色小镇的基本情况

第一，红圩特色小镇的历史背景。草林红色圩场，是毛泽东同志于1928年在井冈山斗争时期创建的第一个红色圩场，也是中国共产党独立自主在农村管理经济工作的第一次成功尝试，对工业、农业、商业进行了比较系统的改造，活跃了当地经济，为根据地的巩固发展提供了吃、穿、用等方面的物资保障，为红色市场经济工作积累了经验，具有市场经济发展里程碑意义的历史价值和地位，今留存的文物有毛泽东同志居住过的"萧石顺客栈"和一条200多米的古街道，又被列为省级文保单位，当地红色文化丰富、民俗风情浓郁。

第二，红圩特色小镇项目的基本建设情况。草林红圩特色小镇项目是省、市、县重点工程建设项目，红圩特色小镇项目规划范围6.9平方公里，总投资约10亿元，通过招投标与省旅游集团达成PPP合作协议，并联合成立项目公司，负责特色小镇具体建设事宜，项目合作期为18年（3年建设期，15年运营期）。主要建设内容"一心一轴五区"："一心"指的是圩文化主题街区；"一轴"指的是圩文化与茶文化体验景观轴；"五区"分别是综合服务区、原乡聚落区、茶养研学区、少年军校区、茶文化主题园区。共分三期建设。重点打造红色圩场、圩文化主题街区、夜市街区、一江两岸沿河景观轴、夜赏沿河灯光秀之"红圩记忆"、打造综合服务区、原乡聚落区、红色诗词体验馆。目前，红圩特色小镇建设项目一期和二期投入6亿多元，完成了圩文化主题街区、沿河景观轴、综合服务区、原乡聚落区建设。

6.2.2 红圩特色小镇的建设做法

第一，突出高标准谋篇布局。遂川县委、县政府高度重视、高位推动特色小镇建设工作,在组织领导、引资合作、长期规划上高标准谋篇布局,思虑周全。一方面,成立了以县委主要领导为组长,县政府主要领导为第一副组长,四套班子相关领导为副组长的领导小组,领导小组下设办公室,挂点县领导兼任办公室主任,具体负责特色小镇建设的综合协调、征地拆迁、项目推进、运行监管、安全保障等工作。另一方面,聘请了省旅游规划院和南昌大学设计研究院等设计单位对红圩特色小镇的《总体规划》《专项规划》《控制性详细规划》进行修编。规划将小镇定位为"红色市场经济的发源地、休闲红圩特色生活体验地",将镇区及周边村落总面积6.9平方公里纳入建设总体规划,涉及用地范围4.2平方公里,其中建设用地范围为2平方公里,主要建设内容为"一心一轴五区"。以圩文化为核心,以红色文化、茶文化、民俗、度假产品为支撑,形成以茶养人、以圩娱人、以红色文化育人的互促旅游模式,做大旅游平台,做深产品开发,做优文化体验,打造生活化、消费式、体验型特色小镇。

第二,坚持高质量建设保障。草林镇政府与县领导小组办公室、县直各部门紧密协调,通力合作,不断优化用地保障、建设审批、施工协调等各方面服务,坚持高质量建设保障,助力项目建设工作有序开展。一方面,征地拆迁行动和谐迅速地开展。着眼特色小镇全面建设大局,草林镇高度重视,整合最精干的力量,完成茶养研学区、沿河路及景观工程二期征地510亩及山场征收350亩,为进驻施工提供坚实用地保障。另一方面,施工协调及时有序。针对下街片区房屋普遍半倒塌、规划设计衔接不到位、施工现场矛盾纠纷等问题,领导小组办公室分层化解,逐项破除,在施工建设的过程中切实倾听民意、体谅民需、解决民忧,在确保社会稳定的大前提下,充分保障施工建设的有序开展。

第三,坚持高效能项目推进。合理安排,逐级落实,责任到人,确保项目高效开展,序时推进。一方面,项目建设有序高效。在领导小组办公室的协调下,项目公司与建设单位分工合作、各尽其职,采取倒排工期、每周进度通报制度,确保人员机械按时进场、材料垃圾及时转运,严格按照"时间表",加强对人力、物力的投入,克服由于天气因素带来的施工滞后困难,全面完成了红培酒店、生态停车场工程,稳步推进红色经济馆工程和南北路东延段沿河路及景观工程等。另一方面,城镇面貌整洁卫生。建立健全城管队伍和城管制度,履行行政职权,依法依规将乱摆乱放、违章建筑、违章停车等乱象纳入日常整治内容，落实"门前三包"管理办法，确保街区整洁卫生。

6.2.3 红圩特色小镇的建设成效

第一，充分挖掘红色资源，延长产业价值链。红色圩场的创建，靠的是共产党人红色基因所蕴含的坚定信仰和草林人民的奉献精神，为凸显小镇特色，草林镇深入挖掘发生在这个小镇无尽的红色经典，整理出红军独立七团在草林集结地的故事、罗荣桓元帅在草林的革命事迹等一系列重大历史关联事件，组织编写了地方特色教材《红色草林》，拍摄了《红色圩场》《红色裁判》等电影，创作了《红色圩场之歌》。对毛泽东旧居、圩镇老街和红色圩场展览馆进行修缮，建立起"圩镇古街、红色展览馆、仿古浮桥、红色文化主题公园、毛主席旧居"45分钟精品红色游学路线，2022年成功接待了党性教育专题培训180多场次，人数达7000余人。当地还组建了红色文化宣传小分队，利用茶文化讲堂宣讲红色故事，印发了红色文化宣传册，通过多种形式将传承红色基因融入草林群众的日常生活中，营造浓厚的红色氛围。通过挖掘红色文化，结合圩场文化并融入城镇化建设中，打造传承红色基因的典范。

第二，完善城镇基础设施，提升公共服务水平。近年来，草林镇不断完善公用设施建设。修建了4.5公里的防洪堤，有效地保障了农业灌溉需求；完成了新苑社区沥青路面改造工程；完成了滨江南路和红军一路的修建工作，交通布局合理，三横三纵连贯镇区，群众出行十分便利；建设了草林红军广场，为居民娱乐健身提供了优质的场所；按照超前、综合配套的原则，在圩镇建立了高标准的农贸市场，完善了自来水供水系统，全镇范围100%通电，行政村100%实现了通信网络覆盖，镇区光纤入户工程已完成；开通了直达县城的公交车，群众出行十分便利；卫生服务全覆盖，中心卫生院和十多家卫生诊所、药店分布在镇区；在镇区设立了幼儿园、中心小学、中学；在圩镇划定了停车位，交通秩序良好；镇区开有大中型超市两家，宾馆、餐饮等营业场所一应俱全。

第三，树立绿色发展理念，重视生态环境保护。当地政府始终牢固树立"绿水青山就是金山银山"的绿色发展理念，高度重视生态保护工作，落实了"河长制"，开展了左溪河水保护整治以及沿河两岸绿化项目，开展了水土保持、污染防治等工程，对自然、田园景观及时进行了保护和修复，通过各种措施的开展，全镇的森林覆盖率达 79.06%，生态系统呈现良性循环。大力开展了城乡环境综合整治工作，对圩镇占道经营、乱搭乱建等进行了整治。实施了农村生活垃圾集中整治行动，率先实现了乡镇环卫工作承包制，圩镇配备垃圾桶 300 多个、垃圾中转车 1 辆、洒水车 1 辆、电动清洁车 6 辆，清洁员 12 名、村级配备保洁员 108 名，垃圾桶 1190 个、垃圾板车 110 辆，做到了设备齐全、人员到位，清洁工程有力推进，保证了特色小镇干净整洁的卫生环境。

第四，通过合理规划设计，城镇建设区域特色明显。对爱民路、前街、后街建筑进行了外立面改造，保持原有的古香韵味；修缮后的浮桥，连接一河两岸；防洪堤南岸小区、新风江畔小区等开放式住宅小区建设，实现了新、旧镇区同步协调发展；毛主席旧居等景区建设，已呈现文旅特色小镇风貌。

6.2.4 红圩特色小镇的经验启示

赣闽粤原中央苏区城镇化建设其中一条重要经验就是充分发挥红色旅游资源，大力打造红色旅游品牌，让红色旅游成为苏区城镇化建设的有力支撑和最大亮点，在传承红色文化、协调城乡发展等方面发挥着重要作用。结合案例以及苏区各地的经验做法可以概括为以下几点：

第一，强化规划引领，深化体制改革。赣闽粤原中央苏区大部分红色资源地处山区，这些红色旅游资源的开发是一项系统性工程。一方面要考虑红色资源的保护和开发，如何利用现代技术对古迹、文物进行修复和还原，对于红色资源的史料收集、整理，将红色资源背后的历史故事全方位地展示给游客。另一方面作为景点，为满足旅客的游览质量，需要完善公路、水电、网络等基础设施。在体制机制方面，完善项目投融资机制。可借鉴发达地区经验，组建县市层面的旅游投资发展公司，打造旅游投融资平台，引进中青旅等国内知名旅游公司，积极探索所有权、管理权、经营权"三权分离"的旅游景区开发模式。

第二，创新旅游产品，强化项目带动。坚持将红色旅游作为推动城镇化和产业转型升级的突破点和着力点。重点培育和打造红色旅游品牌、国防教育培训项目、红色教育基地项目等特色红色旅游项目。促进景区联动发展，建设一批红色旅游产业园、红色旅游客栈、红色旅游街区。开发多元主题、串联县域的精品旅游线路,将传承红色基因之旅、康养慢游之旅、生态休闲之旅、千年文化之旅等线路进行整合。积极推进红色旅游商品研发,拓展产业链条,提升产品价值,开发红色旅游文创产品以及木雕、竹雕产品等工艺艺术品。

第三,注重文旅融合,助推业态升级。打造"旅游+"各类型商业业态,丰富文旅产业。①"旅游+教育":紧扣党员干部、学生青年、各界精英、社会大众等不同群体,针对性、差异化发展,构建完善多元化、大众化、品牌化的红色教育体系。创新推出了红色培训旅游产品,打造高质量的集抗战文化教育、革命传统教育、爱国主义教育、红色旅游为一体的综合性基地。②"旅游+购物":加大文化创意的引入,推出各类文创旅游商品,研发一批旅游商品、文创精品,并着手在游客集散中心、AAAA级以上景区等地开设特色文创超市、连锁专卖店,努力拓展旅游产业链,增加旅游购物消费,带动旅游土特产品、工艺品、纪念品等业态全面兴起。③"旅游+文化":加快建设一批主题酒店、精品民宿,力争创建一定数量的高品质星级饭店、高品质旅游民宿;景区积极引入非物质文化遗产展演项目,有条件的景区与各地文化街区开辟夜游线路或夜游项目,促进购物、餐饮、民宿、文化演艺相关业态发展壮大。

第四,加强宣传推广,实现"大旅游圈"。坚持"走出去"与"请进来"相结合,推动线上线下、内宣外宣同频共振。分析长三角、珠三角推出的研学旅游线路和优惠政策,定期在京津冀、长珠闽三角及香港、澳门等地举办旅游推介活动。积极举办红色旅游高峰论坛、红色国际马拉松赛、民宿高峰论坛等重大旅游会展活动,开展宣传营销、开发红色旅游精品线路、合作拍摄红色旅游形象推广片等。

6.3 本章小结

本章采用"先分后总"的方法对赣闽粤原中央苏区城镇化高质量发展模式进行探究,并选取吉安市遂川县的红圩特色小镇为案例,进行典型案例分析。赣南苏区城镇化高质量发展模式具体包括:一是"政府+市场",双向驱动旧城改造模式;二是"地方特色+产业+城镇建设",打造特色小镇模式;三是"互联网+",引入新兴技术建设智慧城市模式。闽西苏区城镇化高质量发展模式具体包括:一是"现代骨+传统魂+自然衣",培育镇级"小城市"模式;二是"宜居+宜业+宜游",打好本地"生态牌"模式;三是"总部+制造基地",奏出山海"协奏曲"模式。粤北苏区城镇化高质量发展模式具体包括:一是"红+绿",协同推进"农文旅"模式;二是"内生动力+外部动力",内外合力促发展模式;三是"交通枢纽+",打造交通枢纽综合体模式。综观整个赣闽粤原中央苏区推进城镇化高质量发展的模式可以发现,虽然赣南苏区、闽西苏区以及粤北苏区在推进城镇化高质量发展的具体做法存在一定差异,但通过对三大区域城镇化的高质量发展模式梳理也能够发现一些共性规律,可以总结为以下几点:一是注重对红色资源的协调开发;二是注重对绿色资源的保护利用;三是注重与区域中心的产业承接。相较于国内外其他区域,赣闽粤原中央苏区新型城镇化建设也需要考虑到自身特殊条件,苏区因自身区位和自然环境的制约,社会经济发展相对较慢,但这些区域蕴藏着大量的红色资源可以挖掘开发。本章以吉安市遂川县的红圩特色小镇为案例,分析赣闽粤原中央苏区城镇化高质量发展过程中的经验和启示。通过对红圩特色小镇的基本情况进行历史维度与现实情况的简单分析,从三个方面总结红圩特色小镇的建设做法,并通过实地调研与访谈得出红圩特色小镇的建设成效:第一,充分挖掘红色资源,延长产业价值链;第二,完善城镇基础设施,提升公共服务水平;第三,树立绿色发展理念,重视生态环境保护;第四,通过合理规划设计,城镇建设区域特色明显。结合案例以及苏区各地的经验做法可以概括为以下几点:第一,强化规划引领,深化体制改革;第二,创新旅游产品,强化项目带动;第三,注重文旅融合,助推业态升级;第四,加强宣传推广,实现"大旅游圈"。

第7章 推进赣闽粤原中央苏区城镇化高质量发展的思路和实现路径

基于前文理论与实证验证以及案例分析，并结合本书第5章分析框架中的八大城镇化助推力量，即红色区位发展力、区位交通发展力、产业综合发展力、现代农业推动力、市场环境推动力、政府服务推动力、社会综合发展力以及自然资源禀赋力，以及第6章对三个地区的典型模式进行总结，得出应当重视对红色资源的协调开发、重视对绿色资源的保护利用、重视与区域中心的产业承接，由此提出新时代推进赣闽粤原中央苏区城镇化高质量发展的思路、原则、实现路径及政策建议。

7.1 推进赣闽粤原中央苏区城镇化高质量发展的总体思路

新时代推进赣闽粤原中央苏区城镇化高质量发展，既要坚持"以人为本"，又要坚持财富创造与共享发展，还要坚持制度保障。

第一，新时代推进赣闽粤原中央苏区城镇化高质量发展，要坚持"以人为本"。一方面，这是中国共产党性质、宗旨、政治立场的内在要求和具体体现；另一方面，这是坚持增进人民福祉，使改革发展成果更多更公平惠及全体人民，增强人们的获得感、幸福感的现实需要。坚持"以人为本"是推进新型城镇化的核心要义，"以人为本"的城镇化是人口、经济、社会、生态、城乡五位一体的城镇化，是通过体制创新、经济内涵式增长、土地等资源集约式开发利用、公共服务均衡配置、区域协调发展、城乡统筹等方式实现人与自然和谐、经济发展与社会公平、城乡融合发展，进而达到产城融合、均衡发展、彰显特色、绿色低碳、可持续的城镇化。

第二，新时代推进赣闽粤原中央苏区城镇化高质量发展，要坚持"财富创造"。体制机制改革创新是推进城镇化高质量发展的强大动力源泉，有助于促进我国城镇化向高质量、高效益发展方式转变。应发挥公有制的主导作用，在演化改革中增强国有经济活力，发挥国有经济的正外部性；从法律和政策上保护民营经济的发展，改善营商环境，降低交易费用，进一步释放市场效率，提升市场活力；另外，要以更大水平的开放来应对国内外发展挑战，吸引全球人才、技术、知识等资源，打造安全可控的现代产业体系，实现产业兴城、产城融合。

第三，新时代推进赣闽粤原中央苏区城镇化高质量发展，要坚持"共享发展"。坚持共享发展，既是人人共享发展成果，又是全面共享发展成果，具体表现在城市内部、城乡之间、当代与后代的居民实现共享经济、社会、生态等多方面的发展成果。一是在推进农村转移人口市民化的过程中，消除户籍制度带来的城市内部的二元结构，让所有非户籍常住人口享受到与户籍常住人口一样的教育、医疗、养老、住房等公共服务，降低非户籍人口与户籍人口享受发展成果的差距。二是注重城乡融合发展，提高城区的辐射带动作用，推动市政公共设施向中心城区的周围郊区乡村或较大规模镇蔓延，推进城乡交通、燃气、用水、用电、垃圾处理等基础设施、公共服务供给一体化建设。三是注重可持续发展，推进赣闽粤原中央苏区城镇化建设过程中，既要考虑当下居民的生活品质，又要考虑子孙后代的未来，不可一味地过度开发利用，要采用集约高效的发展模式。

第四，新时代推进赣闽粤原中央苏区城镇化高质量发展，要坚持"制度保障"。要从户籍制度、土地管理制度、资金保障制度、城镇建设政策、行政管理体制着手，实现体制机制的创新改革，大力破除二元化的制度设计，建立健全城乡融合发展、产城融合发展、生态建设等相关的政策体系。

7.2 推进赣闽粤原中央苏区城镇化高质量发展的原则

新时代,推进城镇化高质量发展是一项庞大繁琐的系统性工程,赣闽粤原中央苏区应权衡好"经济高质量发展"和"人的全面发展"之间的关系,摒弃"增长至上""物质至上""功利至上"的价值观,构建涵盖以人为本、要素集聚、产城融合、生态优先、城乡协调的多维度价值体系,推动城镇化可持续向前发展。

7.2.1 以人为本,共建共享

不能将城镇化单纯地看成是"农民进城",也不能看成是单一的"造城运动"。从优化城市空间的角度来看,新型城镇化的最终目的是满足人的各种需要,促进人的全面发展,逐步实现共同富裕。因此,在推进新型城镇化过程中,必须注重塑造"人"和"城"的关系,避免传统城镇化过程中出现的"见物不见人"现象,使农村转移人口在城镇既能"进得来",又能"留得住",还能"发展好"。

一方面,以人聚城。城市发展最持久的源泉是人,最深刻的变化也在于人。要把推进农业转移人口市民化作为新型城镇化的首要任务。因此,新型城镇化首先就是要坚持"以人为本",切实解决好农民工进城后的住房、医疗、就业等现实问题,保障其随迁子女在城镇享受公平的教育,推动企业为入城农民工缴纳养老、医疗、工伤等社会保险费的同时,建立健全进城落户农民工"三权"市场化退出机制保障。除此之外,在其他基本公共服务方面,也应享有和城镇居民同等的权利,履行同等的义务,只有这样才能加快形成人才吸附效应,大力打造城市超强人气,全面提升城市综合实力。

另一方面,以城兴人。人的现代化需要一个良好的社会环境。城市可以通过完善基础设施,不断进行更新改造,最大限度减少各类突发事件发生,最大程度保障人民生命健康安全,打造高质量人文环境,以此来提升农业转移人口的幸福感、获得感和安全感。如赣州老旧小区三年改造计划,以普惠化"微改造"为主,同时打造一批各具特色的小区,进一步治理环境、提高品质,提升市民群众生活幸福指数。"硬件"方面,提前规划、统一布局、高标建造、高效使用;"软件"方面,政府各部门之间加强协作共享,保障农民工合法权益,增强劳动力市场的包容性,逐步消除劳动就业歧视,让每个人都成为城市的代言人、展示者和宣传员。

7.2.2 开放合作,互利共赢

从地理位置看,赣闽粤原中央苏区为赣闽粤三省交会处,是珠三角、厦漳泉地区的直接腹地和内地通向东南沿海的重要通道,西部与湖南相邻、东北部是长三角,西北部是武汉城市圈。因此,赣闽粤原中央苏区应充分发挥地缘优势,大力支持赣闽粤原中央苏区东部各县市对接长三角和海西城市群、赣闽粤原中央苏区南部各地区对接粤港澳大湾区、赣闽粤原中央苏区西部各地区对接长株潭城市群,构建全面开放新发展格局。

新时代,赣闽粤原中央苏区积极承办各种重大经贸活动,密切关注重要经贸协议进展,不断提升产业层级,积极融入粤港澳大湾区,更加注重"走出去"和"引进来"并重,使双向开放的"门"越开越大、经贸合作的"路"越拓越宽、对外联通的"桥"越架越牢,实现互惠互利、合作共赢。这对于产业迈向中高端、推进新型城镇化高质量发展有着重要的促进作用。

7.2.3 创新引领,产城融合

产业是税收和就业的源泉,为城市发展提供重要物质基础;城市发展又会结合自身禀赋结构,推动产业转型升级。因此,赣闽粤原中央苏区各设区市应立足各自产业基础和区域特色,加快构建以平台为载体、以区域为支撑的全域创新体系,大力实施产业高质量发展行动,逐步形成横向错位发展、差异竞争、协调互动,纵向统筹发展、层级互补、层次分明的发展局面。

第一,在"市级层面",要充分发挥中心城区强大的综合实力和辐射带动能力,如赣南苏区要强化赣州中心城市地位,把赣州都市圈建成各区域创新驱动发展核心引擎、中部地区创新发展重要一极。按照主导产业要"强"、新兴产业要"培"、传统产业要"优"的原则,不断优化配置创新资源,坚决打好产业基础高级化、产业链现代化攻坚战。

第二，在"县级层面"，由于其位于"城尾乡头"的特殊地理位置，因而在产城融合发展过程中具有重要作用。所以，县级层面应聚焦新型城镇化难点问题，对接乡村振兴重点任务，通过查问题、补短板、强弱项，统筹县城内部产业培育和外部产业承接，打造优势产业和特色产业，不断优化县城产业布局，避免产业同质化竞争，增强县域间的产业关联，逐步形成与中心城区错位发展、优势互补的良好发展局面。

第三，在"乡镇层面"，政府部门应结合乡镇发展实际，大力盘活土地资源，合理分配用地指标，不断提高其承载能力。如鹰潭市探索农村集体经营性建设用地入市，一是制定集体经营性建设用地入市办法、储备办法、交易办法等制度；二是引导银行加强信贷资产配套，促进办理土地贷款业务。针对不同类型的乡镇应分类施策，对于大城市周边的乡镇，要加强与城市发展相适应的功能配备，努力成为承接城市产业转移的重要平台；远离中城市的乡镇，应完善基本公共服务和基础设施建设，努力发展成为带动周边、服务农村的综合性乡镇；对于宜居宜业、功能完备的特色小镇，应努力将其打造成为休闲旅游、智能制造、民俗文化、科技教育等专业性小镇。

7.2.4 生态优先，绿色发展

自古以来，"天人合一""道法自然"等理念便深刻影响着人们的行为方式。历史经验教训充分证明，为谋求一时经济发展而破坏生态的做法是不可持续的。因此，在推进赣闽粤原中央苏区新型城镇化进程中，必须及时纠正"以资源换增长"的错误认识，让城市居民"望得见青山、看得见绿水、记得住乡愁"。

第一，树立生态优先意识。城市居民的生态优先意识并不会凭空产生，只有他们对生态文明相关知识有了一定了解后，才能有真正的认同感和责任感。只有通过积极开展生态文明教育或宣传，使居民自身树立起"生态优先、绿色发展"的主人翁意识，担负起生态文明建设的重要使命，才能主动为新型城镇化建设添砖加瓦。

第二，加快绿色低碳发展。在"双碳"目标背景下，数字化、智能化、绿色化无疑已成为赣闽粤原中央苏区产业发展的新要求。应更加注重产业绿色转型，加快绿色低碳技术的研发和应用，加强绿色低碳平台建设，不断优化建筑用能结构，提升建筑能效水平。

第7章 推进赣闽粤原中央苏区城镇化高质量发展的思路和实现路径

第三，深化全民绿色行动。在政府层面，发挥主导作用，各省应及时出台绿色行动实施方案，促进"零碳"项目签约落地，抓好重大项目和重点企业的污染治理，支持引导高能耗企业进行节能降耗或数字化转型；在企业层面，发挥主体作用，加快技术升级改造，提升企业智能制造水平，倡导绿色生产方式，避免"低效或无效"供给造成的能源消耗，减少不必要的碳排放；在居民层面，人人参与，勤俭节约，当好垃圾分类引领者和先行者，开启绿色生活方式和消费方式。如抚州市支持居民绿色低碳生活，一是推出公共服务平台"绿宝"，将相关数据记入"碳账户"；二是对居民的低碳行为给予"碳币"奖励，可用于消费；三是联合商家组建"碳联盟"、推出"绿宝礼包"等。

7.2.5 城乡融合，协调发展

新型城镇化不是城市的单兵作战，而是城市和乡村协同发展、共同进步，两者是长期共存的关系。城乡融合的底层逻辑就是通过建立"流动性空间"和"流动性渠道"的方式实现要素的自由流动。因此，必须正确认识新型城乡关系，树立城乡发展"一盘棋"意识，全力破除城乡二元结构，促使城镇基础设施、公共服务、现代文明向农村地区倾斜，推动城乡一体化发展。

第一，基础设施向农村延伸。扎实推进农村污水处理、垃圾分类、土壤保护、村容村貌等农村人居环境整治行动，推动新一代互联网、物联网、光纤等信息技术在农村的覆盖深度和广度，支持整体打包的城乡联动发展项目，加强县、乡、村三级物流体系建设，鼓励较大村镇基础设施纳入城镇进行统一规划、统一建设和统一管护，推动城乡基础设施一体化建设。

第二，公共服务向农村覆盖。在有条件的农村地区进行城际公交、农村客运的线路优化，鼓励村镇公交发展，推动城乡客运一体化服务，形成四通八达的农村交通运输网络。加强农村公共卫生服务体系建设，供给方面多考虑乡村居住地分散的特点，采取固定场所和流动服务相结合的方式，推动城乡医疗资源合理共享。

第三，城市文化向农村辐射。实现城乡文化融合是城乡融合的重要内容，乡村文化是中华优秀传统文化的重要组成部分。在尊重差异、凸显特色的基础上，乡村文化应吸收借鉴城市文化中的创新精神、开放包容、共享发展等先进理念，吸收城市文明中的哲学智慧和精神营养。与此同时，应积极开展

"送戏下乡""文艺巡演"等文化惠民活动,配齐配强乡村文化协管员,不断充实和增添现代文明的厚重底色。

7.3 推进赣闽粤原中央苏区城镇化高质量发展的实现路径

传统城镇化模式主要依靠政府主导、市场参与形成自上而下的城镇化道路。以政府为主导力量的传统城镇化道路不利于生产要素的有效流动,不利于发挥市场在资源配置中起决定性作用,经常导致城乡二元结构凸显。作为欠发达地区,闽粤原中央苏区的城镇化高质量发展路径既需要政府提供城镇化高质量发展的启动资金以及扶持政策,也不能忽视市场力量的作用,需要构建出全方位的政策体系,用好政府这只"有形的手"和市场这只"无形的手",营造良好的外部经济发展的外部环境,激发产业发展的内生动力,促使赣闽粤原中央苏区城镇化最终进入健康且长效的发展轨道。

图7-1描述了赣闽粤原中央苏区城镇化高质量发展的实现路径。赣闽粤原中央苏区要实现城镇化的高质量发展,基于八大城镇化的助推力量,即红色区位发展力、区位交通发展力、产业综合发展力、现代农业推动力、市场环境推动力、政府服务推动力、社会综合发展力、自然资源禀赋力,以及对三个地区的典型模式进行总结,提出应该重视对红色资源的协调开发、重视对绿色资源的保护利用、重视与区域中心的产业承接,具体需要从政府治理、公共服务、产业发展、市场要素、基础设施五个维度发力。政府治理维度主要需要解决的问题是如何进一步提升当地政府的行政效率,使得上级扶持政策和扶持资金更有效地推动城镇化建设。公共服务维度主要解决的是如何筑牢兜实基本民生底线,提高公共服务水平,促进公共服务均衡化。产业发展维度主要需要解决的问题是如何进一步推进三产融合发展、产业与城镇建设的融合、产业与乡村发展的融合,如何发展地区特色优势产业。基础设施维度主要需要解决的问题是如何通过改善基础设施开拓外部市场,使特色产品能够更便捷"走出去",使外部的游客、商户更便捷"走进来"。市场要素维度主要需要解决如何持续优化营商环境问题,通过营造好的经济发展环境吸

第7章 推进赣闽粤原中央苏区城镇化高质量发展的思路和实现路径

引更多的资金和市场机制进入农村地区,带动劳动力双向流动,盘活当地土地资本,实现农户持续增收。

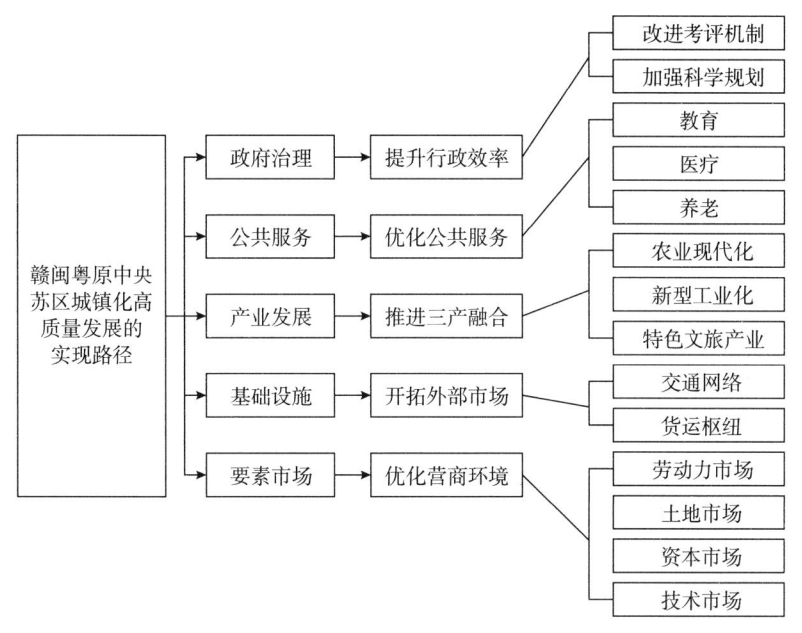

图 7-1 推进赣闽粤原中央苏区城镇化高质量发展的路径

7.3.1 政府治理维度

通过实证分析得出,政府服务推动力是赣闽粤原中央苏区城镇化发展质量的重要正向推动力。赣闽粤原中央苏区大部分区域属于相对欠发达地区,城镇化的原始动力需要借助政府的资金支持和政策帮扶。但欠发达地区往往行政效率较为低下,政策执行成本较高。推进赣闽粤原中央苏区高质量发展过程中一方面需要肯定政府所发挥的巨大作用,但也不能忽视政府治理的改进提升。在政绩考评机制和地区发展规划方面需要向周边发达地区学习,如闽西地区可以借鉴厦门、福州等地做法,粤北地区可以借鉴广州、深圳等地做法。坚持习近平总书记提倡的"一张蓝图绘到底"规划导向,重视规划前期的工作,确保规划能够管长远、管全局,提高规划质量。

7.3.2 公共服务维度

通过实证分析得出,社会综合发展力是赣闽粤原中央苏区城镇化发展质量的第三正向驱动力，医疗等公共服务的提升，促进社会城镇化高质量发展，进而吸引人才、产业的聚集，促进城镇化高质量发展。现实情况是公共服务供给方面，对于赣闽粤原中央苏区来说，是一个短板弱项。一方面要加大基本公共服务的供给力度，保证教育、医疗、养老等普惠性公共服务的覆盖面和均衡性；另一方面要谋划公共服务的质量提升工程，借助大数据、人工智能等网络信息手段，将城镇更为优质的公共服务资源向农村地区普及，提升教育、就业、医疗等公共服务的供给质量。

7.3.3 产业发展维度

通过实证分析得出，产业综合发展力是赣闽粤原中央苏区城镇化发展质量的核心驱动力，无论是横向比较还是纵向比较以及分维度分析，产业综合发展力都是促进城镇化高质量发展的正向驱动力。通过模式总结发现，打造特色小镇、打好本地"生态牌"以及协同推进"农文旅"体现出红色区位发展力、自然资源禀赋力以及现代农业推动力的合力效果。产业经济社会发展离不开产业发展，新型城镇化建设也离不开产业发展的带动，产业是兴城之邦，推动产业发展可以提高就业率，在一定程度上实现就地城镇化。产业发展水平也决定城镇未来规模，只有不断推进产业现代化，不断提升农业效率，不断提升工业现代化水平，不断探索服务业新业态，才能不断提高城镇对劳动力的容纳力。重视产业发展对新型城镇化建设具有先导和支撑作用，通过改变产城分离和城乡分裂的现象，实现城镇化与产业布局融合发展，推动新型城镇化高质量发展。

7.3.4 基础设施维度

通过实证分析得出，区位交通发展力能够带动人口城镇化的高质量发展，通过模式总结，粤北苏区城镇化典型模式中强调建立枢纽城市，打造广东"北大门"，带动地区经济社会全面发展。任何地区都不可能孤立地发展，各地区需要通过相互交流、相互联系，促使资源在各地区之间达到最优配置。农村地区和城市地区都有着自身的资源禀赋，但长期以来城乡之间资源流通渠道并不通畅，其中一个重要的阻碍因素便是基础设施的缺失，导致农村地区的特色农产品无法及时输送到城市，城市的工业品也不能便捷地去往农村地区。要推进城镇化高质量发展必须要通过完善交通网络和货运枢纽打通城乡双向交流通道，实现城乡互动发展。基础设施建设还有一个重大问题是需要解决建设资金来源，对于赣闽粤原中央苏区可以借助中央的帮扶政策，探索专项债、PPP模式、REITs模式等方式解决资金来源问题。

7.3.5 要素市场维度

通过实证分析得出，市场发展水平对赣闽粤原中央苏区城镇化发展质量具有正向的驱动作用。通过模式总结发现，引进社会资本参与旧城改造可以节约建设成本，提高建设效率。当城镇化率达到一定阶段以后，就不能完全依靠政府的扶持力量，继续走传统的城镇化老路。重视市场在资源配置中起决定性作用，市场机制在公共利益增进和交易信息传递等方面具有显著作用，同时市场这只"无形的手"可以降低市场交易成本，有利于资源配置效率的提高。政府应该积极转变职能，从调控型政府向服务型政府转变，由行政主导城镇化发展转变为行政辅导城镇化发展。加强营商环境建设，通过市场手段达到劳动力、土地、资本等要素的合理配置，降低政府干预在新型城镇化建设过程中的挤出效应。

7.4 推进赣闽粤原中央苏区城镇化高质量发展的对策建议

通过模式梳理、实证分析、案例剖析可以发现城镇化高质量发展不是由单一因素决定，而是会受到政治、经济、社会、生态等多因素综合影响。因此在推进赣闽粤原中央苏区城镇化高质量发展的过程中需要考虑到不同类型政策的合理组合，形成政策体系合力，最终实现赣闽粤原中央苏区城镇化高质量发展。基于上述的分析，本书认为推动赣闽粤原中央苏区城镇化高质量发展的政策体系包含以下几个方面：

7.4.1 完善政府考核体系，突出规划引领

新时代，推进赣闽粤原中央苏区城镇化高质量发展，必须要发挥政府的引导作用。赣闽粤原中央苏区应简政放权、转变政府职能、提升政府公信力，

解决因市场失灵导致的资源错配等问题,提升资源配置效率。

改善政绩考核机制。对于赣闽粤原中央苏区等欠发达地区,绿水青山就是金山银山,改变过去唯 GDP 的考核机制。一方面,在考核人均 GDP、财政收入等绝对经济指标时,也要将地区科教文卫发展以及水、电、通信等基础设施的投入纳入到考核体系当中。同时加强对地区 GDP 单位能耗、污染排放率,尤其是传统产业的碳能耗考核,进而从高层推进赣闽粤原中央苏区新型城镇化有序健康发展。另一方面,加强赣闽粤原中央苏区城镇居民对城镇化建设的评价考核,聘请第三方考核机构,随机抽样城镇居民,通过打分的形式对赣闽粤原中央苏区新型城镇化高质量发展过程中政府职能履行、政府公务人员态度、基本公共服务、环境状态等进行打分,形成科学有效的利益表达机制,促使考核结果公平公正。通过考核结果可以发现城镇化建设过程中居民所关心的重点,进而可以进一步改善城镇建设,促进城镇化高质量发展。

加强科学规划。赣闽粤原中央苏区城镇化高质量发展离不开合理规划,衔接好规划的制定与实施,加强政府组织、规划专家、社会公众之间的有效沟通,确保城镇建设相关规划的科学合理性。加强规划与政策的融合发展,同时加强城乡规划、土地规划等规划多规合一,防止规划与政策的不协调以及各类规划之间的不协调,强化规划的实际指导作用。同时,加强对赣闽粤原中央苏区城镇规划实施的监督力度,强化城镇规划的刚性约束,规避随意干预或变更规划,一张蓝图绘到底,确保规划的稳定性和权威性,避免"人走政息"现象。统筹好长期城镇化规划与短期城镇化规划,强化城镇化规划与经济社会发展的协调,进而促进城镇化高质量发展。

7.4.2 优化公共服务供给,完善民生保障

新时代,在赣闽粤原中央苏区城镇化建设过程中,优化公共服务供给要做到两个"力",一是尽力而为,要持续加大基本公共服务供给,尽力而为地保证义务教育、基础医疗等基本公共服务供给的均衡性;二是量力而行,要量力而行地加大价低质优的非义务教育、优质医疗、社区养老等普惠性非基本公共服务的供给。

推进赣闽粤原中央苏区基本公共服务供给的均等化,是实现基本公共服务供给目标群体的全覆盖,既包括经济发达地区,也包括欠发达地区;既包括城镇居民,也包括农村居民;既包括普通居民,也包括老弱病残孕幼等弱

势人群。保障每一个人能够公平地享有基本公共服务是政府的重要职责。首先，要持续推进就业服务均等化，消除就业当中存在的歧视与不合理限制，完善劳动者保障权益保障制度，尤其要关注农民工等弱势群体。其次，要持续推进义务教育均等化，实行名师轮岗制度，降低住房与教育的关联度，加快义务教育均衡化发展，促进城乡教育一体化。最后，要持续推进公共卫生服务均等化，深化医疗体制改革，推广"南雄经验""三明经验"，提高医护人员的数量与质量，促进城乡医疗资源协调发展。另外，持续推进社会保障均等化，完善基本养老保险全国统筹制度，健全多层次的社会保障体系。

加大赣闽粤原中央苏区供给普惠性非基本公共服务的实质在于增加公共服务数量、提高公共服务质量、降低公共服务价格，主要是政府通过发挥市场机制作用，吸引社会投资者参与，在坚持社会效率优先的情况下，让消费者能够在价格上接受、在质量上有保障的前提下享受普惠性非基本公共服务。在教育服务方面，着力扩大非义务教育服务供给，普及学前教育、高等教育，规范民办教育。在养老服务方面，大力发展社区养老服务，发展多层次养老保险体系。在医疗服务方面，深化公立医院改革，引导民营医院发展。此外，推进智慧城镇建设，将大数据、人工智能等现代化手段应用到公共服务供给当中，精准提升教育、就业、医疗等公共服务水平，实现城乡公共服务网格化、精细化、智能化。

7.4.3 加快打造现代农业，提升农业产值

农村稳，则天下安。农业是国民经济的基础，为城镇发展提供基本的生产要素，是赣闽粤原中央苏区新型城镇化的原始动力。政府要引导城镇资本、技术等要素流入农村，构建新型的农业经营体系、农业社会化服务体系，加快推进农业现代化。政府财政部门可采用购置补贴、优惠贷款、税收减免等方式鼓励农民购买农业机械，农业技术推广部门定期开展农机技术下乡活动，向农户宣讲农业帮扶政策和农机维护知识，推动农业生产机械化、集约化、产业化，提高劳动生产率、土地产出率。

积极培育地区特色农业产业，实现农业增产，农民增收。赣闽粤原中央苏区不少区域都有特色农产品，发挥极化效应带动经济发展，如闽西龙岩的"八大珍""八大鲜"，赣南赣州的"富硒产业"等。地方农业主管部门可牵头组织申报区域公用农业特色品牌，制定相关产品标准，提供社会化服务，

提高特色农产品知名度。地方商务部门可协助农户对接大型商超、零售企业，设立特色农产品专柜，建立稳定的销售渠道。加强农业科技水平，当地政府通过多种方式引导农业企业从初级农产品销售逐步过渡到农业精深加工，延伸农业产业链，提升产品附加值，带动更多农户增收致富。

7.4.4 增强特色产业活力，重塑内生动力

通过推进新型工业化带动新型城镇化建设，重塑赣闽粤原中央苏区高质量发展的内在动力。工业发展的本质要求生产的集中性、技术的先进性，同时也需要更多的劳动力从事生产服务，在此背景下会带来人口在空间上的集聚，推动城镇化高质量发展。赣闽粤原中央苏区新型工业化基础相对比较薄弱，通过创新驱动，转型升级传统的冶金、有色等工业，促进传统产业生产率水平提高，降低对环境的污染。将信息化、绿色化融入新兴产业，调整城镇产业经济结构，增加第二产业附加值，从而提供赣闽粤原中央苏区城镇化高质量发展的产业支撑。

赣闽粤原中央苏区也应注重发展现代服务业，发展零售、批发、计算机服务、金融服务业等第三产业，第三产业不仅有助于方便人民群众的生产生活，还有助于增强城镇的经济集聚度，从而提高对就业人口的吸纳能力。推进服务业现代化，既发挥市场配置资源的作用，又抓住数字化转型的机遇，推进数字技术赋能下服务业新业态、新模式的创新，进而助推产业链的重构。政府对于服务业新业态、新模式要持有包容的态度，也要及时补上监管短板，引导服务业新业态、新模式健康发展。推进服务业现代化，大量的高端专业人才储备必不可少，需要通过政府、高校、企业多方共同努力来解决当下从业人员良莠不齐、高端人才缺乏的现状。

7.4.5 推进生态资源开发，打造特色文旅

赣闽粤原中央苏区生态风景秀丽、人文底蕴丰厚。这些地区可考虑将文旅项目作为特色小镇的切入点，大力发展旅游尤其是乡村生态旅游、红色旅游，不仅可以吸纳当地居民就地就近就业，提高当地居民收入，在一定程度上实现就地城镇化。立足苏区各地特色，挖掘不同地区的文化价值与旅游资源，在保护好传统文化、传统建筑的前提下，打造一批有特色的红色乡村旅游精品线路。加强红色乡村旅游发展相关培训，营造方便、舒心、安全、有

序的红色乡村旅游环境，提升红色乡村旅游产业的品质，打造红色乡村旅游的品牌，推动红色文创产品开发，吸引更多游客体验红色乡村旅游。

积极开拓旅游新业态，探索从原始的旅游观光逐步扩展到"旅游+康养""旅游+地产"等二级开发模式，实现一二三产业融合发展。在"旅游+康养"方面，赣南、闽西、粤北地区有着丰富的温泉资源，如赣州市上犹县的天沐温泉、龙岩市的长汀河田温泉、河源市和平县的汤湖温泉。这些温泉地区可以考虑打造温泉疗养院和风景区联动开发，开发温泉、针灸、推拿等理疗康养服务，打造"绿色+红色+康养"短期休闲项目。在"旅游+地产"方面，整个赣闽粤原中央苏区全年气候宜人，适合老年人群长期居住，可以探索"医养结合"的养老地产开发模式。当地政府可以与大型医疗机构、大型餐饮企业合作设立分部，打造集养老、居住、医疗、餐饮、休闲为一体的养老地产集群，实现生态资源的深度开发利用。

7.4.6　加大交通基础投入，建立枢纽城镇

新时代，交通基础设施建设为赣闽粤原中央苏区城镇化高质量发展提供了基本条件。交通基础设施建设项目的落地，对经济发展具有极大的促进作用。当下，赣闽粤原中央苏区的交通基础设施总体上处于不断完善的过程中，但仍存在总量不足、结构不优的问题。为了改善赣闽粤原中央苏区欠发达地区的交通条件，应该加大该地区的交通基础设施投入力度。而加大交通基础投入的重要问题在于资金的来源问题，解决资金来源问题的具体措施如下：一是加大政府专项转移支付力度，中央的专项建设基金可以适当地向赣闽粤原中央苏区欠发达地区倾斜；二是完善投融资体系，鼓励交通基础设施市场主体创新使用信托基金等金融工具；三是通过PPP模式引进社会资本，提高交通基础设施建设的质量与效率。

坚持枢纽周边区域一体化开发，在支持赣闽粤原中央苏区公路、铁路、水运、民航等交通网络设施进行补短板强弱项的同时，推动铁路、水运、航运优化布局，因地制宜地引导建设综合性货运枢纽体系，推进港口型、铁路型、航空型等不同类型的货运枢纽高效多式联运，支持综合货运枢纽与运输服务产品融合发展，推进完善枢纽港站集疏运体系，提高综合交通基础设施承载力。同时，建立枢纽城镇，构筑新兴的增长极，发挥极化功能促进当地经济发展，拓展枢纽腹地范围和辐射空间，通过扩散作用带动周边地区共同发展。

7.4.7 深化要素市场改革，优化营商环境

作为相对欠发达地区，赣闽粤原中央苏区城镇自主发展能力相对较弱，市场发育相对滞后。赣闽粤原中央苏区在推进城镇化高质量发展的过程中应更加尊重市场规律，发挥市场在资源配置中更好起决定性作用，推动土地、资本、劳动力、技术等要素在城乡之间，区域之间更加合理流动，实现由政府单一主导向市场和政府共同推动的新型城镇化。在土地要素市场方面，加快推进集体经营性建设用地入市改革，盘活农村土地资源，推进城乡土地要素合理配置，完善土地指标交易市场，以市场方式收储、供给土地，加快农村荒地、闲置地整治，建立耕地占补平衡指标的转让、出租等，促进城乡土地要素的合理配置。在资本要素市场方面，建立开放的资本要素市场是推进城镇化高质量发展的必要条件。新型城镇化建设需要大量的资金来源，如果完全依靠政府投资驱动显然是不够的，必须开放资本市场、拓宽融资渠道，引导社会资本参与到赣闽粤原中央苏区新型城镇化建设。如采用PPP模式，对具有商业性质的项目引进社会资本参与，实现市场化运作，既缓解了财政压力，又推动了项目的落地。

加快推进赣闽粤原中央苏区营商环境改革，是赣闽粤原中央苏区城镇化高质量发展的关键。首先，着力于打造高效便捷的智能政务环境，做到成本最低、服务最好、保障最硬，深入推进"放管服"改革，打造智能化政务服务模式，提高企业网上办事效率，推进"一次不跑"或"只跑一次"改革，提高企业办事便捷度，推进各种事项省内通办、跨省通办。其次，着力于营造开放、包容的涉外环境。在国内国际双循环的背景下，要高标准对标经贸规则，持续改善港澳台与外商投资环境，实行准入、管理、保护多方位的外资投资环境。借助国家签署的贸易协定，打造开放、透明、可预期的外资投资环境，提升赣闽粤原中央苏区市场环境吸引力。再次，着力于打造具有活力的创新环境，加强对知识产权的保护和运用，提高知识产权维权服务水平，支持企业可以通过知识产权进行质押获得融资，深入推进新产品、新技术量产，提高创新成果转化率。最后，着力于营造公平公正的法治环境，建立健全相关法律制度，提升企业诉讼效率，提高各单位主体的法律意识。

第7章 推进赣闽粤原中央苏区城镇化高质量发展的思路和实现路径

7.5 本章小结

基于前文理论与实证验证以及案例分析,提出新时代推进赣闽粤原中央苏区城镇化高质量发展的思路、原则、实现路径及政策建议。新时代,推进赣闽粤原中央苏区城镇化高质量发展,在提出"以人为本、财富创造、共享发展、制度保障"为总体思路的前提下,坚持"以人为本、共建共享,开放合作、互利共赢,创新引领、产城融合,生态优先、绿色发展,城乡融合、协调发展"五大原则,从政府治理、公共服务、产业发展、基础设施、要素市场等维度构建实现路径,并提出一系列具有针对性的政策建议。具体的对策建议为:①完善政府考核体系,突出规划引领。②优化公共服务供给,完善民生保障。③加快打造现代农业,提升农业产值。④增强特色产业活力,重塑内生动力。⑤推进生态资源开发,打造特色文旅。⑥加大交通基础投入,建立枢纽城镇。⑦深化要素市场配置,改善营商环境。城镇化发展新阶段,赣闽粤原中央苏区及欠发达地区应从多方面、多维度驱动力入手,发挥多元驱动机制的作用,推进城镇化高质量发展。

第8章 研究结论与研究展望

8.1 研究结论

新时代，实现城镇化高质量发展是促进经济高质量发展的重要引擎动力。实现城镇化高质量发展的核心在于促进区域协调发展，革命老区的发展是解决区域协调发展的关键问题之一。我国革命老区约占全国地域面积和人口的1/3，大部分区域还是国家集中连片特困地区。而赣闽粤原中央苏区是全国13个革命根据地中面积最大、人口最多的地区，具有一般性、典型性。长期以来，政府关注赣闽粤原中央苏区的振兴发展问题，分析赣闽粤原中央苏区城镇化问题，不仅有助于促进本地区城镇化高质量发展，还有利于为其他老区苏区等欠发达地区提供示范经验。鉴于此，本书基于我国赣闽粤原中央苏区城镇化研究的现实与理论需要，探究我国赣闽粤原中央苏区城镇化发展历程与现状，构建我国赣闽粤原中央苏区城镇化发展质量的多维评价指标体系，对我国赣闽粤原中央苏区城镇化发展质量评价结果进行时空分析、协调度分析，并实证分析我国赣闽粤原中央苏区城镇化发展质量的驱动因素，而后结合典型个案分析赣闽粤原中央苏区城镇化高质量发展模式，随后在此基础上构建我国推进赣闽粤原中央苏区城镇化高质量发展的思路与路径，为赣闽粤原中央苏区实现"以人为本"的城镇化高质量发展提供理论指导与实践参考，为其他老区及欠发达地区提供经验示范。

本书研究结论主要体现在以下几个方面：

第一，赣闽粤原中央苏区具有全国城镇化的一般性特征，但也具有苏区独有的红色特色，城镇化道路表现出一定独特性；在城镇化建设方面，政策力度、基础设施、民生福祉、特色产业和生态建设方面均取得一定成就；但在整体城镇化水平、区域内各地城镇化水平以及城镇化和工业化协同、城乡发展以及城镇综合承载力等方面还存在一定短板弱项。

第二，我国赣闽粤原中央苏区城镇化发展质量的上升态势具有空间异质性。①通过核密度分析可得，随着时间的推移，我国赣闽粤原中央苏区城镇化发展质量不断提升，空间分异现象在加深。分区来看，各个地区城镇化发展质量均处于不断提升的过程，提升的幅度存在差异性，但近年来赣南、闽西、粤北苏区均出现了空间分异加深的现象。②通过马尔科夫链模型进行动态演化分析可得，在考察期内我国赣闽粤原中央苏区城镇化发展质量均在向相对中高水平（Ⅲ）状态演进。分区来看，闽西苏区城镇化发展质量多数时期处于相对中高水平（Ⅲ）状态；赣南苏区城镇化发展质量往往处于相对低水平（Ⅰ）状态或相对中低水平（Ⅱ）状态，还有1/3地区处于相对中高水平（Ⅲ）；粤北苏区城镇化发展质量多数处于相对中低水平（Ⅱ）状态，其次是相对低水平（Ⅰ）状态；赣南苏区与闽西苏区缺乏城镇化发展质量处于相对高水平（Ⅳ）的地区。分析2000~2010年、2011~2020年的情况可知：处于主对角线位置的各个数据均大于非对角线上的各个数据，表明赣闽粤原中央苏区各县市城镇化发展质量保持原有发展水平的可能性要大于发生状态转移的可能性，在状态分布上具有一定的固态性，使状态转移的可能性减弱。我国赣闽粤原中央苏区城镇化发展质量将长期处于相对中高水平（Ⅲ）状态，赣闽粤原中央苏区城镇化发展质量初始分布平中处于相对低水平（Ⅰ）在稳态分布中显著下降，相对中低水平（Ⅱ）、相对中高水平（Ⅲ）状态在稳态分布中有所提升，但各地区的城镇化发展质量的初始分布与稳态分布具有差异性。③通过协调耦合模型进行协调性分析可得，赣闽粤原中央苏区城镇化协调发展水平存在大范围的低水平协调现象，并且时空分异明显。

第三，赣闽粤原中央苏区城镇化发展质量的驱动因素的作用效果具有时空异质性。①经自适应Lasso模型选择出的变量当中，首先，可以发现产业综合发展力是赣闽粤原中央苏区城镇化发展质量的第一正向驱动力，是所有驱动力中最为有效的一个，产业规模、工业化水平、产业升级都是赣闽粤原中央苏区城镇化发展质量的显著正向驱动指标。市场环境推动力是赣闽粤原中央苏区城镇化发展质量的第二正向驱动力，市场化水平、金融支持也对赣闽粤原中央苏区城镇化发展质量具有显著的正向驱动作用，但是市场化水平的驱动系数相对较小。其次，社会综合发展力是促进赣闽粤原中央苏区城镇化发展质量的第三正向驱动力，医疗水平对赣闽粤原中央苏区城镇化发展质量具有显著的正向效应。再次，政府服务推动力是赣闽粤原中央苏区城镇化发展质量的第四正向驱动力，政府经济能力、政府帮扶也显著正向推动赣闽粤原中央苏区城镇化高质量发展。最后，自然资源禀赋力是赣闽粤原中央苏区城镇化发展质量的重要负向驱动因素。②分年份基于自适应Lasso模型客观选取赣闽粤原中央苏区城镇化发展质量的驱动因素，根据其系数的时间进一步分析赣闽粤原中央苏区城镇化发展质量驱动因素的时间演进趋势，政府服务推动力、产业综合发展力、市场环境推动力是赣闽粤原中央苏区城镇化发展质量的重要正向驱动力，且驱动效应逐年加强，其他驱动力在不同年份对城镇化发展质量的驱动效果具有差异性。③分地区基于自适应Lasso模型客观选取闽西、赣南、粤北苏区的城镇化发展质量的驱动因素，分析各地区驱动力，发现赣闽粤原中央苏区各地区城镇化发展质量的驱动力既有共性也有显著的异质性。产业综合发展力是三个地区的第一驱动力，这说明产业兴城是一个共性问题，但是闽西、粤北苏区城镇化的第二驱动力是社会综合发展力，而赣南苏区的第二驱动力是政府服务推动力。④由机制检验可得，赣闽粤原中央苏区城镇化发展质量在不同维度下的驱动机制存在分化特征。全域视角下，对于人口城镇化维度而言，产业综合发展力中产业升级指标对赣闽粤原中央苏区人口城镇化发展质量的驱动作用最为明显，自然资源禀赋力中，地形起伏度对赣闽粤原中央苏区人口城镇化发展质量具有显著的抑制作用。对于经济城镇化维度而言，产业综合发展力、现代农业推动力、政府服务推动力、社会综合发展力对赣闽粤原中央苏区经济城镇化发展质量具有显著正向驱动作用，具体是在产业规模、工业化水平、产业升级、金融支持、市场化、政府经济能力、医疗水平方面表现明显。对于社会城镇化维度而言，政府干预水平、省会城市距离、医疗水平、农机水平是赣闽粤原中央苏区社会城镇化发展质量的显著正向驱动因素。对于生态城镇化维度而言，产业规模、产业升级是赣闽粤原中央苏区生态城镇化发展质量的显著正向驱动因素；地形条件是赣闽粤原中央苏区生态城镇化发展质量的显著负向驱动因素。对于城乡融合维度而言，产业升级、市辖区是对赣闽粤原中央苏区城乡融合发展质量的显著正向驱动因素，而耕地资源对赣闽粤原中央苏区城乡融合发展质量具有显著的抑制作用。地区视角下，城镇化"人口、经济、社会、生态、城乡"五个维度的驱动因素的作用机制及影响程度表现出"因区而异、因类而异"的特点。

第四，新时代，赣闽粤原中央苏区城镇化高质量发展模式既有异质性又有共性。分别分析各个地区的城镇化高质量发展模式，赣南苏区城镇化高质量发展模式具体包括三种模式：一是"政府+市场"，双向驱动旧城改造模式；二是"地方特色+产业+城镇建设"，打造特色小镇模式；三是"互联网+"，引入新兴技术建设智慧城市模式。闽西苏区城镇化高质量发展模式具体包括三种模式：一是"现代骨+传统魂+自然衣"，培育镇级"小城市"模式；二是"宜居+宜业+宜游"，打好本地"生态牌"模式；三是"总部+制造基地"，奏出山海"协奏曲"模式。粤北苏区城镇化高质量发展模式具体包括三种模式：一是"红+绿"，协同推进"农文旅"模式；二是"内生动力+外部动力"，内外合力促发展模式；三是"交通枢纽+"，打造交通枢纽综合体模式。综观整个赣闽粤原中央苏区推进城镇化的模式可以发现，赣南苏区、闽西苏区以及粤北苏区虽然在推进城镇化建设的具体做法存在一定差异，但通过对三大区域城镇化的高质量发展模式梳理也能够发现一些共性规律，可以总结为以下几点：一是注重对红色资源的协调开发；二是注重对绿色资源的保护利用；三是注重与区域中心的产业承接。相较于国内外其他区域，赣闽粤原中央苏区城镇化建设也需要考虑到自身特殊条件，苏区因自身区位和自然环境的制约，社会经济发展相对较慢，但这些区域蕴藏着大量的红色资源可以挖掘开发。红色资源既是苏区最大的发展资源，也能够成为推动城镇化建设的重要抓手，因而通过就地开发红色资源是苏区推进城镇化中普遍采用且成效较好的方式。本书并以吉安市遂川县的红圩特色小镇为案例，得出赣闽粤原中央苏区城镇化高质量发展中的经验和启示。

第五，新时代，推进赣闽粤原中央苏区城镇化高质量发展的思路与实现路径。在提出"以人为本、财富创造、共享发展、制度保障"为总体思路的前提下，坚持"以人为本、共建共享，开放合作、互利共赢，创新引领、产城融合，生态优先、绿色发展，城乡融合、协调发展"五大原则，从政府治理、公共服务、产业发展、基础设施、要素市场等维度构建实现路径，并提出一系列具有针对性的政策建议。

8.2 研究展望

由于水平有限，研究数据的可获得性与阶段性限制等，本书在数据处理、研究方法上存在以下不足：

第一，数据处理过于简单。由于部分数据存在缺失，缺失值不严重的采用 STATA 软件进行数据补充，缺失值过多的指标或样本直接剔除处理，如驱动因素当中衡量外向力的指标如 FDI、进出口总额由于缺失值过于严重未考虑在内，如样本章贡区、青原区等地区也被剔除在外。

第二，城镇化发展质量评价方法体系不够科学。首先，评价指标体系构建存在改进的空间，城镇建设未考虑在内，如生活垃圾无害化处理率未纳入评价指标体系。其次，仅采用客观的熵权法确定权重，计算得出一个综合指数，虽说避免了主观赋权的随意性，但信息丢失相对较为严重。

第三，驱动因素识别不够全面。FDI、对外贸易等因素作为城镇化的外向动力、技术创新作为城镇化的内生动力等因素由于缺乏县级数据未在驱动因素识别中进行实证检验。各个驱动因素通过中介变量作用于城镇化，受限于个人能力，未进行一一实证验证。

基于以上不足，以后研究会在以下方向进行开展：

第一，多处调研，寻求一手真实数据。由于时间有限等客观原因，在对赣闽粤原中央苏区进行网络调研的基础上，仅对赣南苏区进行实地调研，开展访谈活动。在以后的研究中，争取有机会去闽西、粤北苏区进行实地考察，可以比较分析各地区城镇化的模式、路径，进而得出更为科学全面的结论。

第二，未来研究开始注重问卷调查数据和大数据资源，通过对赣闽粤原中央苏区进行多年的追踪调查，寻求城镇化高质量发展过程中人们关注的重点指标，进而提出推进城镇化高质量发展的政策建议。

第三，未来研究，在现有驱动因素基础上，进一步考虑数字经济、技术进步等因素对城镇化的影响，并对各个驱动因素通过中介变量作用于城镇化进行实证验证，如数字经济通过绿色创新影响城镇化高质量发展，科技创新通过产业升级影响城镇化高质量发展等。

参考文献

[1]《城市规划学刊》编辑部."城市精细化治理与高质量发展"学术笔谈[J].城市规划学刊,2020(2):1-11.

[2] 安瓦尔·买买提明.推进新疆新型城镇化建设路径探索[J].新疆师范大学学报(哲学社会科学版),2013,34(6):16-24.

[3] 安晓明.农产品主产区县域城镇化的动力机制与政策启示——基于进城农民自主选择的视角[J].城市发展研究,2022,29(11):8-11.

[4] 包红霏,贾菊敏,刘亚臣.基础教育资源配置与新型城镇化水平协调研究——以辽宁省为例[J].现代教育管理,2019(1):30-34.

[5] 蔡雪雄,林南艳.新型城镇化与房地产业耦合协调分析——以福建省为例[J].经济问题,2016(9):116-119.

[6] 曹春艳.耕地集约利用与新型城镇化耦合协调发展研究——以江苏省为例[J].中国农业资源与区划,2018,39(6):67-73.

[7] 曹飞.中国省域新型城镇化质量动态测度[J].北京理工大学学报(社会科学版),2017,19(3):108-115.

[8] 曹飞.中国新型城镇化质量与城镇土地集约测度及其协调分析[J].水土保持研究,2015,22(6):349-353.

[9] 曹钢.中国城镇化模式举证及其本质差异[J].改革,2010(4):78-83.

[10] 曹琳剑,杨安康.科技创新与新型城镇化耦合协调测度分析——以京津冀地区为例[J].科技导报,2020,38(15):111-120.

[11] 曹守慧,丁士军,孙飞.新型城镇化综合试点政策对城镇发展质量的影响研究[J].华中农业大学学报(社会科学版),2021,155(5):

75-84.

[12] 曹文明,刘赢时,杨会全. 湖南新型城镇化质量综合评价研究 [J]. 湖南社会科学, 2018 (2): 155-159.

[13] 曹颖,郑晓奇,刘强. 城镇化模式与低碳发展的关联分析——以石家庄市为例 [J]. 气候变化研究进展, 2020, 16 (2): 223-231.

[14] 曹宗平. 我国城镇化过程中第三产业的作用及发展路径 [J]. 华南师范大学学报(社会科学版), 2009 (2): 29-33.

[15] 常吉然. 县域主导产业与新型城镇化协调发展研究——基于县域新型城镇化建设示范县的实证分析 [J]. 城市发展研究, 2022, 29 (10): 9-14.

[16] 陈多长. 非政府主导的就地城镇化模式及其政策启示——山东青州南张楼城镇化案例分析 [J]. 社会科学家, 2018 (6): 42-48.

[17] 陈恩,谢珊一. 中部地区新型城镇化发展的区域特征及其影响因素分析 [J]. 西北人口, 2018, 39 (3): 18-26.

[18] 陈莉,李姣姣. 基于GA-PSO-ACO综合指数的新型城镇化质量评估 [J]. 统计与决策, 2017 (22): 55-58.

[19] 陈林心,何宜庆,徐夕湘. 长江中游城市群人口—空间—产业城镇化的时空耦合特征分析 [J]. 统计与决策, 2017 (12): 129-133.

[20] 陈明星,龚颖华,隋昱文. 新型城镇化背景下中部地区的人口就近城镇化模式研究 [J]. 苏州大学学报(哲学社会科学版), 2016, 37 (6): 7-14.

[21] 陈明星,陆大道,张华. 中国城市化水平的综合测度及其动力因子分析 [J]. 地理学报, 2009, 64 (4): 387-398.

[22] 陈晓华,李咏. 安徽省新型城镇化质量时空特征及其驱动因子 [J]. 华东经济管理, 2017, 31 (11): 28-35.

[23] 陈昱,田伟腾,马文博等. 基于ESDA-GWR的人口城镇化与土地城镇化协调度时空分异及影响因素研究——以中原城市群为例 [J]. 中国农业资源与区划, 2020, 41 (8): 88-99.

[24] 陈雨露. 中国新型城镇化建设中的金融支持 [J]. 经济研究, 2013, 48 (2): 10-12.

[25] 程明洋. 地理学视角下中国新型城镇化研究进展 [J]. 地域研究与

开发，2022，41（2）：46-51.

[26] 程叶青，翟梦潇，王莹等．海南省新型城镇化发展模式及驱动力分析——以琼海市为例［J］．地理科学，2019，39（12）：1902-1909.

[27] 程哲，蔡建明，杨振山等．城市近郊产业驱动型市镇：理念、模式与规划实践——基于长株潭的案例［J］．现代城市研究，2016（3）：98-105.

[28] 丛茂昆，张明斗．内生型城镇化：新型城镇化的模式选择［J］．南京农业大学学报（社会科学版），2016，16（3）：30-36.

[29] 戴一鑫，吕有金，卢泓宇．长江经济带服务业集聚对新型城镇化的影响研究——空间溢出效应的视角［J］．长江流域资源与环境，2022，31（7）：1413-1425.

[30] 戴一鑫，卢泓宇．高技术产业集聚对长江经济带新型城镇化的影响——基于空间溢出效应的视角［J］．软科学，2023，37（6）：71-80.

[31] 刁硕，袁家冬．哈长城市群协调发展水平多维测度研究［J］．经济地理，2022，42（5）：86-94.

[32] 邓晰隆，叶子荣，郝晓薇．城镇化发展模式从"高速发展"向"高质量发展"的转变启示［J］．西南民族大学学报（人文社会科学版），2020，41（12）：114-121.

[33] 杜能．孤立国同农业和国民经济的关系［M］．吴衡康，译．北京：商务印书馆，1986：2-50.

[34] 杜悦，陈晓红，刘艳军等．哈长城市群县（市）高质量发展的时空演变与驱动力研究［J］．经济地理，2022，42（8）：62-71.

[35] 段光鹏，王向明．建设现代化经济体系：战略价值、基本构成与推进方略［J］．改革，2022，337（3）：55-65.

[36] 段巍，王明，吴福象．中国式城镇化的福利效应评价（2000—2017）——基于量化空间模型的结构估计［J］．经济研究，2020，55（5）：166-182.

[37] 范建双，赵磊，虞晓芬．中国城镇化发展规模、效率和质量的耦合协调性研究［J］．宏观质量研究，2016，4（2）：28-41.

[38] 范擎宇，杨山．长三角地区城镇化协调发展的空间特征及形成机理［J］．地理科学进展，2021，40（1）：124-134.

[39] 樊士德, 柏若云. 外商直接投资对新型城镇化的影响 [J]. 中国人口科学, 2022, 211 (4): 60-73.

[40] 方创琳. 中国城市群研究取得的重要进展与未来发展方向 [J]. 地理学报, 2014, 69 (8): 1130-1144.

[41] 方创琳. 中国新型城镇化高质量发展的规律性与重点方向 [J]. 地理研究, 2019, 38 (1): 13-22.

[42] 傅利平, 刘凤, 孙雪松. 京津冀城市群公共服务与新型城镇化耦合发展研究 [J]. 城市问题, 2020 (8): 4-13.

[43] 傅为一, 段宜嘉, 熊曦. 科技创新、产业集聚与新型城镇化效率 [J]. 经济地理, 2022, 42 (1): 90-97.

[44] 高春亮, 李善同. 迁移动机、人力资本与城市规模: 中国新型城镇化模式之争 [J]. 上海经济研究, 2019 (11): 120-128.

[45] 高帆. 中国城乡二元经济结构转化: 理论阐释与实证分析 [M]. 上海: 上海三联书店, 2012: 110-155.

[46] 高金龙, 包菁薇, 刘彦随等. 中国县域土地城镇化的区域差异及其影响因素 [J]. 地理学报, 2018, 73 (12): 2329-2344.

[47] 高培勇, 袁富华, 胡怀国等. 高质量发展的动力、机制与治理 [J]. 经济研究, 2020, 55 (4): 4-19.

[48] 高志刚, 华淑名. 新型工业化与新型城镇化耦合协调发展的机理与测度分析——以新疆为例 [J]. 中国科技论坛, 2015 (9): 121-126.

[49] 龚斌磊, 张启正, 袁菱苒等. 革命老区振兴发展的政策创新与效果评估 [J]. 管理世界, 2022, 38 (8): 26-43.

[50] 郭晓鸣, 廖祖君. 中国城郊农村新型城市化模式探析——来自成都市温江区的个案 [J]. 中国农村经济, 2012 (6): 40-47.

[51] 韩立达, 牟雪淞. 新型城镇化影响因素研究——对四川省数据的实证分析 [J]. 经济问题探索, 2018 (1): 55-62.

[52] 赫茨勒. 世界人口的危机 [M]. 何新, 译. 北京: 商务印书馆, 1963: 52.

[53] 贺文慧, 吴飞. 新型城镇化、土地财政与公共物品供给——基于安徽省县域面板数据的分析 [J]. 安徽大学学报 (哲学社会科学版), 2021, 45 (4): 136-143.

[54] 胡金林, 王群. 革命老区农村乡镇经济发展模式研究——以湖北革命老区农村乡镇为例 [J]. 农业经济, 2007 (9): 19-21.

[55] 胡丽娜, 薛阳, 孙倩. 财政分权对新型城镇化的影响及作用机制研究——有调节的中介和门槛效应检验 [J]. 经济体制改革, 2022, 236 (5): 144-150.

[56] 黄敦平, 陈洁. 我国新型城镇化质量综合评价 [J]. 统计与决策, 2021, 37 (12): 170-173.

[57] 黄磊, 朱洪兴, 杨叶. 中原经济区新型城镇化质量综合水平研究 [J]. 资源开发与市场, 2014, 30 (1): 80-84.

[58] 黄鹏进. "半城半乡"与农民的就近城镇化模式 [J]. 治理研究, 2019, 35 (5): 105-113.

[59] 黄庆华, 周志波, 陈丽华. 新型城镇化发展模式研究: 基于国际比较 [J]. 宏观经济研究, 2016 (12): 59-66.

[60] 黄元宰, 黄杨, 刘冬明. 南通新型城镇化的五种模式及优化路径 [J]. 宏观经济管理, 2015 (5): 78-79.

[61] 简新华, 刘传江. 世界城市化的发展模式 [J]. 世界经济, 1998 (4): 14-17.

[62] 姜栋, 万碧玉, 赵文吉等. 新型城镇化背景下微城市模式探索 [J]. 城市发展研究, 2017, 24 (10): 11-13.

[63] 蒋彬, 王胡林. 西南民族地区新型城镇化研究分析与展望 [J]. 西南民族大学学报 (人文社科版), 2018, 39 (6): 41-47.

[64] 蒋正云, 胡艳. 中国新型城镇化高质量发展时空格局及异质性演化分析 [J]. 城市问题, 2021a (3): 4-16.

[65] 蒋正云, 胡艳. 中部地区新型城镇化与农业现代化耦合协调机制及优化路径 [J]. 自然资源学报, 2021b, 36 (3): 702-721.

[66] 蒋正云, 杨阳, 周杰文. 江西省新型城镇化发展协调度及优化路径研究 [J]. 中国农业资源与区划, 2019, 40 (9): 75-83.

[67] 焦红, 贾丽丽. 新型城镇化视角下小城镇规划的慢城模式探索 [J]. 学术交流, 2016 (12): 123-128.

[68] 金丹, 孔雪松. 湖北省城镇化发展质量评价与空间关联性分析 [J]. 长江流域资源与环境, 2020, 29 (10): 2146-2155.

［69］克里斯塔勒．德国南部中心地原理［M］．常正文等，译．北京：商务印书馆，2010：30-60.

［70］孔芳霞，刘新智．长江上游地区新型城镇化与工业集聚质量协调发展［J］．城市问题，2021（1）：19-27.

［71］拉尼斯．劳力剩余经济的发展［M］．王月等，译．北京：华夏出版社，1989：17-28.

［72］赖永剑，潘素晶，熊淼．新型城镇化与工业化耦合对江西地区工业环境效率的影响——基于空间动态面板数据模型的实证检验［J］．南昌工程学院学报，2022，41（2）：105-110.

［73］兰小欢．置身事内：中国政府与经济发展［M］．上海：上海人民出版社，2021：203.

［74］蓝庆新，刘昭洁，彭一然．中国新型城镇化质量评价指标体系构建及评价方法——基于2003—2014年31个省市的空间差异研究［J］．南方经济，2017（1）：111-126.

［75］李刚．基于DEA的地级市新型城镇化效率差异化研究——以河南省为例［J］．中国农业资源与区划，2020，41（2）：109-115.

［76］李国平，孙瑀．以人为核心的新型城镇化建设探究［J］．改革，2022，346（12）：36-43.

［77］李明．甘肃革命老区振兴中的"三农"问题研究［J］．地方财政研究，2013（9）：56-61.

［78］李强，陈宇琳，刘精明．中国城镇化"推进模式"研究［J］．中国社会科学，2012（7）：82-100.

［79］李强，陈振华，张莹．就近城镇化模式研究［J］．广东社会科学，2017（4）：179-190.

［80］李泉．城镇的性质：反思与检讨——来自新制度经济学与新经济地理学的理论解读［J］．财经科学，2011（1）：51-57.

［81］李圣军．城镇化模式的国际比较及其对应发展阶段［J］．改革，2013（3）：81-90.

［82］李硕硕，刘耀彬，骆康．环鄱阳湖县域新型城镇化对碳排放强度的空间溢出效应［J］．资源科学，2022，44（7）：1449-1462.

［83］李向前，刘洪，黄莉等．我国城镇化模式与演进路径研究［J］．华

东经济管理，2019，33（11）：172-177.

［84］李小帆，邓宏兵．长江经济带新型城镇化协调性的空间差异与时空演化［J］．长江流域资源与环境，2016，25（5）：725-732.

［85］李燕娜．湖南省新型城镇化质量指标体系构建及评价研究［J］．中国农业资源与区划，2020，41（2）：172-177.

［86］李玉文，侯新烁，李五荣．人口双向集散对县域城镇化的影响及其空间梯度［J］．经济地理，2021，41（9）：91-102.

［87］李豫新，欧国刚．黄河流域新型城镇化协调发展的空间分异及动力因素分析［J］．调研世界，2022（2）：31-40.

［88］李志鹏．基于数量测度的贵州工业化与城镇化协调性分析［J］．贵州社会科学，2014，295（7）：103-108.

［89］梁雯，孙红，刘宏伟．中国新型城镇化与物流协同发展问题研究——以长江经济带为例［J］．现代财经（天津财经大学学报），2018，38（8）：69-80.

［90］林莉，梅燕．革命老区旅游业引导的新型城镇化建设研究［J］．贵州社会科学，2014（3）：98-101.

［91］林琳，李冠杰．广东省新型城镇化质量空间分异特征及成因机制分析［J］．现代城市研究，2018（1）：111-118.

［92］刘炳辉，熊万胜．县城：新时代中国城镇化转型升级的关键空间布局［J］．中州学刊，2021（1）：1-6.

［93］刘海龙，张丽萍，王炜桥等．中国省际边界区县域城镇化空间格局及影响因素［J］．地理学报，2023，78（6）：1408-1426.

［94］刘浩，刘树霖．高质量发展框架下新型城镇化发展质量测度［J］．统计与决策，2021，37（13）：112-116.

［95］刘欢，邓宏兵，谢伟伟．长江经济带市域人口城镇化的时空特征及影响因素［J］．经济地理，2017，37（3）：55-62.

［96］刘家旗，茹少峰．中国高质量发展水平测度：人民群众感知视角［J］．经济纵横，2021，426（5）：93-101.

［97］刘晶，何伦志．丝绸之路经济带核心区新型城镇化驱动因素量化分析与对策——基于LASSO的变量筛选［J］．干旱区地理，2019，42（6）：1478-1485.

[98] 刘玲, 智慧. 新型城镇化与生态环境耦合协调度的测算 [J]. 统计与决策, 2019, 35 (14): 137-141.

[99] 刘世庆, 齐天乐. 嘉陵江流域: 构建成渝经济区北部新兴经济带和增长极 [J]. 软科学, 2012, 26 (12): 83-87.

[100] 刘世薇, 张平宇, 李静. 黑龙江垦区城镇化动力机制分析 [J]. 地理研究, 2013, 32 (11): 2066-2078.

[101] 刘涛, 卓云霞, 彭荣熙等. 基于城乡人口变动视角的中国城镇化地域类型时空演变 [J]. 地理学报, 2022, 77 (12): 3006-3022.

[102] 刘维林. 地方公共服务如何成为新型城镇化的新动力?——基于要素集聚及空间外溢效应的检验 [J]. 城市发展研究, 2021, 28 (9): 109-115.

[103] 刘伟. 以绿色产业推动城镇化高质量发展的路径研究 [J]. 经济纵横, 2022, 437 (4): 116-121.

[104] 刘翔. 河南省新型城镇化与美丽乡村建设耦合研究 [J]. 中国农业资源与区划, 2019, 40 (1): 74-78.

[105] 刘岩, 董慰, 王乃迪等. 特色文化城市与新型城镇化耦合协调关系分析——以中国五个城市为例 [J]. 城市发展研究, 2021, 28 (12): 27-36.

[106] 刘彦随, 陈聪, 李玉恒. 中国新型城镇化村镇建设格局研究 [J]. 地域研究与开发, 2014, 33 (6): 1-6.

[107] 刘彦随, 杨忍, 林元城. 中国县域城镇化格局演化与优化路径 [J]. 地理学报, 2022, 77 (12): 2937-2953.

[108] 刘雨婧, 唐健雄, 麻学锋. 连片特困区旅游城镇化时空格局演化及模式研究——以湖南境内武陵山片区为例 [J]. 经济地理, 2019, 39 (10): 214-222.

[109] 刘悦美, 田明, 杨颜嘉. 就地城镇化的推动模式及其特征研究——以河北省四个村庄为例 [J]. 城市发展研究, 2021, 28 (6): 10-16.

[110] 柳思维, 徐志耀, 唐红涛. 基于空间计量方法的城镇化动力实证研究——以环洞庭湖区域为例 [J]. 财经理论与实践, 2012, 33 (4): 100-104.

[111] 龙奋杰, 王爵, 王雪芹等. 基于资源可达性的贵州省新型城镇化

模式［J］．城市发展研究，2016，23（3）：111-117．

［112］龙晓柏，蒋金法．"双循环"背景下内陆老区建设开放高地研究——以赣南苏区为例［J］．当代财经，2021（8）：16-27．

［113］卢晶．新型城镇化发展的空间关联及其影响因素［J］．统计与决策，2022，38（6）：50-54．

［114］卢新海，柯楠，匡兵等．中部地区土地城镇化水平差异的时空特征及影响因素［J］．经济地理，2019，39（4）：192-198．

［115］卢阳禄，王红梅，胡月明等．新型城镇化与耕地集约利用协调发展时空演变研究——以广东省为例［J］．农业现代化研究，2016，37（5）：831-839．

［116］陆铭．向心城市：迈向未来的活力、宜居与和谐［M］．上海：上海人民出版社，2022：31．

［117］罗霞，张丽华．旅游产业集聚与城镇化效应测度及路径研究［J］．湖南社会科学，2017（4）：131-137．

［118］吕丹，叶萌，杨琼．新型城镇化质量评价指标体系综述与重构［J］．财经问题研究，2014（9）：72-78．

［119］吕萍，余思琪．我国新型城镇化与乡村振兴协调发展趋势研究［J］．经济纵横，2021（11）：76-82．

［120］马德功等．新型城镇化金融支持研究［M］．成都：西南财经大学出版社，2021：41．

［121］马国勇，王颖．新型城镇化质量影响因素研究——基于东、西部地区的比较［J］．预测，2021，40（6）：61-67．

［122］马海涛，孙湛．中亚五国综合城镇化水平测度及其动力因素［J］．地理学报，2021，76（2）：367-382．

［123］马骏，童中贤，杨盛海．我国县域新型城镇化推进模式研究——以湖南省域71县为例［J］．求索，2016（4）：128-133．

［124］马克思恩格斯文集：第1卷［M］．北京：人民出版社，2009：409．

［125］马克思恩格斯文集：第1卷［M］．北京：人民出版社，2009：556．

［126］马克思恩格斯文集：第3卷［M］．北京：人民出版社，2009：276．

［127］马克思恩格斯文集：第8卷［M］．北京：人民出版社，2009：131．

［128］马克思恩格斯文集：第8卷［M］．北京：人民出版社，2009：566．

[129] 马明辉．浅议甘肃区域经济可持续发展的路径［J］．西北民族大学学报（哲学社会科学版），2014（1）：92-95．

[130] 牟玲玲，吕丽妹，安楠．新型城镇化效率演化趋势及其原因探析——以河北省为例［J］．经济与管理，2014，28（4）：91-97．

[131] 宁启蒙，胡广云，汤放华等．科技创新与新型城镇化相关性的实证分析——以长株潭城市群为例［J］．经济地理，2022，42（8）：81-86．

[132] 宁越敏．新城市化进程——90年代中国城市化动力机制和特点探讨［J］．地理学报，1998（5）：88-95．

[133] 诺思．制度、制度变迁与经济绩效［M］．杭行，译．上海：上海人民出版社，2014：65-90．

[134] 欧向军，甄峰，秦永东等．区域城市化水平综合测度及其理想动力分析——以江苏省为例［J］．地理研究，2008（5）：993-1002．

[135] 钱潇克，于乐荣．长三角城市群新型城镇化与电子商务发展指数协同研究［J］．统计与决策，2019，35（14）：47-51．

[136] 邱实，彭振，刘柏君等．湖南革命老区农村土地节约集约利用研究——以长沙县开慧村为例［J］．广东农业科学，2010，37（12）：201-204．

[137] 邵佳，冷婧．湖南武陵山片区新型城镇化与生态环境耦合协调发展［J］．经济地理，2022，42（9）：87-95．

[138] 石瑾，陈栋．西部欠发达地区新型城镇化评价体系的构建与实测——以甘肃省为例［J］．西北人口，2015，36（6）：106-110．

[139] 石瑾，尚海洋．兰白经济区新型城镇化发展模式研究［J］．西北人口，2014，35（3）：118-122．

[140] 舒长江，齐锦，张良成．"扶教育之贫"与"扶收入之贫"——中央苏区振兴政策的教育精准投入实施效果研究［J］．教育学术月刊，2021（2）：99-105．

[141] 宋金昭，胡湘湘，王晓平等．黄河流域新型城镇化、产业结构升级与绿色经济效率的时空耦合研究［J］．软科学，2022，36（10）：101-108．

[142] 苏红键．城镇化质量评价与高质量城镇化的推进方略［J］．改革，2021（1）：134-145．

[143] 宋瑛，廖薏，王亚飞．制造业集聚对新型城镇化的影响研究——基于空间溢出效应的视角［J］．重庆大学学报（社会科学版），2019，25

(6)：1-13.

[144] 宋周莺，祝巧玲．中国边境地区的城镇化格局及其驱动力［J］．地理学报，2020，75（8）：1603-1616．

[145] 孙旭，吴忠，杨友宝．特大城市新型城镇化质量综合评价及其空间差异研究——以上海市为例［J］．东北师大学报（自然科学版），2015，47（3）：154-160．

[146] 谭立力．西南边境新型城镇化的指数型评价体系构建研究——以云南边境县（市）为例［J］．广州大学学报（社会科学版），2022，21（2）：103-114．

[147] 谭清美，夏后学．市民化视角下新型城镇化与产业集聚耦合效果评判［J］．农业技术经济，2017（4）：106-115．

[148] 谭鑫，杨怡，韩镇宇等．欠发达地区新型城镇化与乡村振兴战略协同水平的测度及影响因素——基于政府效率和互联网发展视角［J］．经济问题探索，2022，484（11）：101-112．

[149] 唐刚．发展特色产业与实现新型城镇化——"特色小镇"模式的理论机制与经济效应研究［J］．商业研究，2019（6）：73-80．

[150] 唐礼智，石军夏，李雨佳．新型城镇化与清洁能源消费的双向关联机制及测度［J］．南京社会科学，2022，418（8）：27-36．

[151] 唐任伍，赵国钦．中小型城市内生互惠成长模式：从理念跃迁到路径转换［J］．江西师范大学学报（哲学社会科学版），2017，50（2）：37-42．

[152] 唐永佩，房艳刚，李宁等．山区村民居业空间行为匹配特征及其演化——以山东省沂源县菜园村为例［J］．资源开发与市场，2018，34（2）：225-229．

[153] 唐志强，秦娜．张掖市新型城镇化与生态安全耦合协调发展研究［J］．干旱区地理，2020，43（3）：786-795．

[154] 田宝龙，刘尚俊．新疆新型城镇化发展协调度时空变化及动力因素分析［J］．中国农业资源与区划，2018，39（5）：193-199．

[155] 汪增洋，张学良．后工业化时期中国小城镇高质量发展的路径选择［J］．中国工业经济，2019，370（1）：62-80．

[156] 王宾，杨琛，李群．基于熵权扰动属性模型的新型城镇化质量研

究［J］．系统工程理论与实践，2017，37（12）：3137-3145.

［157］王滨．新型城镇化测度与区域差异的空间解读［J］．统计与决策，2020a，36（11）：90-94.

［158］王滨．新型城镇化的区域差异及其动力机制研究［J］．统计与决策，2020b，36（10）：77-82.

［159］王滨．金融科技对城镇化高质量发展的影响及其机制分析［J］．经济经纬，2022，39（2）：12-23.

［160］王冬年，盛静，王欢．新型城镇化质量评价指标体系构建及实证研究——以河北省为例［J］．经济与管理，2016，30（5）：67-71.

［161］王克强，路江林，李岳存．PPP模式提升了新型城镇化建设的质量吗？［J］．统计研究，2020，37（4）：101-113.

［162］王梦晨，周密．中国城镇化发展的动力选择：是人口容纳器还是创新集中地？［J］．当代经济科学，2020，42（4）：1-16.

［163］王文举，田永杰．河南省新型城镇化质量与生态环境承载力耦合分析［J］．中国农业资源与区划，2020，41（4）：21-26.

［164］王绍博，罗小龙．欠发达地区人口流动及其城镇化效应——以甘肃省为例［J］．城市问题，2022，324（7）：4-11.

［165］王玉娟，江成涛，蒋长流．新型城镇化与低碳发展能够协调推进吗？——基于284个地级及以上城市的实证研究［J］．财贸研究，2021，32（9）：32-46.

［166］韦伯．经济与社会（上卷）［M］．林荣远，译．北京：商务印书馆，1997：33-56.

［167］韦伯．工业区位论［M］．李刚剑，译．北京：商务印书馆，2010：26-54.

［168］魏鸿雁，陶卓民，潘坤友，李如友．乡村旅游与新型城镇化耦合发展研究——以江苏省为例［J］．南京师大学报（自然科学版），2020，43（1）：83-90.

［169］魏后凯，王颂吉．中国"过度去工业化"现象剖析与理论反思［J］．中国工业经济，2019，370（1）：5-22.

［170］魏敏，胡振华．湖南新型城镇化与产业结构演变协调发展测度研究［J］．科研管理，2019，40（11）：67-84.

［171］吴翌琳，李宪．劳动力市场匹配效率的影响因素研究［J］．统计研究，2018，35（5）：110-118．

［172］吴彪，尹静，柏寒茁，刘拓，邵明晖．区域物流与新型城镇化发展互动关系测度［J］．公路交通科技，2022，39（1）：160-166．

［173］吴倩．安徽省农业生态与新型城镇化协调发展研究［J］．中国农业资源与区划，2018，39（6）：104-109．

［174］吴强强，米文宝，袁芳．宁夏农业现代化与新型城镇化耦合协调关系测度［J］．西北大学学报（自然科学版），2017，47（6）：907-915．

［175］吴旭晓．新型城镇化效率演化趋势及其驱动机制研究［J］．商业研究，2013（3）：44-51．

［176］夏柱智，贺雪峰．半工半耕与中国渐进城镇化模式［J］．中国社会科学，2017（12）：117-137．

［177］谢赤，毛宁．金融生态建设与新型城镇化的时空耦合关系［J］．统计与决策，2020，36（3）：92-96．

［178］谢晗进，李骏，李鑫．政策驱动、空间溢出与原中央苏区振兴——来自赣闽粤县域数据的准自然实验［J］．经济地理，2020，40（10）：41-49．

［179］向书坚，郑瑞坤，杨璐瑶．城乡居民收入差距对城镇化影响的地区差异及动态演进［J］．数量经济技术经济研究，2022，39（7）：47-68．

［180］谢守红，吴社丽，傅春梅．长三角城市群金融集聚对城镇化的影响效应研究［J］．城市发展研究，2022，29（3）：17-21．

［181］谢艳乐，祁春节，顾雨檬．新型城镇化与都市农业发展耦合关系及时序特征研究——以武汉市为例［J］．中国农业资源与区划，2021，42（6）：215-224．

［182］谢永琴，曹怡品．基于DEA-SBM模型的中原城市群新型城镇化效率评价研究［J］．城市发展研究，2018，25（2）：135-141．

［183］熊湘辉，徐璋勇．中国新型城镇化水平及动力因素测度研究［J］．数量经济技术经济研究，2018，35（2）：44-63．

［184］熊兴，余兴厚，汪亚美．成渝地区双城经济圈新型城镇化与产业结构升级互动关系研究［J］．经济体制改革，2022，233（2）：42-49．

［185］徐海燕．新型城镇化背景下小城镇产城融合发展模式探索——评

《产城融合发展—常州实践与特色》[J]. 科技管理研究, 2020, 40 (8): 277.

[186] 徐维祥, 李露, 周建平等. 乡村振兴与新型城镇化耦合协调的动态演进及其驱动机制 [J]. 自然资源学报, 2020, 35 (9): 2044-2062.

[187] 徐雪, 马润平. 西北民族地区新型城镇化水平综合测度及金融支持研究——以宁夏回族自治区为例 [J]. 现代城市研究, 2020 (10): 75-80.

[188] 徐长玉, 徐生雄. 革命老区脱贫致富的现实镜鉴: 延安例证 [J]. 重庆社会科学, 2017 (4): 40-45.

[189] 薛艳. 新常态下江苏省新型城镇化发展的影响因素研究 [J]. 西北人口, 2017, 38 (2): 54-60.

[190] 阎小培, 林初, 许学强. 地理、区域、城市——永无止境的探索 [M]. 广州: 广东高等教育出版社, 1994: 151-152.

[191] 颜双波. 流通业对新型城镇化发展的影响 [J]. 经济与管理研究, 2016, 37 (11): 58-64.

[192] 杨斌, 顾秀梅, 姜晓鹏. AHP法和GIS技术在城镇化空间发展分析中的应用——以低山丘陵革命老区梓潼县为例 [J]. 国土资源遥感, 2012 (4): 169-174.

[193] 杨佩卿. 西部地区新型城镇化发展目标与动力机制的相关性分析 [J]. 西北大学学报 (哲学社会科学版), 2020, 50 (2): 139-149.

[194] 杨强. 生态足迹视角下河南省新型城镇化发展的影响因素与对策研究 [J]. 中国农业资源与区划, 2018, 39 (6): 116-121.

[195] 杨瑞, 张然, 许航. 数字经济能否促进新型城镇化的发展?——来自284个城市的经验证据 [J]. 城市发展研究, 2022, 29 (6): 102-109.

[196] 杨剩富, 胡守庚, 叶菁等. 中部地区新型城镇化发展协调度时空变化及形成机制 [J]. 经济地理, 2014, 34 (11): 23-29.

[197] 杨晓东. 探索桂林文旅新型城镇化模式, 助力海上丝绸之路 [J]. 社会科学家, 2017 (1): 91-95.

[198] 杨艳霞. 西部少数民族地区城镇化发展模式研究——以苗侗民族聚居地黔东南为例 [J]. 贵州民族研究, 2016, 37 (10): 158-161.

[199] 杨志辉, 李卉. 财政分权是否促进了新型城镇化 [J]. 经济问题, 2021 (3): 32-40.

[200] 杨主泉.旅游业与新型城镇化协同发展评价模型构建[J].社会科学家,2020(1):77-81.

[201] 姚士谋,王成新,解晓南.21世纪中国城市化模式探讨[J].科技导报,2004(7):42-45.

[202] 叶裕民.中国城市化质量研究[J].中国软科学,2001(7):28-32.

[203] 余达锦.欠发达地区城镇化发展质量测度研究[J].当代财经,2015,373(12):3-13.

[204] 俞思静,徐维祥.金融产业集聚与新型城镇化耦合协调关系时空分异研究——以江浙沪为例[J].华东经济管理,2016,30(2):27-33.

[205] 俞云峰,张鹰.浙江新型城镇化与乡村振兴的协同发展——基于耦合理论的实证分析[J].治理研究,2020,36(4):43-49.

[206] 袁晓玲,郭一霖,王恒旭等.中国城市发展质量测算与动力机制研究[J].北京工业大学学报(社会科学版),2022,22(3):159-174.

[207] 袁晓玲,贺斌,卢晓璐等.中国新型城镇化质量评估及空间异质性分析[J].城市发展研究,2017,24(6):125-132.

[208] 岳雪莲,刘冬媛.新型城镇化与经济增长质量的协调性研究——基于桂、黔、滇三省(区)2009—2015年的数据[J].广西社会科学,2017(5):69-74.

[209] 曾俊伟,钱勇生,朱雷鹏等.西部地区多维轨道交通与新型城镇化协同发展演化[J].经济地理,2021,41(11):77-86.

[210] 曾伟,严思湘,田家华.基于因子分析的武汉市新型城镇化质量评价[J].统计与决策,2019,35(2):114-117.

[211] 张爱华,黄小舟.新型城镇化质量评价与空间聚集效应检验[J].统计与决策,2019,35(17):58-62.

[212] 张春玲,杜丽娟,马靖森.县域新型城镇化质量评价研究——以河北省为例[J].河北经贸大学学报,2019,40(1):102-108.

[213] 张恒硕,李绍萍,彭民.中国农村能源消费碳排放区域非均衡性及驱动因素动态识别[J].中国农村经济,2022(1):112-134.

[214] 张亨溢,陈政,张引等.新型城镇化质量与产业经济空间耦合分析[J].统计与决策,2019,35(9):86-89.

[215] 张军扩, 侯永志, 刘培林等. 高质量发展的目标要求和战略路径 [J]. 管理世界, 2019, 35 (7): 1-7.

[216] 张军涛, 游斌, 朱悦. 农村劳动力流动对城乡二元经济结构转化的影响——基于经济增长中介效应的分析 [J]. 经济问题探索, 2021, 467 (6): 125-137.

[217] 张明林, 曾令铭. 苏区振兴背景下赣南经济差异格局与空间联系研究 [J]. 地域研究与开发, 2020a, 39 (6): 47-53.

[218] 张明林, 曾令铭. 国家优先支持革命老区的政策效果及治理启示 [J]. 中国行政管理, 2020b (6): 92-96.

[219] 张明林, 孔晓莹. 赣闽粤原中央苏区城市群经济网络结构演变及其影响因素研究 [J]. 苏区研究, 2022 (1): 117-128.

[220] 张鹏杨, 许宁. 旅游产业集聚与新型城镇化发展的实证 [J]. 统计与决策, 2021, 37 (11): 103-107.

[221] 张荣天, 焦华富. 中国新型城镇化研究综述与展望 [J]. 世界地理研究, 2016, 25 (1): 59-66.

[222] 张蔚文, 麻玉琦, 李学文等. 现代化视野下的中国新型城镇化 [J]. 城市发展研究, 2021, 28 (7): 8-13.

[223] 张文忠, 许婧雪, 马仁锋等. 中国城市高质量发展内涵、现状及发展导向——基于居民调查视角 [J]. 城市规划, 2019, 43 (11): 13-19.

[224] 张雪玲, 叶露迪. 新型城镇化发展质量提升创新驱动因素的实证分析 [J]. 统计与决策, 2017 (9): 93-96.

[225] 张引, 杨庆媛, 闵婕. 重庆市新型城镇化质量与生态环境承载力耦合分析 [J]. 地理学报, 2016, 71 (5): 817-828.

[226] 张永生. 城镇化模式: 从工业文明转向生态文明 [J]. 城市与环境研究, 2022 (1): 79-87.

[227] 张勇民, 梁世夫, 郭超然. 民族地区农业现代化与新型城镇化协调发展研究 [J]. 农业经济问题, 2014, 35 (1): 87-94.

[228] 赵德昭, 许家伟. 河南省县域就地城镇化时空演变与影响机理研究 [J]. 地理研究, 2021, 40 (7): 1978-1992.

[229] 赵建吉, 刘岩, 朱亚坤等. 黄河流域新型城镇化与生态环境耦合的时空格局及影响因素 [J]. 资源科学, 2020, 42 (1): 159-171.

[230] 赵永平, 汉玉玲, 田万慧. 空间趋同视角下的新型城镇化效率优化分析 [J]. 南京财经大学学报, 2021 (3): 58-67.

[231] 赵永平, 王可苗. 公共服务供给、空间溢出与新型城镇化发展质量 [J]. 经济体制改革, 2020 (2): 53-59.

[232] 赵永平, 熊帅. 市场化、产业集聚与新型城镇化质量 [J]. 统计与信息论坛, 2022, 37 (1): 13-21.

[233] 郑雁玲, 田宇. 我国新型城镇化效率评价及对策 [J]. 宏观经济管理, 2020 (10): 30-37.

[234] 钟业喜, 冯兴华, 宋丽等. 赣南山地丘陵区城市人口增长与建成区扩张耦合关系 [J]. 山地学报, 2016, 34 (4): 485-495.

[235] 周国兰, 季凯文. 赣南等原中央苏区在全国发展格局中的战略定位及发展建议 [J]. 江西社会科学, 2012, 32 (10): 248-252.

[236] 周婕. 淄博市新型城镇化与农业现代化耦合度研究 [J]. 中国农业资源与区划, 2018, 39 (9): 285-289.

[237] 周敏, 刘志华, 孙叶飞等. 中国新型城镇化的空间集聚效应与驱动机制——基于省级面板数据空间计量分析 [J]. 工业技术经济, 2018, 37 (9): 59-67.

[238] 周滔, 林汉玉. 信息化发展对新型城镇化的影响及其空间效应——基于长江经济带104个地级市的实证研究 [J]. 长江流域资源与环境, 2022, 31 (11): 2369-2381.

[239] 周阳敏. 制度资本、微观动力与包容性城镇化模式研究 [J]. 当代财经, 2016 (9): 14-23.

[240] 朱鹏华, 刘学侠. 城镇化质量测度与现实价值 [J]. 改革, 2017 (9): 115-128.

[241] 朱万春. 新型城镇化与现代服务业如何融合发展 [J]. 人民论坛, 2017 (31): 84-85.

[242] 朱艳娜, 何刚, 张贵生等. 皖江示范区新型城镇化与生态环境耦合协调及空间分异研究 [J]. 安全与环境学报, 2021, 21 (6): 2865-2874.

[243] 朱媛媛, 汪紫薇, 罗静等. 中国中部重点农区新型城镇化与粮食安全耦合协调发展研究——以河南省为例 [J]. 地理科学, 2021, 41 (11): 1947-1958.

[244] 朱媛媛，汪紫薇，乔花芳等. 大别山革命老区旅游地"乡土—生态"系统韧性演化规律及影响机制 [J]. 自然资源学报，2022，37 (7)：1748-1765.

[245] 宗会明，蔡冰洁，冶建辉. 物流发展与新型城镇化耦合指标体系的构建及应用 [J]. 西南大学学报（自然科学版），2017，39 (6)：100-106.

[246] Alam I, Nahar K, Morshed M M. Measuring Urban Expansion Pattern Using Spatial Matrices in Khulna City, Bangladesh [J]. Heliyon, 2023, 9 (2): e13193.

[247] Arfanuzzaman M, Dahiya B. Sustainable Urbanization in Southeast Asia and beyond: Challenges of Population Growth, Land Use Change, and Environmental Health [J]. Growth and Change, 2019, 50 (2): 725-744.

[248] Ariken M, Zhang F, Chan N W, et al. Coupling Coordination Analysis and Spatio-temporal Heterogeneity between Urbanization and Eco-environment along the Silk Road Economic Belt in China [J]. Ecological Indicators, 2021 (121): 107014.

[249] Besser T L. Changes in Small Town Social Capital and Civic Engagement [J]. Journal of Rural Studies, 2008, 25 (2): 185-193.

[250] Brezdeń P, Szmytkie R. Current Changes in the Location of Industry in the Suburban Zone of A Post-Socialist City. Case Study of Wrocław (Poland) [J]. Tijdschrift voor Economische en Sociale Geografie, 2019, 110 (2): 102-122.

[251] Caragliu A, Del Bo C F. Smart Innovative Cities: The Impact of Smart City Policies on Urban Innovation [J]. Technological Forecasting and Social Change, 2021, 102 (4): 1686-1698.

[252] Chakraborty S, Maity I, Dadashpoor H, et al. Building in or out? Examining Urban Expansion Patterns and Land Use Efficiency Across the Global Sample of 466 Cities with Million+Inhabitants [J]. Habitat International, 2022 (120): 102503.

[253] Chan R C K, Yao S M. Urbanization and Sustainable Metropolitan Development in China: Patterns, Problems and Prospects [J]. Geo Journal, 1999, 49 (1): 269-277.

[254] Chen M X, Liu W D, Tao X L. Evolution and Assessment on China's Urbanization 1960-2010: Under-Urbanization or Over-Urbanization? [J]. Habitat International, 2013 (38): 25-33.

[255] Chen J, Gao M, Cheng S, et al. County Level CO_2 Emissions and Sequestration in China during 1997-2017 [J]. Scientific Data, 2020, 7 (1): 391-403.

[256] Chen X H, Zhang X Y, Song Y H, et al. Fiscal Decentralization, Urban-Rural Income Gap, and Tourism [J]. Sustainability, 2020, 12 (24): 10398.

[257] Chen Z, Paudel K P. Economic Openness, Government Efficiency, and Urbanization [J]. Review of Development Economics, 2021, 25 (3): 1351-1372.

[258] Chhabra M, Giri A K, Kumar A. The Impact of Trade Openness on Urbanization: Empirical Evidence from BRICS Economies [J]. Journal of Public Affairs, 2021, 22 (4): 2637.

[259] Cui X G, Fang C L, Liu H M, et al. Assessing Sustainability of Urbanization by a Coordinated Development Index for an Urbanization-Resources-Environment Complex System: A Case Study of Jing-Jin-Ji Region, China [J]. Ecological Indicators, 2019 (96): 383-391.

[260] Dempsey N, Bramley G, Sinéad P, et al. The Social Dimension of Sustainable Development: Defining Urban Social Sustainability [J]. Sustainable Development, 2011, 19 (5): 289-300.

[261] Doan P, Oduro C Y. Patterns of Population Growth in Peri-Urban Accra [J]. International Journal of Urban and Regional Research, 2012, 36 (6): 1306-1325.

[262] Coase R H. The Nature of the Firm [J]. Economica, 1937, 4 (16): 386-405.

[263] Coase R H. The Problem of Social Cost [J]. Journal of Law and Economics, 1960, 56 (4): 1-44.

[264] Enayatrad M, Yavari P, Etemad K, et al. Determining the Levels of Urbanization in Iran Using Hierarchical Clustering [J]. Iranian Journal of Public

Health, 2019, 48 (6): 1082-1090.

[265] Firman T. Demographic and Spatial Patterns of Indonesia's Recent Urbanisation [J]. Population, Space and Place, 2004, 10 (6): 421-434.

[266] Gagliardi L, Percoco M. The Impact of European Cohesion Policy in Urban and Rural Regions [J]. Regional Studies, 2017, 51 (6): 857-868.

[267] Gambe T R, Turok I, Visagie J. The Trajectories of Urbanisation in Southern Africa: A Comparative Analysis [J]. Habitat International, 2023, (132): 102747.

[268] González-García A, Palomo I, Arboledas M, et. al. Protected Areas as a Double Edge Sword: An Analysis of Factors Driving Urbanisation in Their Surroundings [J]. Global Environmental Change, 2022 (74): 102522.

[269] Gottmann J. Megalopolis or the Urbanization of the Northeastern Seaboard [J]. Economic Geography, 1957, 33 (3): 189-200.

[270] Grekou C, Owoundi F. Understanding How Foreign Direct Investment Inflows Impact Urbanization in Africa [J]. International Economics, 2020 (164): 48-68.

[271] Gu C L. Urbanization: Processes and Driving Forces [J]. Science China (Earth Sciences), 2019, 62 (9): 1351-1360.

[272] Guo X M, Fang C L, Mu X F, et al. Coupling and Coordination Analysis of Urbanization and Ecosystem Service Value in Beijing-Tianjin-Hebei Urban Agglomeration [J]. Ecological Indicators, 2022 (137): 108782.

[273] He C H, Du H Y. Urbanization, Inclusive Finance and Urban-rural Income Gap [J]. Applied Economics Letters, 2022, 29 (8): 755-759.

[274] Henderson J V, Wang H G. Aspects of the Rural-Urban Transformation of Countries [J]. Journal of Economic Geography, 2005, 5 (1): 23-42.

[275] Henderson J V. The Urbanization Process and Economic Growth: The So-What Question [J]. Journal of Economic Growth, 2003, 8 (1): 47-71.

[276] Henderson J V, Wang H G. Urbanization and City Growth: The Role of Institutions [J]. Regional Science and Urban Economics, 2006, 37 (3): 283-313.

[277] Huang W C, Kao S K. Public-Private Partnerships during Waterfront

Development Process: The Example of the World Exposition [J]. Ocean & Coastal Management, 2014, 92 (5): 28-39.

[278] Huang S Y, Yu L J, Cai D L, et al. Driving Mechanisms of Urbanization: Evidence from Geographical, Climatic, Social-economic and Nighttime Light Data [J]. Ecological Indicators, 2023 (148): 110046.

[279] Hutton T A. Service Industries. Globalization and Urban Restructuring within the Asia-Pacific: New Development Trajectories and Planning Responses [J]. Progress in Planning, 2003, 61 (1): 67-78.

[280] Ismagilova E, Hughes L, Dwivedi Y K, et al. Smart Cities: Advances in Research-An Information Systems Perspective [J]. International Journal of Information Management, 2019 (47): 88-100.

[281] Jabareen Y. Planning the Resilient city: Concepts and Strategies for Coping with Climate Change and Environmental Risk [J]. Cities, 2013 (31): 220-229.

[282] Davis J C, Henderson J V. Evidence on the Political Economy of the Urbanization Process [J]. Journal of Urban Economics, 2003, 53 (1): 98-125.

[283] Lewis W A. Economic Development with Unlimited Supplies of Labour [J]. The Manchester School, 1954, 22 (2): 139-191.

[284] Li G D, Sun S, Fang C L. The Varying Driving Forces of Urban Expansion in China: Insights from a Spatial-temporal Analysis [J]. Landscape and Urban Planning, 2018 (174): 63-77.

[285] Li X Y, Lu Z H, Hou Y D, et al. The Coupling Coordination Degree Between Urbanization and Air Environment in the Beijing (Jing)-Tianjin (Jin)-Hebei (Ji) Urban Agglomeration [J]. Ecological Indicators, 2022 (137): 108787.

[286] Liu Y, Zhang F, Zhang Y. Appraisal of Typical Rural Development Models during Rapid Urbanization in the Eastern Coastal Region of China [J]. Journal of Geographical Sciences, 2009, 19 (5): 557-567.

[287] Liu X H, Liu Y, Wang B H. Evaluating the Sustainability of Chinese Cities: Indicators Based on a New Data Envelopment Analysis Model [J]. Ecological Indicators, 2022 (137): 108779.

[288] Lo F C, Marcotullio P J. Globalisation and Urban Transformations in

[288] ... the Asia – Pacific Region: A Review [J]. Urban Studies, 2000, 37 (1): 77-111.

[289] Losch A. The Economics of Location [M]. Yale: Yale University Press, 1940: 416-421.

[290] Wirth L. Urbanism as a Way of Life [J]. American Journal of Sociology, 1938, 44 (1): 1-24.

[291] Ma L J C. Urban Transformation in China, 1949 – 2000: A Review and Research Agenda [J]. Environment and Planning A, 2002, 34 (9): 1545-1569.

[292] Montalto V, Alberti V, Panella F, et. al. Are Cultural Cities Always Creative? An Empirical Analysis of Culture-led Development in 190 European Cities [J]. Habitat International, 2023 (132): 102739.

[293] Moomaw R L, Shatter A M. Urbanization and Economic Development: A Bias toward Large Cities? [J]. Journal of Urban Economics, 1996, 40 (1): 13-37.

[294] Morais P, Camanho A S. Evaluation of Performance of European Cities with the Aim to Promote Quality of Life Improvements [J]. Omega, 2011, 39 (4): 398-409.

[295] Mukhopadhyay P, Zérah M H, Denis E. Subaltern Urbanization: Indian Insights for Urban Theory [J]. International Journal of Urban and Regional Research, 2020, 44 (4): 582-598.

[296] Nagy R C, Lockaby B G. Urbanization in the Southeastern United States: Socioeconomic Forces and Ecological Responses along an Urban-rural Gradient [J]. Urban Ecosystems, 2011, 14 (1): 71-86.

[297] Northarm R M. New Approaches to Crop Yield Insurance in Developing Countries [J]. International Food Research Institute, 1979 (2): 22-25.

[298] Novotný J, Chakraborty S, Maity I. Urban Expansion of the 43 Worlds' Largest Megacities: A Search for Unified Macro-patterns [J]. Habitat International, 2022 (129): 102676.

[299] Nüssli R, Schmid C. Beyond the Urban-Suburban Divide: Urbanization and the Production of the Urban in Zurich North [J]. International Journal of

Urban and Regional Research, 2016, 40 (3): 679-701.

[300] Owusu G. The Role of Small Towns in Regional Development and Poverty Reduction in Ghana [J]. International Journal of Urban and Regional Research, 2008, 32 (2): 453-472.

[301] Parhanse R. Peripheral Small Town Development: Senqu Municipality, Eastern Cape Province, South Africa [J]. Urban Forum, 2007, 18 (2): 105-115.

[302] Peng W C Y, Fan Z X, Duan J, et al. Assessment of Interactions Between Influencing Factors on City Shrinkage Based on Geographical Detector: A Case Study in Kitakyushu, Japan [J]. Cities, 2022 (131): 103958.

[303] Perroux F. Economic Space: Theory and Applications [J]. The Quarterly Journal of Economics, 1950, 64 (1): 89-104.

[304] Petrovic N. Appraisal of Urbanization and Traffic on Environmental Quality [J]. Journal of CO_2 Utilization, 2016 (16): 428-430.

[305] Poczobut J. Renewal of a Small Town in Poland Based on Example of Ustka [J]. IOP Conference Series Materials Science and Engineering, 2017, 245 (7): 072050.

[306] Pu X M, Tian L. Study on New Type of Urbanization in Sichuan-Shaanxi Old Revolutionary Base Area [J]. Current Urban Studies, 2018, 6 (2): 197-208.

[307] Qadeer M A. Urbanization by Implosion [J]. Habitat International, 2004, 28 (1): 1-12.

[308] Ramaswami A, Russell A G, Culligan P J, et al. Meta-principles for Developing Smart, Sustainable, and Healthy Cities [J]. Science, 2016, 352 (6288): 940-943.

[309] Rana P, Krishan G. Growth of Medium Sized Towns in India [J]. Geo Journal, 1981, 5 (1): 33-39.

[310] Robert T. Regression Shrinkage and Selection via the Lasso [J]. Journal of the Royal Statistical Society. Series B (Methodological), 1996, 58 (1): 267-288.

[311] Romer P M. Increasing Returns and Long-Run Growth [J]. Journal of

Political Economy, 1986, 94 (5): 1002-1037.

[312] Shen L, Shuai C, Jiao L, et al. Dynamic Sustainability Performance during Urbanization Process between BRICS Countries [J]. Habitat International, 2017 (60): 19-33.

[313] Song S F, Zhang K H. Urbanization and City Size Distbution in China [J]. Urban Studies, 2002, 39 (12): 2317-2327.

[314] Su C W, Liu T Y, Chang H L, et al. Is Urbanization Narrowing the Urban-rural Income gap? A cross-regional Study of China [J]. Habitat International, 2015 (48): 79-86.

[315] Todes A. South African Urbanization Dynamic and the Normalization Thesis [J]. Urban Forum, 2001, 12 (1): 1-26.

[316] Todaro M P. A Model of Labor Migration and Urban Unemployment in Less Developed Countries [J]. The American Economic Review, 1969, 59 (1): 138-148.

[317] Tsagkis P, Bakogiannis E, Nikitas A. Analysing Urban Growth Using Machine Learning and Open Data: An Artificial Neural Network Modelled Case Study of Five Greek Cities [J]. Sustainable Cities and Society, 2023 (89): 104337.

[318] Xie T C, Zhang Y, Zhang X, et al. Research on Spatiotemporal Evolution of New Urbanization in the Lower Reaches of the Yellow River [J]. Journal of Urban Planning and Development, 2022, 148 (4): 05022039.

[319] Yamada H, Tokuoka K. Population and Urbanization Trends in Postwar Japan [J]. Asian Economic Journal, 1995, 9 (2): 187-206.

[320] Yang J, Han M M, Yao H M, et al. Comprehensive Evaluation of Urbanization Development Quality in Four East China Provinces [J]. IOP Conference Series: Earth and Environmental Science, 2020, 594 (1): 012005.

[321] Ye Z Q, Qian L X, Zhang Na, et al. Financial Development, Urbanization, and Urban-Rural Income Disparity: Evidence Based on Chinese Provincial Data [J]. Modern Economy, 2018, 9 (1): 31-60.

[322] Yuan Y, Wang M S, Zhu Y, et. al. Urbanization's Effects on the Urban-rural Income Gap in China: A Meta-regression Analysis [J]. Land Use Poli-

cy, 2020, 99 (99): 104995.

[323] Zhang N. Urbanization, Industrialization and Urban – Rural Income Gap: Inspection by Panel VAR Based on the Provincial Panel Data [J]. Studies in Sociology of Science, 2016, 7 (1): 1-6.

[324] Zhang S L, Zheng H Q, Zhou H Y, et al. Sustainable Land Urbanization, Urban Amenities, and Population Urbanization: Evidence from City-level Data in China [J]. Social Science Quarterly, 2021, 102 (4): 1686-1698.

[325] Zhang X, Tan Y, Hu Z, et. al. The Trickle-down Effect of Fintech Development: From the Perspective of Urbanization [J]. China & World Economy, 2020, 28 (1): 23-40.

[326] Zhang X, Wu Y, Shen L. An Evaluation Framework for the Sustainability of Urban Land Use: A Study of Capital Cities and Municipalities in China [J]. Habitat International, 2011 (35): 141-149.

[327] Zhang Y, Su Z, Li G, et al. Spatial-temporal Evolution of Sustainable Urbanization Development: A Perspective of the Coupling Coordination Development Based on Population, Industry, and Built-up Land Spatial Agglomeration [J]. Sustainability, 2018, 10 (6): 1766.

[328] Zou H. The Adaptive Lasso and Its Oracle Properties [J]. Journal of the American Statistical Association, 2006, 101 (476): 1418-1429.

附录

原中央苏区七普数据汇总　　　　单位：人，%

省份	市区	地区	2020年常住总人口	2020年城镇人口	2020年城镇化率	较2010年提升	较2010年提升	较2010年提升
江西	赣州	全境	8970014	4961719	55.31	601574	1821386	17.79
	吉安	全境	4469176	2339591	52.35	-341164	531422	14.76
	新余	全境	1202499	884941	73.59	63626	183538	12.00
	抚州	黎川	205205	122655	59.77	-24881	31614	20.20
		广昌	204375	115941	56.73	-31020	36210	22.86
		乐安	307909	152590	49.56	-37860	46370	18.84
		宜黄	201127	106565	52.98	-22912	48948	27.27
		崇仁	302181	157528	52.13	-45659	45756	20.00
		南丰	271888	144505	53.15	-16044	53426	21.52
		南城	286260	179326	62.64	-19976	48081	19.79
		资溪	95826	57830	60.35	-16157	-7534	1.98
		金溪	253828	122373	48.21	-40998	38040	19.61
	上饶	广丰	775364	469640	60.57	22411	131170	15.62
		上饶	748265	441825	59.05	47998	182807	22.06
		铅山	386200	218838	56.66	-40798	50394	17.22
		横峰	187326	105647	56.40	2456	31385	16.23
		弋阳	338817	171504	50.62	-14562	40621	13.58
	宜春	袁州	1121707	737782	65.77	75755	275965	21.62
		樟树	485649	271341	55.87	-69471	-188586	21.90
	萍乡	安源	553293	541151	97.81	18733	19416	0.20
		莲花	216938	106275	48.99	-19390	21901	13.29
		芦溪	260194	137738	52.94	2771	29518	10.90
	鹰潭	余江	326162	172834	52.99	-26064	41364	15.66
		贵溪	540572	294025	54.39	-17879	83706	16.73

续表

省份	市区	地区	2020年常住总人口	2020年城镇人口	2020年城镇化率	较2010年提升	较2010年提升	较2010年提升
福建	龙岩	全境	2723637	1712623	62.88	164092	560427	17.86
	三明	全境	2486450	1571500	63.20	-16938	291768	12.08
	南平	全境	2680645	1599098	59.65	35096	256788	8.92
	漳州	芗城	628297	562488	89.53	105942	101959	1.36
		龙海	530061	274013	51.69	2745	61809	11.45
		南靖	262433	147684	56.27	-29478	28745	15.53
		平和	455042	215480	47.35	-43491	53008	14.76
		诏安	560969	255173	45.49	-36829	83505	16.77
		华安	134276	71401	53.17	-24876	12139	15.94
		云霄	387640	202828	52.32	-8074	47987	13.19
		漳浦	646838	342093	52.89	34616	86717	11.17
	泉州	安溪	1003599	498061	49.63	26164	161988	15.24
		南安	1517514	936897	61.74	99063	218381	11.08
		永春	422531	258934	61.28	-29686	20842	8.63
		德化	332148	259496	78.13	54281	66376	8.63
广东	梅州	全境	3873239	1997795	51.58	-366900	174645	8.58
	河源	龙川	595471	197714	33.20	-100209	24400	8.29
		和平	353903	115301	32.58	-20522	12185	5.04
		连平	285224	105906	37.13	-51948	-4959	4.25
	潮州	饶平	817442	394636	48.28	-64532	-23949	0.82
	韶关	南雄	353916	171215	48.38	37737	31219	4.10

注：上饶县后改为广信区；芗城区总人口638060人不含在高新区地界内的南山社区、大桥社区、南星社区、大房白花社区、大房院山社区五个社区的数据；龙海市总人口952000人不包含漳州市台商投资区、漳州招商局经济技术开发区、九湖镇、颜厝镇；南靖县总人口305259人不包含划分到漳州高新区的18个村；云霄县总人口411558人不包含常山开发区。

资料来源：《第七次全国人口普查公报（第七号）》。

后 记

在本书即将出版之际，笔者对曾关心和帮助本书出版的各位同人表达深深的谢意。

首先，要万分感谢我的恩师杨飞虎教授。在我学术研究过程中，感谢恩师对我的耐心指导，没有恩师的耳提面命，难有我的当下。其次，感谢南昌工程学院经济贸易学院的领导与同僚们。感谢王键书记、阚大学教授、刘张发副教授、李学荣副教授、张春莲副教授、王进博士、吴婵博士、帅燕博士在本书出版过程中对我的不懈指导。最后，感谢我的家人的支持与帮助，爸妈的支持是我攀登学术高峰、遨游知识海洋的基础条件，爱人的鼓励与帮助是我能够安心完成本书的核心关键。同时也要感谢一下过去的自己，没有沉浸于失败与痛苦中，勇于突破自己。

在此，祝每个人所愿皆所成！

王晓艺
2023 年 12 月 31 日